Cora Besser-Siegmund & Harry Siegmund
wingwave-Coaching: Wie der Flügelschlag eines Schmetterlings

Ausführliche Informationen zu jedem unserer lieferbaren und geplanten Bücher finden Sie im Internet unter www.junfermann.de. Dort können Sie auch unseren Newsletter abonnieren und sicherstellen, dass Sie alles Wissenswerte über das **JUNFERMANN**-Programm regelmäßig und aktuell erfahren.

Cora Besser-Siegmund & Harry Siegmund

wingwave-Coaching:
Wie der Flügelschlag eines Schmetterlings

Überarbeitete und ergänzte Neuauflage von „EMDR im Coaching"

Mit einer wingwave-CD

Junfermann Verlag • Paderborn
2012

© Junfermannsche Verlagsbuchhandlung, Paderborn 2010
2. Auflage 2012
Covergestaltung/Reihenentwurf: Christian Tschepp

Alle Rechte vorbehalten.

Das Werk einschließlich aller seiner Teile ist urheberrechtlich geschützt. Jede Verwendung außerhalb der engen Grenzen des Urheberrechtsgesetzes ist ohne Zustimmung des Verlages unzulässig und strafbar. Dies gilt insbesondere für Vervielfältigungen, Übersetzungen, Mikroverfilmungen und die Einspeicherung und Verarbeitung in elektronischen Systemen.

Satz: JUNFERMANN Druck & Service, Paderborn

Bibliografische Information der Deutschen Bibliothek
Die Deutsche Bibliothek verzeichnet diese Publikation in der Deutschen Nationalbibliografie; detaillierte bibliografische Daten sind im Internet über http://dnb.ddb.de abrufbar.

Dieses Buch ist eine erweiterte und überarbeitete Neuauflage des erstmals 2001 eschienenen Buches „EMDR im Coaching".

ISBN 978-3-87387-758-0

Inhalt

Was bedeutet der Name wingwave?	9
Einführung	10
Praktische Tipps für Leserinnen und Leser	16
Selbstcoaching-Tipps	16
Hinweise für Coaches	16
I. Erfolgsfaktor Emotions-Coaching	17
II. EMDR und wingwave im Coachingprozess	23
Selbstcoaching-Tipp: Gelassenheit und Kreativität durch die wingwave-CD ...	25
Nicht „im Flow" sein: Wo ist die Blockade?	27
Hinweis für Coaches: Welche Methode für welche Blockade?	29
Coaching-Beispiel mit einem konkreten Stress-Trigger:	
Ist der Geschäftsführer eine Mimose?	30
Performance-Stress-Imprinting: Wenn die Zeit die Wunden nicht heilt	32
Wie bleibt der Schreck „in den Knochen stecken"? Oder:	
Welche Wirkung haben Stress-Imprintings und posttraumatischer Stress? .	34
Hinweis für Coaches: Die Bedeutung von Methodentransparenz	
und Psychoedukation für ein erfolgreiches Coaching	38
PSI und das „innere Dornröschenschloss"	40
Selbstcoaching-Tipp: Stressprävention durch wache REM-Phasen	
und durch den Einsatz der wingwave-CD	43
Coaching-Einheit: Der Einsatz wacher REM-Phasen	44
Welche Effekte hat das Winken?	52
Selbstcoaching-Tipp: Mit Augenturnen das Stressfenster öffnen	59
Warum wirken die wachen REM-Phasen?	60
Selbstcoaching-Tipp: Die „Butterfly-Technik"	63
Durch bilaterale Hemisphärenstimulation die „Sprache wiederfinden"	64
Hinweis für Coaches: Der klienten-orientierte Umgang	
mit Sprache und Körpersprache	66
Selbstcoaching-Tipp: Dem Konflikt „Beine machen"	66
Ein weiteres Ergebnis: der Generalisierungs-Effekt..	67

III. wingwave-Coaching: die Methoden-Elemente ... 69

Muskel-Feedback: der Myostatik-Test und das Grundkraftniveau ... 71
   Selbstcoaching-Tipp: Entstressung durch die Thymusdrüsenstimulation ... 73
Muskel-Feedback: die Testbarkeit testen ... 74
   Hinweis für Coaches: Testvarianten für die Kalibrierungsphase ... 76
Coaching-Kompass Muskel-Feedback: den Stress-Trigger finden ... 77
   Hinweis für Coaches: Der Muskeltest als Themenfinder und Prozess-Planer ... 80
Die Auswirkung von Biografie-Stress auf das individuelle Leistungsvermögen. 82
Coaching-Kompass Muskel-Feedback:
   Biografie-Stress identifizieren und ausgleichen ... 85
   Hinweis für Coaches: Die eigene Grundhaltung ist wichtig ... 89
Der Aussagenbaum: Wie erklärt sich die Treffsicherheit des O-Ringtests? ... 91
Die schematische Darstellung des Aussagenbaums ... 94
   Der Aussagenbaum I: Stressursachen testen ... 94
   Der Aussagenbaum II: Emotionen und Soma-Stress bestimmen ... 95
Beispiele für Stress-Trigger-Listen: Flugangst „wegwinken"
und Wettkampfvorbereitung im Sportcoaching ... 96
Stress-Trigger-Liste und Selbstcoaching-Kompass: „Magic Words" ... 98
   Selbstcoaching-Tipp: Worte verzaubern – „Magic Words" ... 99

IV. Die Prozess-Schritte der wingwave-Intervention ... 101

Die zwölf Phasen der wingwave-Intervention ... 102
   1. Phase: Die inhaltliche Vorbereitung ... 102
   2. Phase: Die Verabredung von nonverbalen Zeichen ... 102
   3. Phase: Den Muskel-Feedback-Kompass einrichten ... 103
   4. Phase: Eine blockierende Ich-Kognition finden ... 104
   5. Phase: Eine positive Ich-Kognition bestimmen ... 104
   6. Phase: Die Emotion oder den Soma-Stress benennen ... 105
   7. Phase: Das Ausmaß der subjektiven Berührtheit bestimmen ... 106
   8. Phase: Bodyscan – das „Körperecho" der Emotion wahrnehmen ... 107
   9. Phase: Die Intervention ... 108
   10. Phase: Die Verankerung ... 110
   11. Phase: Bodyscan und Abschlusstest ... 111
   12. Phase: Die Überbrückung in die Zukunft ... 112
   Hinweis für Coaches: Die Zusammenfassung der 12 Phasen ... 113

V. Verändern durch Verstehen: Know-how-Coaching ... 115
Dürfen positive Veränderungen so schnell erfolgen? ... 116
Wie wirkt sich „Spitzenleistungs-Stress" auf die
    Wahrnehmungsverarbeitung aus? ... 118
Sozialschmerz und soziale Kälte: Das Trauma mit den Mitmenschen ... 122
    Hinweis für Coaches: Einfach nur zuhören und da sein ... 125
Die Wirkung der Spiegelneurone: Dein Stress ist mein Stress ... 126
    Selbstcoaching-Tipp: Emotions-Modelling ... 129
Warum sind Kränkungen und Rachegefühle die größten Leistungsblockaden? 130
Was ist der Hitchcock-Effekt? ... 132
    Selbstcoaching-Tipp: Mini-Check für Performance-Stress-Imprintings (PSI) ... 133
Wieso ist Kompensation ein Energiefresser? ... 134

VI. wingwave auf dem Prüfstand der Wissenschaft: ... 137
Auftrittsstress in Auftrittsfreude umwandeln? (von Marie Luise Dierks) ... 137

VII. Ressourcen-Selbstcoaching, mit und ohne wingwave-CD ... 143
Drei Selbstcoaching-Techniken ... 144
Kraftquellen bewusst aktivieren ... 146
    Selbstcoaching-Tipp: Kraftquellen bewusst aktivieren ... 148
Positive Selbstmotivation ... 149
    Selbstcoaching-Tipp: Die positive innere Ansprache ... 151
Selbstbild-Coaching: Die persönliche Ausstrahlung leuchten lassen ... 152
    Selbstcoaching-Tipp: Mein positives Selbstbild ... 154
Ziele visualisieren ... 155
    Selbstcoaching-Tipp: Mein erfolgreiches Zukunfts-Ich ... 156
Ziele-Coaching „in vivo" ... 157
    Selbstcoaching-Tipp: Erfolg durch Live-Momente ... 158
Kreativitätssteigerung erleben ... 159
    Selbstcoaching-Tipp: Kreativitätssteigerung ... 161
Innere Grenzen überwinden ... 162
    Selbstcoaching-Tipp: Innere Grenzen überwinden ... 164
Persönlichkeitscoaching mit Imaginationsstrategien ... 165
    Selbstcoaching-Tipp: Emotions-Management durch die Arbeit
    mit einem Persönlichkeitsteil ... 167
Erholsamen Schlaf finden und abschalten können ... 168
    Selbstcoaching-Tipp: Mit dem „Gedankenmobil" in den Schlaf gleiten ... 169

VIII. Belief-Coaching: konstruktiver Umgang mit Glaubenssätzen 171
Der Belief-Spiegel: die Ent-Täuschung der Täuschung 173
Zum Optimisten werden 175
„Wir sind unverwundbar": die typischen Belief-Fallen von Spitzenleistern ... 177
Abschied von der Euphorie-Falle 181
Die Verinnerlichung von Ich-stärkenden und gesundheitserhaltenden Beliefs .. 182

IX. Weitere Coaching-Themen 183
Sport-Coaching 184
Ein neuer Ansatz zum Umgang mit übermäßigem Genusskonsum 186
Die Bedeutung von Stressimpfung 188
Emotionen und Langlebigkeit: ein philosophischer Gedanke 189
Der Coaching-Rahmen 190

X. Glossar 191

Anhang 203
Forschungsergebnisse zum Myostatik-Test 203
Weitere Informationen über wingwave-Coaching 206
Die Trainings-CD in diesem Buch:
Wellness-Management mit der wingwave-Musik 211

Literatur 213

*Das Wort »Psyche«
heißt nicht nur Atem, Seele und Lebenskraft,
es bedeutet auch Schmetterling.*

Was bedeutet der Name wingwave?

Der Flügelschlag eines Schmetterlings – so heißt es sinngemäß – kann auf der anderen Seite der Erde das ganze Klima ändern. Diese große Wirkung mit dem kleinen Auslöser kann nur gelingen, wenn der „wing" punktgenau an der richtigen Stelle schwingt. Maximaler Coaching-Nutzen mit minimalem, präzisem Methodeneinsatz lautet daher die Philosophie unserer Kurzzeit-Coachingmethode, die erstaunlich rasch ein positives Emotions-Klima in der Erlebniswelt des Menschen schaffen kann. Das meint der Wortteil „wing". Der Wortteil „wave" hat als Namenspaten den englischen Begriff „brainwave", was soviel heißt wie „Geistesblitz", „Einfall" oder „tolle Idee". Diese „brainwaves" werden durch wingwave-Coaching punktgenau ausgelöst, um den Menschen mit leistungsstärkender Zielenergie und emotionaler Balance zu „beflügeln".

Einführung

Lassen Sie bitte einmal Ihren Blick von links nach rechts und von rechts nach links zwischen den Schmetterlingen hin und her wandern. Wählen Sie ein angenehmes Tempo oder probieren Sie einfach unterschiedliche Geschwindigkeiten aus.

Mit diesem wach und gewollt durchgeführtem schnellen „Augenturnen" beschäftigen sich Ende der 1980er-Jahre amerikanische Psychotherapeuten und Experten des „Neurolinguistischen Programmierens" (NLP). Sie wollten die therapeutische Wirksamkeit der schnellen Blicktechnik für eine effektive Stressreduktion überprüfen und kamen zu erstaunlich guten Ergebnissen. Die Intervention nennt man seitdem „Eye Movement Integrator". Besagte Augenbewegungen führen Sie übrigens – genau wie jeder andere Mensch – in hoher Geschwindigkeit jede Nacht beim Schlafen durch. Vor allem in den Traumphasen beobachten die Schlafmediziner schon lange sogenannte „Rapid Eye Movements" (schnelle Augenbewegungen), abgekürzt „REM". Man vermutet, dass diese rasanten Augenbewegungen mit dem intensiven „Abspeichern" aller Sinneseindrücke und Emotionen, die tagsüber auf unser Wahrnehmungs- und Nervensystem einstürmten, einhergehen.

Es ist wie bei einem Großeinkauf: Erst einmal stellen wir die Tüten und Kisten im Flur unserer Wohnung oder unseres Hauses ab. Neurobiologisch betrachtet erfüllt unser limbisches System die Funktion des „Zwischenlagers" bzw. des Flures: Im sogenannten „Hippocampus" werden neue Sinneseindrücke vorübergehend abgelegt. Hier befindet sich demnach ein wichtiger Teil, unser Kurzzeitgedächtnis. Aber dort können die „Neuzugänge" nicht bleiben und wir beginnen mit dem Einräumen. Wie beim Verstauen von Einkäufen nehmen wir jedoch keinesfalls eine ganze Einkaufstüte und stopfen sie unbesehen in den Kühlschrank. Nein, wir holen jeden

Gegenstand heraus und verstauen ihn am vorgesehenen Ort: Die Zahnpasta kommt in das Badezimmer, die Butter in den Kühlschrank, das Obst in den Obstkorb. Erst nach Vollendung dieser Arbeit macht unser Zuhause wieder einen „aufgeräumten" Eindruck.

Unser Gehirn lädt unsere neuen Informationen beim „Flur-Aufräumen" in unser Großhirn, unseren großen Speicher und verteilt sie dort nach einem neurobiologisch sinnvollen Ordnungssystem. Das Neue wird in die bisherige innere Erlebniswelt integriert. So gelangen Informationen in unser Langzeitgedächtnis und spüren sich dann emotional als verarbeitet, also als angenehm „weggeräumt" an.

Manchmal ist vielleicht eine Einkaufskiste zu sperrig für die Unterbringung. Sie bleibt dann im Flur stehen und beginnt schnell zu stören. Ähnliches passiert mit Erlebnissen, welche die nächtliche Verarbeitungsmöglichkeit unseres Gehirns überfordern. Sie sind zu „sperrig", zu komplex, zu verwirrend, passen nicht in die bisherige Ordnung unserer Neurobiologie bzw. unserer Erfahrungswelt. Wir kommen nicht „darüber hinweg", die Erlebnisse bleiben „in den Knochen stecken", sind wie ein „Stachel im Fleisch", man fühlt sich von ihnen blockiert. Ganz deutlich beschreiben Menschen mit sogenannten posttraumatischen Belastungsstörungen das Phänomen. Sie leiden noch Jahre nach einem intensiven Stressereignis unter gleich bleibend wiederkehrenden Bildern, Gefühlen und erinnerten Geräuschen an das belastende Erlebnis. Die Erinnerung verblasst und verschwimmt nicht, sondern bleibt auf unangenehme Weise so lebhaft im Kurzzeitgedächtnis verfangen, als sei alles „gerade gestern" geschehen. Bewusst eingesetzte „wache REM-Phasen" können nun scheinbar bewirken, dass der wohltuende „Aufräumprozess" gezielt wieder in Gang gebracht wird und die vergangenen Stresserlebnisse in die „große Ablage" gelangen.

Anfang der 1990er-Jahre entwickelte die amerikanische Psychotherapeutin Francine Shapiro die bewusst eingesetzten schnellen Augenbewegungen zur eigenständigen Methode für die Behandlung von posttraumatischem Stress und gab ihr den Namen EMDR: Eye Movement Desensitization and Reprocessing. Schnell wurde EMDR auch in Europa bekannt. Man war fasziniert und auch alarmiert über die neue Idee aus Amerika, psychische Blockaden einfach „wegwinken" zu können. Tatsächlich spielen bei dieser Methode schnelle Bewegungen vor den Augen des Klienten eine entscheidende Rolle. Die Therapeuten führen mit winkenden Fingerbewegungen die Augenbewegungen ihrer Klienten. Obwohl in seiner Anwendung scheinbar so einfach, zählt EMDR heute weltweit mit zu den effektivsten und am besten beforschten Psychotherapiemethoden bei posttraumatischem Belastungsstörungen nach lebensbedrohlichen Erlebnissen wie Naturkatastrophen, Krieg und Gewalttaten – um nur einige schwerwiegende Stressauslöser zu nennen.

Abb. 1: Die Anwendung „wacher REM-Phasen"

Wir selbst sind auch nach langjähriger Erfahrung mit dieser Methode immer wieder verblüfft, wie schnell und nachhaltig die „wachen REM-Phasen" bei diesen seelischen Verletzungen helfen können. Waren die Menschen vor dem Trauma psychisch stabil, reichen wirklich manchmal nur zwei bis fünf Sitzungen aus, damit sie sich von der „Last der Erinnerung" seelisch und körperlich befreit fühlen.

Ist schon hier die Wirkung derartig überzeugend, so liegt es auf der Hand, dass die „Augen-Intervention" auch in der Verarbeitung von Alltagsstress eine sinnvolle Maßnahme sein kann. Daher entwickelten wir diesen ursprünglich therapeutischen Ansatz für den Coaching-Kontext weiter. Wir kombinierten die wachen REM-Phasen mit Elementen aus dem Neurolinguistischen Programmieren, mit einem Muskeltest – dem Myostatik-Test – und einer speziell entwickelten Trainings-CD. Seit 2001 nennen wir diese Methode wingwave-Coaching. Sie wird heute international von fast 2000 Coaches im Spitzensport, in Banken, Versicherungen, Industrieunternehmen, in der Lernpädagogik und auch in der Zahnmedizin (zum Management von Behandlungsangst) erfolgreich eingesetzt – um nur einige Beispiele zu nennen. Wir nennen unseren Ansatz auch „Emotions-Coaching", da wir mit den Coachees keine neuen Fähigkeiten entwickeln, sondern in erster Linie die emotionale Flexibilität dafür erschaffen, dass diese Menschen ihre bereits vorhandenen Fähigkeiten und Talente punktgenau im Leistungskontext einbringen und ausleben können.

Das Feedback der Coaching-Klienten ist äußerst positiv. Gedankenblockaden verwandeln sich in eine Fülle von kreativen Ideen, Niedergeschlagenheit pendelt in „aufrechtes" Selbstbewusstsein zurück. „Wenn ich im Job den berühmten Nackenschlag erhalte, tröstet mich jetzt schon allein der Gedanke an die Existenz dieser Methode", sagte neulich einer unserer Kunden. „Wenn ich einen neuen Auftritt habe, bereite ich mich mit wingwave vor, um mich da vorn sicher und selbstbewusst zu fühlen", beschreibt eine Schauspielerin den Nutzen von wingwave. „Ich weiß, dass ich mit wingwave auch in verfahrenen Situationen schnell eine gute Lösung finden werde", äußert sich ein Geschäftsführer. Letztere Aussage ist sehr wichtig. Weder EMDR noch wingwave-Coaching unterstützen irgendwelche Verdrängungstechniken. Ganz im Gegenteil: Sie bewirken, dass sich die Menschen „der Sache gewachsen fühlen" und diese ressourcevoll „anpacken" können.

Vor allem Menschen im Spitzenleistungsbereich setzen sich täglich verschiedensten Stresssituationen und Herausforderungen aus, seien sie gesundheitlicher, sozialer oder ökonomischer Natur. Das gilt beispielsweise für Führungskräfte, Spitzensportler oder auch Künstler. Natürlich handelt es sich bei diesen Stresserlebnissen selten um äußere Katastrophen, wie z.B. ein Erdbeben. Aber auch innerlich kann schon einmal „eine Welt zusammenbrechen" oder eine „Erschütterung" stattfinden. Meist ist nicht genügend Zeit vorhanden, um sich von den Stressspuren – den Stress-Imprintings – ausreichend zu erholen. So fangen die Ereignisse an zu „kränken", das Leistungsfundament bekommt „einen Knacks". Es dauert immer länger, bis die gewohnten körperlichen, seelischen und geistigen Kraftquellen wieder ins Fließen kommen.

Spuren von Leistungs- und Spitzenleistungs-Stress können beispielsweise entstehen durch:
- soziale Spannungsfelder im Team, mit Kunden, mit Vorgesetzten
- „Rampenlicht"-Stress, wie z.B. bei öffentlichen Auftritten, Wettkämpfen oder durch die Aufmerksamkeit der Medien
- Motivationsthemen, bei langfristiger Vorbereitung auf ein „großes Ziel"
- die ständige Arbeit an der allgemeinen Leistungssteigerung: wecken wollen, was „in einem steckt", sich „selbst übertreffen" wollen
- „Nackenschläge" auf dem Weg zum Ziel
- chronische „Sorgenprojekte"
- Ideen-Blockaden im Kreativitätsprozess
- überraschende Enttäuschungen oder gar Angriffe durch Personen, denen man bisher vertraute oder die man respektierte
- ein berufliches Dilemma, wie z.B. einem Mitarbeiter kündigen zu müssen, obwohl einen dessen Schicksal „mitnimmt"
- mangelnde Konfliktstabilität im Rahmen von wichtigen Auseinandersetzungen
- körperlicher Stress, wie z.B. Schlafmangel
- stressende Erlebnisse, wie z.B. ein turbulenter Flug bei Vielfliegern oder eine bedrohliche Situation anlässlich eines Auslandsaufenthalts
- Work-Life-Balance-Themen für die Koordination von Berufs- und Privatleben

Auch wenn einige der genannten Situationen für die Betroffenen subjektiv belastende Auswirkungen haben können, möchten wir sie in Abgrenzung zu wirklich lebensbedrohlichen Katastrophen nicht Psychotraumata nennen. Zur Bezeichnung des subjektiven Erlebens der gewählten Themen benutzen wir im Coaching die Begriffe „Stress-Imprinting" oder „Mini-Trauma": Die Situationen werden zwar als „stressig" und anstrengend eingeordnet, aber sie haben nicht die Dimension, dass „die Welt untergeht" oder das Leben in Gefahr ist. Übrigens verwendet Francine Shapiro, die EMDR-Begründerin, im ähnlichen Kontext den Begriff „Small-t-Trauma", also das „kleine" Trauma mit dem kleinen „t". Sie benutzt ihn für belastende Situationen, in denen einer Person kein körperlicher Schaden, wie etwa bei einem Unfall entsteht. Die Belastung wirkt beispielsweise durch eine verächtliche Bemerkung, einen Brief mit erschreckendem Inhalt oder auch durch Nicht-Beachtung eines Menschen. Der Körper bleibt unversehrt, aber die Seele kann das Ereignis nicht „verschmerzen".

Für eine klare Unterscheidung verwenden wir im Buch den Begriff „Performance-Stress-Imprinting", abgekürzt PSI. Damit wird beschrieben, dass bei Menschen im Leistungskontext resistente Stressreaktionen entstehen und auftreten können. Imprinting meint „hartnäckiger Abdruck", was subjektiv von den Betroffenen als unangenehm und blockierend beschrieben wird, ohne dass man den „Stress-Abdruck" gleich als klinisches Trauma bezeichnen muss. Anders als bei der Bezeichnung „posttraumatische Belastungsstörung" verwenden wir den Wortteil „post" nicht, weil sich im Leistungsbereich etliche Stressreaktionen auch auf die Zukunft, auf sogenannte „Bahnungsmomente" beziehen, welche den Menschen bevorstehen. Das können für den Lebens- und Karriereweg wichtige Ereignisse sein, wie Prüfungen, Wettkämpfe, Bewerbungsgespräche, Premieren, Heiratsanträge etc. Performance-Stress-Imprinting erweist sich per Definition als resistent gegenüber bewährten Methoden zum Abbau von seelischen und körperlichen Stressmomenten. Ausruhen, Ablenkung, Gespräche, vernünftiges Denken und Argumentieren usw. und sogar die berühmte Zeit, welche ja sonst „alle Wunden heilt", verpuffen in ihrer Wirkung. Der Stress-Stachel wirkt weiter, blockiert und nervt.

Ebenso wichtig wie die Regulation von Performance-Stress-Imprinting ist im Emotions-Coaching die gezielte Stärkung von persönlichen Ressourcen und Kreativitätspotenzialen mit dem Ziel einer allgemeinen Leistungssteigerung. Viele Coaching-Kunden sind mit ihrer Leistung zufrieden und empfinden keinen nennenswerten Stress. Sie wollen aber ihre Leistungen noch steigern, wollen einfach das Beste aus sich machen. Auf einer Skala von „0" bis „+10" erleben sie sich bereits bei „+5" und wollen sich noch in Richtung „+9" oder „+10" bewegen. In solchen Kontexten stellen wir Interventionen vor, welche die Menschen in einen optimalen Kontakt mit ihren Kraftquellen bringen. Außerdem zeigen wir Möglichkeiten des „Belief-Coachings" mit der wingwave-Methode auf. Der subjektive Glaube an unsere Möglichkeiten steuert nämlich entscheidend unser Leistungsvermögen, unsere Selbstsicherheit und die innere Balance – auch und gerade dann, wenn es „da draußen in der Welt" Herausforderungen gibt.

Im Frühjahr 2001 fand unsere erste wingwave-Ausbildungsgruppe zum Thema „EMDR im Coaching" statt. Inzwischen gibt es – wie gesagt – fast 2000 professionelle wingwave-Coaches im deutschsprachigen Raum, in Dänemark, Norwegen, Frankreich, Italien, in Spanien, in den USA und in Russland – um nur einige Länder zu nennen. Wir freuen uns sehr darüber, dass wingwave-Coaching in Serbien und Kroatien in den letzen zwei Jahren ganz besonders bekannt wurde und nahezu wöchentlich in den Medien vorgestellt wird. Und es ist uns natürlich eine außerordentliche Freude, dass dieses Buch 2008 in russischer und 2010 in spanischer Übersetzung erschienen ist.

Wir wünschen uns, dass Sie als Leser einen faszinierenden Coaching-Ansatz für Ihre beruflichen Ziele entdecken. Natürlich ersetzt dieses Buch kein Coaching „live", aber nach der Lektüre wissen Sie, was diese Methode erreichen kann, um Ihre individuellen Kraftquellen anzusprechen. Im Anschluss an einige Kapitel finden Sie Tipps für Ihr persönliches Selbstmanagement. Vielleicht wollen Sie aber auch wingwave ausprobieren? Dann finden Sie unter www.wingwave.com eine Reihe von wingwave-Coaches, die vielleicht ganz in Ihrer Nähe arbeiten.

Sind Sie Coach, Trainer oder Psychotherapeut, finden Sie in diesem Buch vielleicht interessante Bereicherungen für Ihr Interventions-Angebot. Im Anhang wird entsprechend auch der Ausbildungsweg zum wingwave-Coach beschrieben.

Allen Lesern wünschen wir nicht nur interessante Erlebnisse, sondern auch viel Spaß beim Lesen!

Cora Besser-Siegmund & *Harry Siegmund*

Praktische Tipps für Leserinnen und Leser

Dieses Buch richtet sich sowohl an Personen, die sich für Selbstcoaching oder Coaching interessieren als auch an Coaches, die ihren Kunden wingwave anbieten wollen. Dafür absolvieren diese Coaches natürlich ein entsprechendes Training. Wünschen Sie aufgrund der Lektüre ein Coaching mit den hier vorgestellten Methoden, können Sie davon ausgehen, dass jeder wingwave-Coach diese Interventionen in seiner Ausbildung gelernt hat. Für beide genannten Lesergruppen haben wir in diesem Buch einige praktische Tipps gesammelt.

Selbstcoaching-Tipps

Diese Angaben beziehen sich sowohl auf den allgemeinen Stoff als auch auf die wingwave-Trainings-CD, welche Sie im Anhang des Buches finden. Teilweise handelt es sich nur um kleine Hinweise, teilweise auch um Übungen, die Sie mithilfe der CD ausprobieren können.

Hinweise für Coaches

Da wir dieses Buch auch als Basiswerk für die Ausbildung zum wingwave-Coach verstehen, finden Coaches hier einige Anregungen und Empfehlungen für die Anwendung der Methode. Sie können auch als Ergänzung zum ausführlichen Ausbildungs-Skript verstanden werden, das Coaches während ihrer Ausbildung bekommen.

I. Erfolgsfaktor Emotions-Coaching

Kennen Sie den Begriff „Homo oeconomicus"? Laut Wikipedia handelt es sich um den „Wirtschaftsmenschen", der u.a. rational handelt, seinen eigenen Nutzen maximiert und über vollständige Informationen verfügt. Völlig zu Recht wird auch erwähnt, dass es sich bei diesem Profil nur um ein fiktives Persönlichkeitskonstrukt handelt, und in den jüngeren wirtschaftswissenschaftlichen Theorien wird das Modell des „Homo oeconomicus" zunehmend kritisch diskutiert. Denn Menschen mit diesen Merkmalen laufen seltener herum, als man meint – selbst im Business und in anderen Leistungskontexten. Auch einem Profi, der „alle Informationen beisammen hat", können in einem Streitgespräch plötzlich die Worte fehlen. Kaum ist jedoch das Gespräch vorbei, fallen ihm vermutlich alle guten Argumente wieder ein ... Der gute Informationsstand hat also nur bedingt genützt. Prüfungskandidaten, Künstler und Spitzensportler können ein Lied davon singen: Trotz bester Vorbereitung handeln und denken sie im Ernstfall nicht so optimal wie beim Üben oder im Training.

Trainer, Führungskräfte und Lehrer wissen theoretisch sehr gut, dass Menschen bei positiver Motivation die besten Leistungen zeigen. Es geht hier keinesfalls einzig um Ethik, eine humane Grundhaltung oder um Werte. Es geht auch um den Nutzen. Bereits seit den 1930er-Jahren gibt es Untersuchungen zu diesem Thema in verschiedenen wissenschaftlichen Disziplinen: Soziologie, Betriebswirtschaft, Psychologie und Pädagogik. Die inzwischen unzähligen wissenschaftlich fundierten Forschungsergebnisse zeigen immer wieder: Arbeitnehmer sind deutlich weniger krank, wenn sie sich in ihrem Unternehmen wohl fühlen; Schüler lernen nachhaltiger und schreiben bessere Zensuren in einem positiven Emotionsklima; eingeübte Bewegungsabläufe funktionieren präziser, wenn sie in einer positiven Stimmung trainiert wurden. Die Gehirnforschung hat im letzten Jahrzehnt alle bis dahin gesicherten Ergebnisse nochmals aus medizinischer Sicht in zahlreichen neuropsychologischen Untersuchungen bestätigt. Manchmal produzieren Menschen unter Stress kurzfristig effektiver, aber langfristig können sie erkranken und fallen dann als Konsumenten aus. Und das wiederum wirkt sich negativ auf das Wirtschaftssystem aus.

Daraus ergibt sich, dass ein „Homo oeconomicus" als Führungskraft einen überwiegend förderlichen Motivationsstil pflegen müsste, um die von ihm geführten Menschen zur Mitarbeit für bestmögliche Erfolgsergebnisse zu bewegen. Der Alltag sieht oft anders aus: „Im Stress vergesse ich all diese schönen Vorsätze und bin nur noch kurz angebunden. Ich sehe am Gesicht meiner Mitarbeiter, dass das nicht in Ordnung ist – aber es geht einfach mit mir durch", gab ein erfahrener Manager neulich im Coaching zu.

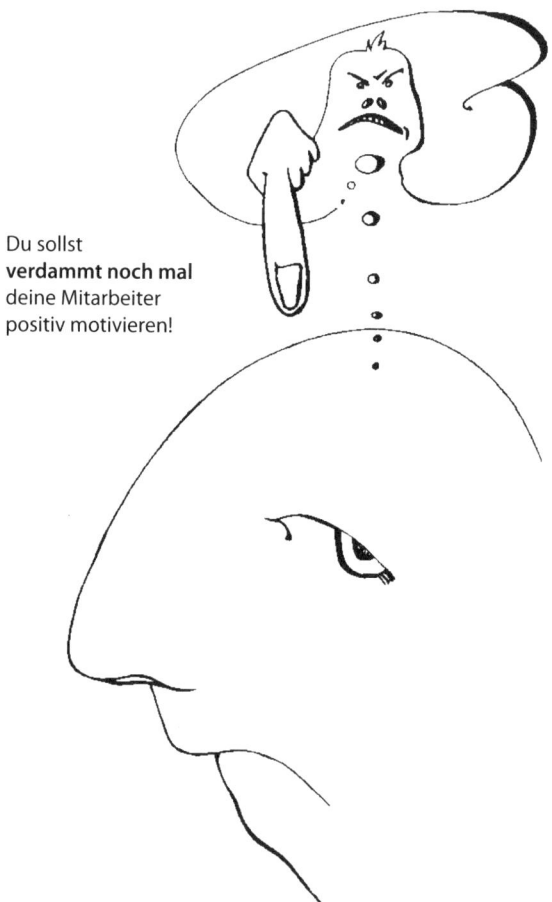

Abb. 2: **Positive Motivation (Zeichnung: Harry Siegmund)**

Neben der zwischenmenschlichen Kommunikation sollte eine erfolgreiche Führungskraft ihre Umgebung auch durch ein positives Modellverhalten inspirieren. Dies gilt für ebenfalls für Manager, Lehrer, Sporttrainer – und natürlich auch für Eltern oder generell für Erwachsene, in ihrer Wirkung auf die Kinder. Hierbei geht es nicht nur um äußerliches Verhalten wie Pünktlichkeit, Umgang, Anzahl der Arbeitsstunden oder Kleidung. Liest man heutzutage in der Wirtschaftspresse über die systemischen Effekte von wichtigen Modellen, so findet man oft eine Liste mit wünschenswerten Manager-Emotionen: „Furchtlos, entschlossen und zielorientiert" sollen sie sein. Es wird auch darüber geschrieben, welchen Nutzen positives Modellverhalten hat, doch oft kommt die Theorie im Alltag nicht an: „Seitdem unsere Verkaufszahlen im letzten Jahr so gesunken sind, kann man mit unserer Chefin nichts mehr anfangen. Wenn man sie so sieht, ist sie selbst die wandelnde Wirtschaftskrise. Dabei wäre es für unsere Leute gerade jetzt so wichtig, wenn sie ein bisschen Optimismus ausstrahlen würde", klagte eine Abteilungsleiterin.

Bei Stressphänomenen der bisher beschriebenen Art mögen Angst, Hilflosigkeit oder auch Wut und Ärger eine Rolle spielen. All das sind Emotionen, die subjektiv negative Gefühle verursachen und sich deshalb trotz faktisch optimaler Voraussetzungen hemmend auf das eigentlich vorhandene Leistungsvermögen des Menschen auswirken. Aber auch subjektiv als positiv empfundene Emotionen können langfristig Erfolge gefährden oder gar destruktive Auswirkungen haben. Denken Sie nur an Personen, die abnehmen möchten und theoretisch alles über die Nachteile von Schokolade wissen. Liegt dann die süße Verführung auf dem Tisch, ist sie plötzlich doch wieder im Bauch verschwunden – ganz konträr zum Gesundheitsnutzen, welcher im Verstand plausibel verstanden und abgespeichert wurde. Über das Beispiel mit der Schokolade mag mancher Leser noch schmunzeln. Wenn Sie jedoch an den großen Finanzcrash im Jahr 2008 denken, mit seinen jahrelangen negativen Auswirkungen auf einen großen Teil der Weltwirtschaft, wird die Bedeutung des Emotionsfaktors im Business und Leistungsfeld besonders deutlich. Analytiker des Geschehens sind sich einig, dass vor allem überschießende positive Emotionen – euphorische Zuversicht, Machtgefühle und einfach auch Gier – die Hauptverursacher dafür waren, dass sich „das angelsächsische Finanzwesen selbst zerlegt" hat, wie es neulich so treffend in der ZEIT stand. Und diese Emotions-Energien gingen von etlichen „Wirtschaftsmenschen" aus, deren Denken und Handeln sich weit weg vom „Homo oeconomicus" abspielte. Mittlerweile beschäftigten sich Wirtschaftsexperten intensiv mit dem Thema „Behavioral Finance". Hier geht es um die Erkenntnis, dass auch der Mensch im Wirtschaftsleben keinesfalls als rationaler „Homo oeconomicus" denkt und handelt, sondern dass alle Beteiligten – Führungskräfte, Arbeitnehmer, Anleger oder Verbraucher – von ihren Emotionen und nicht nur vom Verstand her geleitet werden.

Es geht bei unserem Thema demnach nicht nur um positive und negative Emotionen. Damit sich ein Mensch im Leistungskontext langfristig „oben halten" kann, geht es vielmehr auch um die optimale Dosierung aller „Emotions-Energien". Emotions-Coaching im Business und für Leistungsverhalten hat zum Ziel, die kognitiven und fachlichen Ressourcen des Coachee mit einer optimalen und punktgenau dosierten Emotionsbalance zu vernetzen, sodass dieser Mensch sich erfolgreich auf ein anvisiertes Ziel hinbewegen und vor allem dort ankommen kann. Optimales Leistungsverhalten ist selten ein gemütlicher Spaziergang auf breiten Wegen, sondern meistens ein „Balanceakt". Um langfristig erfolgreich sein zu können – auch in ihrer Modellwirkung –, müssen beispielsweise Führungskräfte beständig fachliches Know-how, Kommunikationsfitness, Konfliktstabilität, Kreativität und Zielstrebigkeit „unter einen Hut" bringen bzw. in ein und demselben Gehirn zu einem ausbalancierten Einklang koordinieren.

Kennen Sie das Körpergefühl, wenn man über einen liegenden Baumstamm oder einen Schwebebalken balanciert? Zunächst stellt man sich auf das eine Ende des Baumstamms. Instinktiv läuft man aber nicht sofort los, sondern geht zunächst in Kontakt mit dem Gleichgewichtsgefühl, hält die Arme seitwärts und schwingt sich mit dem ganzen Körper auf diesen für die Füße neuen Untergrund ein. Wer ohne dieses Ausbalanciert-Sein gleich nach dem Aufsteigen losläuft, wird vermutlich nach wenigen Schritten vom Baumstamm entweder hinunterfallen oder absteigen müssen. Auch unbewegliches Stehen-Bleiben führt zum Misserfolg. Nehmen wir uns aber genügend Zeit für die richtige Balance-Bewegung, sparen wir im Endeffekt viel Zeit und etliche Fehlstarts, da wir nun mit der erzielten „guten Einstellung" schnell und sicher zum Ende des Stammes oder des Balkens laufen können. Diese von der Autorin und Unternehmensberaterin Sibylle Nagler-Springmann übernommene Balance-Metapher benutzen wir oft für das Thema „Emotions-Coaching im Leistungskontext", mit dem wir uns am Besser-Siegmund-Institut seit Ende der 1990er-Jahre intensiv beschäftigen.

Wie das Baumstamm-Beispiel zeigt, sind eine gute Balance oder das Balance-Halten nur mit fließenden Bewegungen zu erreichen. So können wir einem Ziel auch auf schwierigem Terrain folgen – und „folgen" ist eben auch der Wortstamm von „Erfolg". Wollen wir nun „Großes bewegen" – beispielsweise auch uns selbst –, gehören tragende Emotionen dazu. Das Erfolgsgeheimnis des Balanceakts besteht also in optimalen Bewegungsabfolgen. Dies ist übrigens im Begriff „Emotion" bereits enthalten, bedeutet sein Wortstamm „motio" doch Bewegung. Ein solches Bewegt-Sein erleben wir bei einer „emotionalen Berührung" durch von außen kommende Sinneserlebnisse oder durch die innere Gedankenwelt. Wir reagieren dann nicht nur mit unserer kognitiven Wahrnehmung, sondern auch mit spürbaren Körper-Antworten: mit dem „Körper-Echo" auf innere oder äußere Ereignisse. Die von den Emotionen ausgelösten körperlichen Wellen nennt man „physiologische Parameter". Diese können medizinisch eindeutig gemessen werden: Gefäßreaktionen, Herz- und Kreislauftätigkeit, Muskeltonus, Körpertemperatur, Gehirntätigkeit reagieren mit deutlichen Potenzialen auf Außenreize. Erst diese Körperantworten führen zu beflügelnder Zielenergie oder zu leistungshemmendem Stress.

Übermäßig stressende und zu spärliche Emotionen gefährden das Gleichgewicht

Abb. 3: Wirkung von stressenden Emotionen

Emotions-Coaching für eine punktgenau dosierte Leistungs-Balance auf dem Weg zum Ziel

Abb. 4: Leistungsbalance

Emotions-Coaching mit EMDR und der wingwave-Methode setzt immer voraus, dass der Coachee bereits über alle fachlichen und kognitiven Fähigkeiten verfügt, die er zum Erreichen seiner Ziele benötigt. Es geht bei diesem Ansatz nicht darum, „was" ein Mensch leistet, sondern „wie" er dieses Leistungsvermögen möglichst leicht und gezielt abrufen und einsetzen kann. wingwave-Coaching wurde in seiner Wirkung auf die emotionale Stabilität im Leistungskontext unter anderem am Beispiel von Prüfungsangst bei Studenten untersucht, von der Hamburger Diplom-Psychologin Nadia Fritsche. Abgesehen von der Prüfungsangst waren auch diese Studenten fachlich gut auf ihre Prüfung vorbereitet. Alle untersuchten Personen mussten eine Prüfungs- bzw. Auftrittssituation „ungecoacht" durchstehen. Eine sofortig Nachbefragung zeigte, dass sich die Ergebnisse der Angstausprägung nicht verändert hatten. Danach erhielten alle Studienteilnehmer durchschnittlich zwei

Stunden wingwave-Coaching und konnten so ihr Lampenfieber und ihre Prüfungsangst überwinden. Vor allem gingen sie mit deutlich gesteigerter Zuversicht – also mit positiven Emotionen – in die nächste Prüfung.

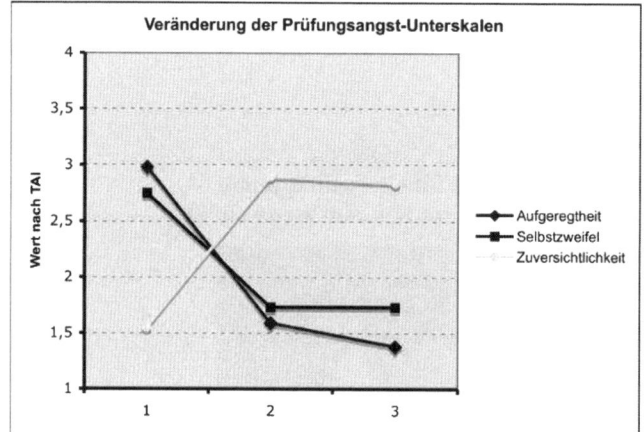

Abb. 5

Dieses erfreuliche Ergebnis war auch nach einem Monat noch stabil und stimmt so im Trend mit den Ergebnissen einer weiteren Studie an der Medizinischen Hochschule Hannover (MHH) zum Thema „wingwave im Methodenvergleich" überein. Marie-Luise Dierks, Professorin für den Bereich „Public Health" an der MHH, berichtet in Kapitel VI noch gesondert über die Ergebnisse der genannten Studie.

II. EMDR und wingwave im Coachingprozess

Ein Coaching ist ein individuelles berufsbezogenes Training in fachlicher, persönlicher und sozialer Kompetenz. In den letztgenannten Feldern kommen überwiegend psychologische Methoden zum Einsatz. Bei der Auswahl der Methoden muss berücksichtigt werden, dass die Coaching-Kunden – egal in welchem Prozess sie sich befinden – immer psychisch stabile Persönlichkeiten sind. Auch Blockaden und Stressphänomene sind immer als normale und allgemein nachvollziehbare Reaktionen eines gesunden Menschen in einem Kontext höchster Leistungsanforderungen zu betrachten. EMDR und wingwave sind ideale Methoden, um die im psychisch gesunden Menschen bereits vollständig vorhandenen mentalen und kreativen Ressourcen durch gezieltes Emotions-Coaching schnell zu stärken, auszubauen und wieder in Fluss zu bringen.

Leo beispielsweise ist seit 20 Jahren erfolgreicher Berufsmusiker. Er komponiert und textet regelmäßig neue Songs für sich selbst und auch für Kollegen. Im letzten Jahr registrierte er bei sich eine Texter-Blockade: „Mir fiel einfach nichts mehr ein, da war eine richtige mentale Funkstille. Beim Komponieren sah es auch nicht besser aus." Obwohl grundsätzlich mit seinen Erfolgen zufrieden, störte ihn das Phänomen. Er hatte im Coaching im Zusammenhang mit anderen Themen die entstressende und befreiende Wirkung wacher REM-Phasen bereits kennengelernt. Im Rahmen dieses Coachings hatten wir ihm auch eine Möglichkeit des Selbstcoachings mit der wingwave-CD gezeigt. Hier wird über einen Kopfhörer ein wechselnder Linksrechts-Takt direkt auf die Ohren gespielt. Dabei machen die Augen des Anwenders unwillkürlich kleine Blickbewegungen, als würden sie dem Takt nach links und rechts folgen. Das ergibt auf sanfte Weise einen ähnlichen stresslösenden Effekt wie beim direkten Winken vor den Augen. Außerdem scheint auch der auditive Linksrechts-Input über das reine Hören festgefahrene Mentalprozesse zu lösen und wieder in Bewegung zu bringen.

Leo setzte diese Möglichkeit gezielt für die Überwindung seiner Texter-Blockade ein. Mit der CD „auf den Ohren" ging er nach draußen und arbeitete einfach im Garten. „Nach knapp zwei Stunden platzte der Knoten", erzählte er später. „Innerhalb von 14 Tagen schrieb ich an die 30 neue Stücke. Mir kamen tausend Ideen, ich lief nur noch mit meinem Notizblock herum, um meine Ideenflut zu Papier zu bringen. Jede Bemerkung eines Gesprächspartners konnte zum Stichwort werden. Diese Methode ist für einen Künstler wirklich von unschätzbarem Wert."

Leos Beispiel lässt sehr gut die Möglichkeiten von EMDR und wingwave als Coaching-Methoden erahnen. Die hier erwähnte Selbstcoaching-Methode mit der CD wird übrigens später im Buch noch genau beschrieben. Sie kann von Klienten nach einer praktischen Einführung in die Methode eingesetzt werden. Voraussetzung ist ein ausreichendes Verständnis der Wirkungsweise der Interventionen und ihres neurobiologischen Erklärungsmodells. Dieses Verständnis wollen wir nun Schritt für Schritt für Sie als interessierten Leser aufbauen. Zunächst sind Sie eingeladen, uns durch einen typischen Coaching-Prozess zu begleiten. In unserem Beispiel ist bei einer Führungskraft eine Leistungsblockade durch Sozialstress entstanden. Anhand dieses Ablaufs vertiefen Sie Ihr Verständnis für das Phänomen von Performance-Stress-Imprinting (PSI) und erleben die Wirkungsweise der „wachen REM-Phasen". Danach zeigen wir Ihnen, wie aus einer Erweiterung der „puren" EMDR-Anwendung das Konzept des wingwave-Coachings wird. Schließlich beschreiben wir dann Vorgehensweisen zur Ressourcen- und Kreativitätsaktivierung im beruflichen Kontext, wie es im Beispiel von Leo schon angedeutet wurde.

Beide Themenbereiche kommen im Coaching übrigens gleichermaßen zum Tragen: Viele unserer Kunden möchten Spitzenleistungs-Blockaden überwinden. Wie Leo sind aber etliche generell mit ihrer aktuellen Situation zufrieden und suchen gleichzeitig gezielt nach weiterem beruflichem und persönlichem Wachstum. Viele Kunden bringen auch beide Themen mit ins Coaching. Wie schon gesagt: Alle Fallbeispiele in diesem Buch betreffen Menschen, die als mental gesund und stabil einzuschätzen sind. Das ist sicherlich mit ein Grund, warum wingwave-Coaching bei dieser Klientel oft so schnell wirkt. Im Rahmen einer Psychotherapie zur Behandlung von komplexen seelischen Störungen kann eine ähnlich rasche Wirkung nicht erwartet werden.

Und worauf wir noch hinweisen möchten: Die Coaching-Beispiele stammen alle aus unserer Praxis, die Namen wurden geändert. Im Buch nennen wir unsere Klienten beim Vornamen. Im Coaching selbst siezen wir unsere Kunden.

Selbstcoaching-Tipp: Gelassenheit und Kreativität durch die wingwave-CD

Diesem Buch liegt eine CD bei, die ein wingwave-Musikstück enthält. Für ein Selbstcoaching lassen Sie dieses bitte über Stereo-Kopfhörer auf Ihre Ohren „einwirken". Eingebettet in eine angenehme Melodie geht der Takt jeweils nach links und rechts, hin und her. Leo nutzt die wingwave-CD, um seine Augenbewegungen zu lockern und somit in seinem Gehirn einen sanften wachen REM-Rhythmus zu aktivieren. Der Blick folgt ganz von allein mit minimalen suchenden Bewegungen den Links-rechts-Klängen. Man muss sich also keinesfalls bewusst Anweisungen für die Bewegungen geben; der Effekt stellt sich ganz automatisch ein. Auch der auditive Taktwechsel inspiriert die Hirnhälften zur Kombination der Hörerfahrung und somit zur guten Zusammenarbeit.

In der folgenden Abbildung können Sie anhand einer Messung sehen, welch spürbar entstressende Wirkung die wingwave-Musik hat.

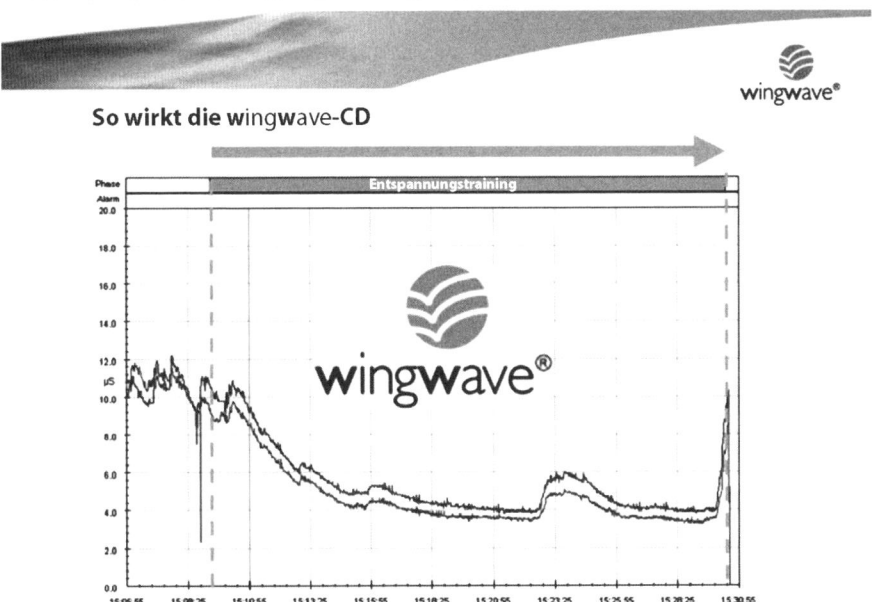

Durch die entstressende Wirkung der wingwave-CD verringert sich sichtbar das Erregungsniveau des Klienten. Dieser Effekt wirkt beruhigend und sorgt für einen effektiven Stressausgleich. Die Messergebnisse zum Hautwiderstand wurden mit dem Porta Bio Screen erhoben. Der Hautwiderstand wurde an der linken (rot) und an der rechten Hand (blau) gemessen.
www.portabioscreen.de

Abb. 6: So wirkt die wingwave-Musik

Die Messung wurde mit dem Porta-Bioscreen-Gerät durchgeführt und zeigt die Gehirnhälften harmonisierende und beruhigende Wirkung der wingwave-CD. Jeweils an der rechten und an der linken Hand wurden Elektroden angesetzt, die den Hautwiderstand messen, der als Indikator für den Erregungszustand unserer gesamten Neurobiologie und demnach auch unseres Gehirns gilt. Bereits nach fünf Minuten Hören hat eine deutliche Entspannung eingesetzt. Das erklärt, weshalb die CD nicht nur der allgemeinen Beruhigung und der Stressreduktion dient, sondern auch beispielsweise beim Auswendiglernen oder im Sport hilfreich ist: Der Effekt unterstützt die Ausdauer und das Wohlgefühl auf der Gedanken- und Verhaltensebene. Vielleicht mögen Sie die CD sogar beim Lesen dieses Buches einsetzen? Es könnte sein, dass Sie den Inhalt dann besonders leicht aufnehmen und behalten können, denn die REM-Aktivierung unseres Gehirns hilft auch im Wachzustand beim „Einspeichern" neu gelernter Inhalte. Viele Schauspieler hören leise die wingwave-Musik, um ihre Texte schneller auswendig zu lernen und besser behalten zu können.

Diese CD-Unterstützung zum Einsatz wacher REM-Phasen als Selbstcoaching-Instrument ist natürlich komfortabel. Machen Sie es deshalb wie Leo: Hören Sie die CD, wann immer Sie nach guten Ideen und Einfällen suchen. Das kann beim Ausruhen oder Spazierengehen sein, aber auch bei automatischen Tätigkeiten wie Aufräumen, Kochen etc. Die Wirkung stellt sich sogar ein, wenn Sie den Ton so leise stellen, dass Sie sich dabei unterhalten können. Wir kennen ein Team einer Trainingsfirma, das beim gemeinsamen Brainstorming im Gespräch die wingwave-Musik nutzt. „Es sieht zwar etwas komisch aus, wenn wir jeder unseren MP3-Player im Gespräch tragen – aber es sieht uns ja keiner. Wir sind enorm kreativ dabei und schnell in einem guten Flow", erzählte uns der Teamleiter.

Nicht „im Flow" sein: Wo ist die Blockade?

Ein Coaching-Kunde kommt mit folgendem Thema zu uns: Er habe seit einiger Zeit keinen Spaß mehr an seiner Arbeit, alles sei zur Routine geworden. Das sei ihm eigentlich unverständlich, bei seinem gerade in diesem Jahr besonders großen beruflichen Erfolg. Er kenne sich so nicht und sei sonst immer „ganz anders" gewesen. Irgendwie sei er nicht mehr „der Alte".

Bei einer solchen Wortwahl ziehen wir auf alle Fälle ein EMDR- oder wingwave-Coaching in Betracht. Die Klienten erleben an sich eine Veränderung, die ihnen fremd vorkommt: „Ich laufe einfach nicht mehr rund, als würden meine Energien nicht wie sonst fließen. Ich komme nicht mehr an meine Möglichkeiten heran." Manche äußern sogar, dass sie sich eigentlich „so nicht kennen". Hier kann man vermuten, dass ein oder mehrere Ereignisse im Spitzenleistungsgeschehen eine „Stress-Spur" im Gedächtnis und Erleben hinterlassen haben, die sich nicht von allein abbaut. Schon geringe Auslöser reichen dann aus, um dieses Stress-Imprinting zu „triggern", sodass es zum Stressgefühl „störend" kommt.

Aufmerksam macht also die Schilderung eines „Vorher-Nachher" in der eigenen Bewertung des Erlebens und Verhaltens. Klienten mit durch Leistungsstress entstandenen Blockierungen wünschen sich oft einen Kontakt zu den eigenen Kraftquellen zurück, den sie sonst ganz selbstverständlich in ihrem Leben hatten. Nun haben sie das Gefühl, ihnen sei ein vertrauter Energiefluss nicht mehr zugänglich. Daher sprechen sie oft nicht von Veränderung, sondern ersehnen so etwas wie eine „Rückkehr" und meinen damit den freien Zugang zu ihren Ideen, Kraftquellen und Talenten. Häufig wird man auf der Suche nach den blockierenden Schlüsselerlebnissen, die dem positiven „Flow" wie auf „dem Schlauch stehen", schnell fündig: „Eigentlich habe ich innerlich eingepackt, als unser Vorstandsvorsitzender mich öffentlich zu Unrecht kritisierte." Oder: „... als wir die Meisterschaft verloren, auf die wir uns zwei Jahre lang vorbereitet hatten."

Dann gibt es Menschen, die stets mit dem latenten Gefühl herumlaufen, es würde mehr in ihnen stecken als sie zeigen können. Sie „kommen nicht aus sich heraus", heißt es dann. „Ich sitze in einem Meeting, höre die Kollegen reden und mir gehen tausend Ideen und Antworten durch den Kopf", beklagt sich eine Coaching-Kundin. „Aber ich sage kein Wort! Erst, wenn die anderen mich ansprechen, rede ich und bekomme dann zu hören: ‚Warum sagst du das nicht viel eher, du hältst mit deiner Meinung immer hinter dem Berg zurück!'" Es gibt Sportler, die trotz intensivster Vorbereitung und größter Begabung immer nur den zweiten oder dritten Platz erringen. Diese Menschen sind sich selbst ein Rätsel, stehen sich im Wege, schütteln über die eigenen Probleme ratlos den Kopf. „Manchmal wünsche ich mir direkt, dass ich einen ungerechten Chef oder neidische Kollegen hätte", klagte uns eine Coaching-Kundin ihr Leid. „Aber alle sind nett zu mir und daher ist es umso schlimmer, dass ich beim Präsentieren im Meeting immer Schweißausbrüche bekomme." Hier wirken dann sogenannte verdeckte Stress-Trigger: Der Coachee kann nicht konkret die Auslöser der unangenehmen Leistungsbremse benennen.

Manchmal tarnt sich der Auslöser auch in alltäglichen Vorgängen, die rein optisch wie normaler, also verkraftbarer Alltagsstress wirken. „Der Brief von diesem Kunden hat mich damals schon geärgert, aber das kann es doch nicht sein. Ich habe im Laufe meiner Karriere schon unzählige solcher Schreiben bekommen. Oder hat es mich doch stärker getroffen, als ich dachte? Immerhin haben wir uns für diesen Auftrag total verausgabt", so explorieren sich die Coachees selbst. Tatsache ist, dass auch scheinbar „kleine" Auslöser zum Stachel im Fleisch des allgemeinen Wohlbefindens und damit auch des Leistungsvermögens werden können. Dabei wirkt der Auslöser selten für sich allein, sondern trifft in Kombination mit verstärkenden Faktoren zusammen, wie wir an verschiedenen Beispielen beschreiben werden.

In unserem ersten Coaching-Beispiel stellen wir Ihnen einen Geschäftsführer vor, der den Auslöser seines hartnäckigen Stressthemas genau benennen kann. Danach zeigen wir Ihnen dann, wie wir im Coaching mit Blockade-Themen umgehen, welche sich die Coachees selbst nicht zufriedenstellend erklären können. Stress-Themen mit bekannten Auslösern – wir nennen sie „konkrete Stress-Trigger" – können auch mit der EMDR-Methode gut behandelt werden. Für die eher rätselhaften Blockaden, welche durch „verdeckte Stress-Trigger" unterhalten werden, eignet sich dann der wingwave-Ansatz, da hier zunächst vor dem Einsatz des „Winkens" präzise der oder die Auslöser für das Blockade-Thema gesucht werden.

Das Gleiche gilt für das sogenannte Ressourcen-Coaching, bei dem die Coachees vorrangig keinen Stressabbau, sondern eine Leistungssteigerung als Ziel benennen. Hier gilt es dann genau herauszufinden, welche Kraftquelle durch ein Emotions-Coaching erschlossen werden soll: Benötigt der Mensch in seiner speziellen Situation eher Entschlossenheit oder Zurückhaltung, um erfolgreich zu sein? Braucht er Mut oder Humor, um weiterzukommen? Begeisterung oder Engelsgeduld? Hier müssen Coach und Coachee zusammen ein gutes Detektiv-Team bilden, um effektive Ergebnisse zu erzielen. Gemeinsam geht man auf die Suche nach idealen Leistungsauslösern, die wir im Coaching als „positive Ressource-Anker" bezeichnen. Bevor wir Ihnen dieses punktgenaue Vorgehen bei verdeckten Stress-Triggern und Erfolgs-Ankern beschreiben, schildern wir – wie gesagt – als erstes einen Coaching-Prozess anlässlich einer bereits bekannten Blockade-Ursache. Hier geht es also um einen konkreten Stress-Trigger.

Hinweis für Coaches: **Welche Methode für welche Blockade?**

Häufiger als in Therapien kommt es im Coaching vor, dass die Kunden ihre genauen Blockaden-Ursachen nicht auf den Punkt benennen können oder dass sie nicht präzise wissen, welche mentale Ressource ihnen als idealer Leistungs-Anker als „Punkt auf dem I" fehlt. Hier handelt es sich um verdeckte hemmende Stress-Trigger oder auch positive Ressource-Anker, die erst gefunden und benannt werden müssen. Das liegt daran, dass diese Klientel sich ohnehin im täglichen Leistungskontext bewährt und dass es hier weniger um massive Störungen als um die „gewisse Zutat" geht. Es ist wie mit einem guten Rezept: Eigentlich schmeckt es schon zufriedenstellend, aber man sucht noch nach dem einen Gewürz, das dem Ganzen das „gewisse Etwas" geben kann. Dieser minimale, aber bedeutsame Faktor könnte dann die berühmte zehntel Sekunde ermöglichen, die den Sportler zum Sieger macht. Zeitgleich wollen die Coaching-Kunden bei hohem Nutzen möglichst wenig Zeit für ein Coaching investieren. Auch das ist ein wesentlicher Unterschied zur Therapie, in der sich viele Menschen gern gründlich kennenlernen möchten und bereit sind, vergleichsweise viel Zeit zu investieren.

Aus diesem Grunde wünschen sich Coaching-Kunden präzise Vorgehensweisen, die schnell einen Schlüssel für ihr Weiterkommen liefern können. Diese Möglichkeit bietet ein wingwave-Coaching, bei dem Coach und Coachee als gleichberechtigtes Detektiv-Team mit einem Muskelfeedback-Test meistens schneller als im suchenden Gespräch auf den Punkt kommen können. Den Test beschreiben wir ab Kapitel III noch ausführlich. Die Ergebnisse aus dem Muskeltest begleiten den Coaching-Prozess wie einen Kompass und sorgen neben der Themen-Genauigkeit auch für eine maximale emotionale Sicherheit des Coachee.

Für Sie als Coach ist es vielleicht jetzt schon informativ, einen ersten Unterschied zwischen den Methoden EMDR und wingwave-Coaching erklären zu können: EMDR eignet sich für eine bekannte Blockade-Ursache, für den Umgang mit konkreten Triggern. wingwave-Coaching kann helfen, unbewusste Leistungsbremsen – die verdeckten Stress-Trigger – oder auch maßgeschneiderte „Zutaten" als Ressource-Anker für das mentale Erfolgsrezept zu finden.

Coaching-Beispiel mit einem konkreten Stress-Trigger: Ist der Geschäftsführer eine Mimose?

Karsten W., 45 Jahre alt, ist Geschäftsführer einer mittelgroßen, recht erfolgreichen Presseagentur. Seit vier Jahren hat er einen besonders kreativen Mitarbeiter, den Grafik-Designer Sönke A. Dieser stieg im Alter von 24 Jahren als Berufsanfänger ins Unternehmen ein und entpuppte sich als äußerst kreatives Talent. Karsten W. nahm ihn unter seine Fittiche, coachte ihn und ermutigte Sönke zu Aufgaben, die sich dieser zunächst gar nicht zutraute. Schnell entwickelt sich Sönke so einerseits zum „Alleskönner", aber auch zu einer wandelnden Ideenquelle. Das lag bestimmt an seinen persönlichen Ressourcen, aber auch an den vielen Chancen, die ihm im Unternehmen geboten wurden.

Die Agentur gewinnt eines Tages durch eine überzeugende Präsentation gegen einige namhafte Konkurrenten einen großen Kunden mit einem riesigen Budget. Inmitten der schönsten Euphorie in der Firma legt Sönke Karsten zwei Tage nach dem Gewinn des „Pitches" die Kündigung auf den Tisch: Er habe schon seit einem Jahr vorgehabt sich zu verändern. Vier Jahre im selben Unternehmen seien schon viel zu lang für eine aufsteigende Karriere. „Vielen Dank für alles, es war ein toller Start" – und Karsten bekommt ein nettes Feedback für die große Unterstützung.

Natürlich hätte Sönke bei diesem neuen und arbeitsintensiven Projekt eine tragende Rolle spielen sollen, schließlich stammt ein wesentlicher Teil des Konzepts und der Ausführungen von ihm. Es wird nicht einfach sein, diese Lücke im Team wieder zu schließen. Aber Karsten versucht, diesen Verlust gelassen zu nehmen: Reisende soll man nicht aufhalten. Es war doch immer klar, dass Sönkes Karriere weitergehen muss – und dazu gehört gerade in dieser Branche auch ein Unternehmenswechsel zum Ausbau der Berufserfahrung. Nach zwei Monaten aber merkt Karsten, dass ihn Sönkes Kündigung „immer noch wurmt". Er fühlt sich „verletzt und gekränkt", „kommt nicht darüber hinweg". Im Coaching sagt er: „Natürlich hat mich die Kündigung getroffen. Ich war überhaupt nicht darauf vorbereitet und irgendwie sitzt mir dieser Schreck noch in den Knochen." Gleichzeitig aber ärgert Karsten sich über seine Reaktion: „Es ist absolut albern, das darf einem Profi wie mir eigentlich nicht passieren, sich von einem Allerweltsvorfall wie einer Kündigung so runterziehen zu lassen. Ich kann hier doch nicht wie eine gekränkte Mimose herumsitzen und Trübsal blasen." Weil er sich seiner Meinung nach mehr als „normal" mit diesem Erlebnis beschäftigt, kommt er mit dem ausdrücklichen Wunsch, sein Thema einmal „bewinken" zu lassen. Ein Kollege habe ihm von diesem Emotions-Coaching begeistert erzählt, und dies sei nun ein geeigneter Anlass, um es einmal selbst kennenzulernen.

Karsten erfährt im Coaching, dass er wahrscheinlich an einer – natürlich leichten – Form von posttraumatischem Stress leidet, die wir Stress-Imprinting nennen. „Das meinte mein Kollege auch schon. Aber trifft so etwas nicht nur auf Leute zu, die ein Erdbeben, eine Entführung oder ähnliches erlebt haben?", fragt er. Doch Karsten beschreibt ähnliche Einschränkungen wie sie Betroffene von körperlich bedrohlichen Katastrophen sehr massiv schildern. Er kommt von „den Gedanken nicht los", die Kündigungsszene hat sich in sein Gedächtnis „eingebrannt". Nach Wochen fühlt er sich immer noch körperlich unwohl, wenn er daran denkt. Auch beobachtet er an sich eine Art Verbitterung, die sich jetzt gegen andere jüngerer Mitarbeiter richtet, nach dem Motto: „Die sollen selbst sehen, wie sie zurechtkommen!" Gleichzeitig verurteilt er sich für diese destruktiven Gedanken.

Wir beginnen das Coaching mit einer Einführung in das Thema Performance-Stress-Imprinting.

Performance-Stress-Imprinting: Wenn die Zeit die Wunden nicht heilt

Jeder Mensch fühlt sich tausendfach im Laufe seines Lebens „getroffen", „aufgebracht" oder „erschüttert". Nahezu täglich sind wir mal wütend, mal beleidigt oder erschrocken. Doch sind wir es auch gewohnt, dass „der Ärger verfliegt", die „Wut verraucht" oder dass wir über „den Schreck hinwegkommen". Die subjektiv als unangenehm erlebten Emotionen gelten als verarbeitet, wenn der Körper sich wieder ausgeglichen bei der Erinnerung an das auslösende Ereignis fühlt. Wir arbeiten seit zwei Jahrzehnten in der Hamburger Innenstadt. Daher können wir von unserem Balkon aus gut die Parkplatzsituation beobachten und somit auch etliche überschäumende Wutausbrüche beobachten, wenn sich Autofahrer um einen Parkplatz streiten. Aber wir sind uns sicher: Fragt man einen Tag nach diesem dramatischen Vorfall den Parkplatzsucher: „Ärgern Sie sich immer noch, dass Ihnen gestern der Parkplatz vor der Nase weggeschnappt wurde?", würde er oder sie sicherlich sagen: „Nein, das habe ich schon vergessen." Vor allem würde die Person die Wut körperlich nicht mehr spüren und vielleicht sogar über den Vorfall schmunzeln.

Denken Sie dabei einmal an die Lektüre der Tageszeitung: Sie lesen über Flugzeugabstürze, Krankheiten und Gewalttaten, ohne dass Ihr Herz klopft oder dass Sie Schweißausbrüche bekommen. Die sogenannten grauen Zellen – die Hochburg unseres Verstandes – verarbeiten die Information auf der Wahrnehmungsebene. Auf dieser Ebene bewerten wir auch die Ereignisse. Natürlich verurteilen wir einen Gewalttäter oder überlegen, ob wir für die Erdbebenopfer spenden wollen. Aber unsere Amygdala bleibt dabei oft erstaunlich ruhig. Dieser nahezu unscheinbare Gehirnteil – klein wie ein Mandelkern – wird von einigen Gehirnforschern sehr treffend als „Alarmglocke des Gehirns" beschrieben. Bewertet unsere instinktive Wahrnehmung einen hereinkommenden Sinnesreiz als bedrohlich oder belastend, sorgen diese Mandelkerne – es gibt sie als Paar im Gehirn – bei Bedrohung und Belastung für die Ausschüttung einer Extradosis an Stresshormonen. Jeder weiß, wie sich der berühmte „Adrenalinstoß" anfühlt.

Wir alle haben schon erlebt, dass wir nach einigen Tagen Abstand sogar über Ärger oder Schrecksekunden lachen können – so wie der Parkplatzsucher oder wie manche Eltern, die ein Schock beim Anblick des Chaos im Kinderzimmer durchfährt und die kurze Zeit später wieder von zärtlicher Liebe für den Sprössling erfüllt sind. Das „Alarmglöckchen" hat sich beruhigt: Das Gefühl „verfliegt", die Erinnerung hingegen kann durchaus erhalten bleiben. So können wir im Leben eine Fülle von Lernerfahrungen machen, ohne bei jedem Schreck immer starrer oder bei jedem Ärger immer verkrampfter zu werden. Wäre das der Fall, könnten wir uns vor lauter angestautem Unbehagen nach einigen Jahren nicht mehr rühren. In über 95 Prozent aller Fälle bauen wir in unserem Leben Stress, Angst und Aufregung durch unsere mentalen Eigenkräfte ab. Wir pendeln uns ganz von allein wieder auf unser seelisches Gleichgewicht ein bzw. kommen über „die Sache hinweg". Zwar vergessen wir das Ereignis nicht, erleben es aber ganz deutlich als zur Vergangenheit gehörend. Es ist, als sei in unserer „Seelenlandschaft" jemand über eine Grasfläche gelaufen. Eine Zeit lang sieht man noch eine Spur. Dann aber richten sich die Halme wieder auf, die Fläche wirkt wieder einheitlich und geglättet – als hätte es die Schuhabdrücke nie gegeben.

Hierbei kommt uns unsere Fähigkeit zum Zeitgefühl zugute: Die Erinnerung verblasst, ist „verschwommen", ist „entfernt", geht einem „nicht mehr nahe". Dank dieser wohltuenden Distanz kann man sich an den Vorfall erinnern und darüber sprechen, ohne dass es noch „weh tut". Das Erlebnis ist „integriert", wie die Psychotherapeuten sagen, und kann sich jetzt in einen verwertbaren Erfahrungsschatz verwandeln. Francine Shapiro vergleicht die täglichen seelischen Blessuren mit kleinen körperlichen Verletzungen, wie beispielsweise dem Dornenstich einer Rose. Der Finger blutet und tut zunächst weh, aber das wird nicht ein Leben lang der Fall sein. Schon im Moment der Verletzung wissen wir intuitiv, dass dieser Schmerz nach ein, zwei Tagen vorbei und geheilt sein wird.

Und genau dieser tägliche seelische Heilungsprozess läuft bei Karsten hinsichtlich der Enttäuschung mit dem jungen Kollegen nicht wie gewohnt von allein ab. Um in dem Bild der Verletzung zu bleiben, scheint der Stachel noch in der Wunde zu stecken. Und in einem solchen Fall heilt die Zeit mal nicht alle Wunden und die Kränkung bleibt bestehen, wie ein leichter, aber einschränkender seelischer Phantomschmerz. Es gibt – um in dem anderen Bild zu bleiben – weiterhin „Schuhabdrücke": Ein resistentes Stress-Imprinting ist in der Seelenlandschaft entstanden.

Wie bleibt der Schreck „in den Knochen stecken"? Oder: Welche Wirkung haben Stress-Imprintings und posttraumatischer Stress?

Im Rahmen der Schmerzforschung ist ein faszinierender Film mit dem Titel „Wie die Nervenzelle den Schmerz erlernt" entstanden. Einem Forscher des Max-Planck-Instituts, Walter Zieglgänsberger, ist es gelungen, die Reaktion einer isolierten Nervenzelle mithilfe einer Zackenkurve zu filmen. Der Nerv „feuert", heißt es, wenn eine Nervenzelle auf einen Reiz hin eine Reaktion zeigt. Entsprechend sieht man dann pro experimenteller Reizung der Zelle eine „Aktions-Zacke". Reizt man die Nervenzelle jedoch sehr intensiv oder zu häufig, verselbstständigt sich diese Reaktion. Der Nerv fängt ein „Dauer-Feuer" an, ohne dass von außen weiter gereizt wird, ist ohne äußeren Anlass aktiv. Mit diesen sensationellen Forschungsergebnissen konnte Walter Zieglgänsberger Phänomene wie den Phantomschmerz erklären. Hier leiden die Betroffenen unter Schmerzen an bereits amputierten Körpergliedern. Beispielsweise tut ein Fuß weh, obwohl er nicht mehr da ist. Bis dahin war der Phantomschmerz ein Rätsel für die Medizin. Jetzt weiß man, dass die Gehirnzellen in der Lage sind, „Schmerzen zu erlernen". Sie melden Schmerzempfindungen, obwohl die Schmerzursache schon seit Jahren nicht mehr existiert. Man spricht hier von einem „Schmerzgedächtnis" oder auch von „neuronaler Plastizität". Die Neurone, also die Nervenzellen, lernen die Schmerzempfindung wie ein Lied, das einem nicht mehr aus dem Kopf geht. Diese Art von Schmerzen nennt man inzwischen neuropathische Schmerzen. Walther Zieglgänsberger geht davon aus, dass seine Forschungen auch die neuronalen Muster von Phobien und posttraumatischem Stress erklären können.

Den Titel des erwähnten Filmes könnte man diesen Vermutungen nach auch abwandeln in: „Wie die Nervenzelle den Schreck erlernt." Ein Schreck verursacht aufgrund einer Überschwemmung des Nervensystems mit Stresshormonen ähnlich starke Körperwahrnehmungen wie der Schmerz: Muskelgruppen spannen sich an, der Atem wird flach oder stockt, der Kreislauf rast, der Blick wird starr, die Gefäße verändern sich. Magen und Darm scheinen sich zu verkrampfen – so fühlt es sich zumindest an. Ist so ein Schreck für das Nervensystem zu intensiv, entgleist die natürliche Informationsverarbeitung. Auch wenn die Gefahr schon längst vorbei ist, bleibt der Körper chronisch erschrocken. Man könnte hier vom Phantomschmerz der Seele sprechen. Jede Emotion kann sich auf diese Weise chronisch verselbstständigen, sozusagen zur „neuropathischen Emotion" werden: Angst, Wut, Rachedurst, Trauer, Ekel oder Scham. Dann gibt es noch das subjektive Gegenteil von Emotionen, ein Nicht-Fühlen, Nicht-gerührt-Sein, was oft als besonders fremd erlebt wird.

Da man es gewohnt ist, dass sich die o.g. Empfindungen von allein wieder abbauen, verursachen die „feststeckenden" Emotionen ein Gefühl von Hilflosigkeit. Bewusst oder unbewusst vertraute Verarbeitungsmöglichkeiten wie Ablenkung, Sport und

Gespräche erfüllen nicht mehr ihre gewohnte Funktion des „Processing", wie man den beständigen neuronalen Integrationsprozess unserer Erlebnisse und Emotionen nennt. Im Begriff „Emotion" steckt das lateinische Wort „motio", das Bewegung heißt. Und genau diese Bewegung kommt bei posttraumatischen Belastungsstörungen oder beim Stress-Imprinting ins Stocken, wird zur Starrheit und bleibt somit auf der Stelle. Sogar das älteste Mittel, der Schlaf, versagt. „Schlaf doch eine Nacht drüber, morgen sieht alles ganz anders aus", sagt der Volksmund eigentlich ganz richtig. Schlaf- und Gehirnforscher sind sich heute einig, dass wir vor allem beim Träumen einen großen Teil unserer Erlebnisse „verdauen". Doch bei einem hartnäckigen Stress-Imprinting erfüllt der Traum nicht diese verarbeitende Funktion. Wie bei einer CD mit einem Kratzer bleibt das „Processing" auf einer bestimmten Stelle hängen und kommt hier nicht weiter. Diese Traumblockierung führt nicht zur wohltuenden Auflösung, sondern wird zum quälenden Albtraum, der die Betroffenen meist allzu oft aus dem Schlaf aufschrecken lässt.

Über die exakten neuronalen Auswirkungen von klinischer Traumatisierung oder PSI weiß man heute noch zu wenig, um eine allgemeingültige Erklärung abgeben zu können. Man kann nur Puzzlesteine sammeln und diese immer wieder in ein großes Gesamtbild einpassen. Dazu gehören beispielsweise auch Aufnahmen der Gehirnfunktion bei Phobikern – also von Menschen, die chronische, heftige Angstreaktionen in Kontakt mit spezifischen Situationen, Gegenständen oder Tieren wie beispielsweise einer Maus haben. Diese Aufnahmen zeigen mit bunten Farben die Aktivitäten des erlebenden und reagierenden Gehirns. In dem Film mit dem dramatischen Titel „Phobia – die nackte Angst", der vom Sender Vox in der Reihe „BBC Exklusiv" ausgestrahlt wurde, kann man entsprechend eindrucksvolle Bilder sehen. Sie zeigen, dass bei diesen Personen die Amygdala, also die Gehirn-Alarmglocke „schrillt", wenn man ihnen Bilder zeigt, die jeder Mensch als belastend oder ängstigend einstufen würde, wie etwa eine unheimliche Fratze aus einem Horrorfilm. Kurz nach dieser Darbietung „erlischt" die Amygdala jedoch sofort wieder.

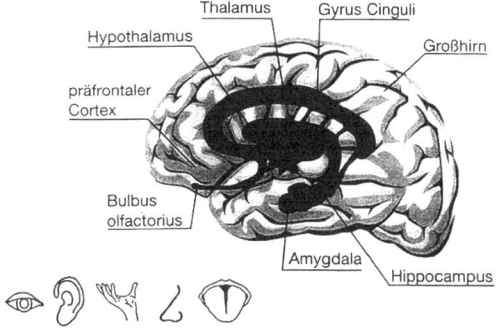

Abb. 7: **Limbisches System mit Hippocampus**

Zeigt man Phobikern dann aber ein Bild mit dem Thema ihrer Phobie, leuchten die Amygdala und der linke Hippocampus gleichzeitig auf. Der Hippocampus ist eine mit unserem Gedächtnis eng verknüpfte Gehirnregion. Interessanterweise bleibt dieser Gedächtnisspeicher der Gefühle bei den „allgemein schrecklichen" Bildern wie der Horrorfratze quasi stumm. Im Gegensatz dazu haben sich aber bei einer Phobie offensichtlich Alarmglocke und Gefühlsgedächtnis zu einem zu fest vernetzten Team zusammengefunden. Man kann sich nicht mehr an eine Maus erinnern oder diese wahrnehmen, ohne dass nicht auf der Stelle auch die Alarmglocke schrillt und eine Überdosis an Stresshormonen ausgeschüttet wird. Erschwerend kommt hinzu, dass all unsere Sinneswahrnehmungen immer das limbische System – unser Gefühlsgehirn – passieren müssen, bevor sie an den sogenannten Cortex, also an unser „Denkhirn" weitergeleitet werden. Dieses Weiterleiten dauert eine halbe bis dreiviertel Sekunde. Vorher bewertet der Thalamus vor dem Hintergrund unserer gesamten Erfahrungen die neuen Informationen und sagt umgehend den Mandelkernen Bescheid, falls er einen hereinkommenden Sinnesreiz als bedrohlich und für besonders wichtig hält. Erst dann wird der Cortex informiert. Deswegen setzt auch jeder Schreck eine halbe bis dreiviertel Sekunde früher als der Verstand ein. Und ist der Schreck einmal ausgelöst, kann der „klare Verstand" seine klärende Wirkung leider nicht mehr entfalten. „Denn leider", so sagte der Bremer Gehirnforscher G. Roth im Rahmen eines Vortrags zu diesem Thema, „leitet zwar die Amygdala an den Cortex weiter, aber umgekehrt lässt sie sich vom Cortex nichts sagen, bzw. nur sehr ungern etwas sagen." Wie schon beschrieben fährt das limbische System inklusive Amygdala auch zu Hochtouren auf, wenn besonders positive Reize hereinkommen, etwa die tollen Schuhe im Sonderangebot, die man sich laut Verstand eigentlich nicht mehr leisten kann. Auch hier „übertönen" dann die Emotionen den eifrig warnenden Verstand: Er geht im Sinnesrausch unter, die Kreditkarte wandert über den Tisch und später wundert sich der Verstand darüber, wie dieses Paar Schuhe in die Einkaufstasche kommen konnte. Mal wieder wurde er eine halbe Sekunde zu spät dazugeschaltet ... Auch Börsenfieber funktioniert nach dem gleichen Prinzip.

Viele der erwähnten Forschungsergebnisse passen interessanterweise auch zu Befunden, die man bei schwer traumatisierten Menschen erheben konnte. Bei Kriegsveteranen oder Menschen mit Gewalt- und Missbrauchserlebnissen konnte man beispielsweise eine deutliche Verkleinerung des linken Hippocampus gegenüber nicht-traumatisierten Menschen feststellen. Fast hat es den Anschein, als sei dieser Bereich durch die ständige Verbindung mit dem Alarmglockensystem im Laufe der Jahr erschöpft worden. Und außerdem scheint einem schwer traumatisierten Menschen der klare Verstand gar nichts zu nützen: Er hat immer weiter Angst, obwohl er genau weiß, dass er keine Angst mehr zu haben bräuchte. Aber wie all dies genau zusammenhängt, wird man wohl erst in einigen Jahren erfahren.

Wir geben diese Hinweise auch an unsere Coaching-Kunden weiter, wobei wir selbstverständlich deren Themen gegen die Probleme schwerst traumatisierter Menschen abgrenzen. Dennoch haben diese Informationen für viele Menschen mit PSI nicht nur einen erklärenden sondern auch einen sehr entlastenden Effekt. „Diese Informationen bedeuten also, dass es ganz normal ist, wenn ich nicht aus eigener Kraft oder mit purer Willenskraft über diesen Knacks hinwegkomme", kommentiert Karsten unsere Erklärungen. Dies ist eine ganz wichtige Aussage. Seit Jahren gehen wir mit Sätzen wie: „Man muss nur wollen und dann kann man Berge versetzen" sehr vorsichtig um. Das ist so, als würde man sagen: „Man muss nur wollen und schon wickelt sich der Verband ganz von allein um die Verletzung." Oder man sagt zu einem Menschen, der sich im Wald verirrt hat: „Du musst nur wollen, dann findest du wieder hinaus!" Eine Wanderkarte oder ein Kompass wären in diesem Fall wesentlich hilfreicher ... Zwar bedürfen die hier beschriebenen Erschütterungen, „Knackse" oder Stress-Imprintings keiner Therapie, aber gezieltes Coaching-Know-how kann dazu beitragen, dass der Mensch zielsicher in ein „Processing" der Ereignisse und somit wieder in den „Flow" seiner Gefühle und Ressourcen kommen kann.

Wer dies für sich nicht akzeptiert, kann zusätzlich zur Stressbelastung noch ein drückendes Minderwertigkeitsgefühl heranzüchten. „Wenn es doch nur am Wollen liegt – warum komme ich dann über meine Stressblockade nicht hinweg?" Antwort: „Weil ich nicht richtig will oder ich mich sonst wie dumm anstelle." Man schämt sich über seine „Anstellerei", so wie Karsten, der sich selbst zu Beginn des Coachings als „Mimose" bezeichnete. Da ist der Weg zum Versagergefühl nicht mehr weit, wie es ein weiteres Beispiel zeigt: Stellen Sie sich einmal vor, jemand käme zu Ihnen mit folgender Bitte: „Ich habe gesehen, dass da draußen ein Hubschrauber genau vor meinem Auto gelandet ist. Leider passt mir das gar nicht, denn ich muss gleich wegfahren. Könnten Sie den Hubschrauber mal eben für mich ein Stückchen weiterfliegen? Der Pilot ist nämlich nirgends zu sehen." Einerseits könnten Sie antworten: „Dann machen Sie's doch selbst", aber als höflicher Mensch entgegen Sie vielleicht auch: „Tut mir leid, ich kann gar keinen Hubschrauber fliegen." Nun entgegnet Ihr Gesprächspartner: „So ein Quatsch! Sie müssen es nur wirklich wollen." In diesem Kontext würde jeder ohne das geringste Versagergefühl antworten: „Am Wollen liegt es nicht, ich habe einfach das Hubschrauberfliegen nicht erlernt, ich weiß nicht, wie das funktioniert. Mir fehlt das Know-how."

Man ahnt gar nicht, bei wie vielen Menschen eine Veränderung oder Persönlichkeitsentfaltung nicht am mangelnden Wollen oder gar am „Wirklich-Wollen" scheitert. Das Manko besteht vielmehr im ungenügenden Können und „Wissen-Wie" und in nicht ausreichenden Kenntnissen mentaler Problem- und Erfolgsstrukturen. Alle Coachees, die uns aufsuchen, „wollen wirklich", sonst hätten sie ja schließlich keinen Termin gemacht. Und weil Know-how bei jedem effektiven Lern- oder gar

Veränderungsprozess eine tragende Rolle spielt, beginnen wir jedes Coaching mit einer ausführlichen Beschreibung der neurobiologischen Modelle dieses besonderen Coaching-Werkzeugs.

Karsten informieren wir beispielsweise auch über wissenschaftliche Untersuchungen zum Thema „Ablehnung und Ausgrenzung durch Mitmenschen". Es hat sich nämlich bei einer Untersuchung mit Gehirnscan-Bildern gezeigt, dass Erlebnisse dieser Art bei uns Menschen mit einer deutlich hohen Aktivität im Schmerzzentrum einhergehen. Ablehnung und Ausgrenzung tun also richtig weh, auch auf neurobiologischer Basis. Äußerlich gibt es keine Verletzung, aber innerlich erleben unsere Nervenzellen einen echten Schmerz. Daher ist das Wort „Kränkung" in diesem Zusammenhang keinesfalls eine Metapher, sondern beschreibt körperlich konkret richtig. Diese Untersuchungen haben zu den Begriffen „social pain" und „Sozialschmerz" geführt. Weitere Untersuchungen konnten zeigen, dass auch Redewendungen wie „die kalte Schulter zeigen" oder „ein warmes Herz haben" einer neurobiologischen Wahrheit entsprechen. Versuchspersonen, denen man Filme mit ablehnenden oder ausgrenzenden zwischenmenschlichen Szenen gezeigt hat, schätzen Temperaturen kälter ein als Vergleichspersonen ohne diese Beeinflussung. Auch wählen sie nach der Filmvorführung fast immer heiße Getränke aus, um sich von der „Kälte" in den Filmen zu erholen.

Karsten reagiert sehr nachdenklich auf diese Information, lehnt sich im Stuhl zurück und entspannt sichtlich. Die Informationen haben ihm geholfen, sein Thema besser zu verstehen und kognitiv einzuordnen.

> ***Hinweis für Coaches:*** **Die Bedeutung von Methodentransparenz und Psychoedukation für ein erfolgreiches Coaching**
>
> Diese Begrifflichkeit stammt aus der klassischen Verhaltenstherapie und meint die Einbeziehung eines Menschen in die theoretischen Modelle und Überlegungen, die den Sinn psychologisch fundierter Intervention erklären. Hierzu gehört nicht nur die Erläuterung des Vorgehens gegenüber einem Patienten, einem Coachee oder einer Gruppe von Menschen, sondern auch die verständliche Darstellung des Denkmodells, mit dem Therapeuten, Coaches oder Trainer ihre Theorie über die Problementstehung von psychologischen „Knoten" und ihre Lösungen erklären. Wichtig ist dabei, dem Coaching-Kunden mitzuteilen, dass es sich bei gedanklichen Hintergründen der Verfahren nicht um allgemeingültige Weisheiten handelt, sondern lediglich um Modelle, die sich für positive Veränderungsprozesse bewährt haben.
>
> Untersuchungen in der Verhaltenstherapie haben gezeigt, dass entsprechende inhaltliche Vorbereitungen nicht nur für Methodentransparenz, sondern auch für eine positive Erwartungshaltung von Menschen sorgen, was diese Maßnahmen bereits wieder zu einer Intervention machen. Der vor einigen Jahren leider verstorbene Verhaltenstherapie-Experte Klaus Grawe schilderte in seinem Buch „Psychologische Therapie", dass ein Therapieerfolg laut diesen Studien immerhin zu 30 % von der positiven Erwartung des Patienten abhängt, welche mit einer guten inhaltlichen

Vorbereitung durch den Therapeuten vor der Durchführung der eigentlichen Therapie geweckt wird.

Vor allem Coaching-Kunden würdigen es sehr, wenn der Coach jederzeit im Prozess erklären kann, was gerade passiert und mit welchen strategischen Überlegungen die jeweiligen Interventionen eingesetzt werden. Deshalb erhalten alle wingwave-Coaches im Rahmen ihrer Ausbildung umfangreiches Anschauungsmaterial über die Methode in Form von Powerpoint Präsentationen und informativen Texten sowie zahlreiche Geschichten und Metaphern, mit deren Hilfe sie ihren Kunden die theoretischen Überlegungen von EMDR und wingwave erläutern können. Für das Einzelcoaching halten die meisten Coaches das Material ausgedruckt für ihre Kunden bereit.

Hierzu ein Beispiel: Im letzten Jahr konnten wir mit wingwave einer Klientin helfen, die drei Wochen vor unserem Erstgespräch einen Hubschrauberabsturz überlebt hatte. Sie und ihr Freund waren glücklicherweise ohne gravierende körperliche Verletzungen davongekommen, aber die junge Frau litt seit diesem Vorfall unter Schlafstörungen und Panikattacken. Wir erklärten ihr zunächst – so wie zuvor beschrieben – die neurobiologischen Hintergründe von posttraumatischem Stress, beschrieben ihr Sinn und Zweck des geplanten Methodeneinsatzes und planten dann für einen weiteren Termin die eigentliche wingwave-Intervention. Sie berichtete uns dann, dass sie schon in der Nacht nach diesem vorbereitenden Gespräch viel besser geschlafen hätte: „Es hat mich einfach beruhigt, zu erfahren, was überhaupt mit mir los ist, wie ich mir die Schlafstörungen erklären kann. Allein die anschaulichen Bilder, dass mit mir irgendetwas Ungewöhnliches passiert, was man nicht steuern kann, haben mir die Angst genommen."

Auch wenn die Klientin danach tagsüber immer noch Panikgefühle hatte, hatten dennoch allein die Psychoedukation und Methodentransparenz einen positiven Effekt. Vier Tage später verlief die eigentliche Intervention erfolgreich und dauerte nur eineinhalb Stunden. Dieses Coaching wurde übrigens gefilmt und im deutschen Fernsehen im Rahmen einer vierteiligen Fernsehserie zum Thema wingwave-Coaching gezeigt.

Auch wenn es sich bei diesem Beispiel um kein klassisches Coaching-Thema handelt, zeigt es dennoch anschaulich, dass Methodentransparenz und die Erklärung von Problem- und Lösungsmodellen auf Coaching-Kunden bereits einen zielführenden Veränderungseffekt haben können.

PSI und das „innere Dornröschenschloss"

Das Märchen „Dornröschen" von den Gebrüdern Grimm ist eine wunderbare Metapher für ein resistentes Stress-Imprinting. Da gibt es eine lebendige blühende Landschaft mit Dörfern und Städten und mittendrin existiert ein verwunschenes Schloss, das von einer dichten Dornenhecke umwuchert ist. In diesem Schloss ist die Zeit stehen geblieben, denn es wurde einst von einer bösen Fee samt seinen Bewohnern in einen hundertjährigen Schlaf versetzt. Alles verharrt dort wie genau in jener Sekunde, in der Dornröschen sich an einer Spindel der Fee in den Finger stach. In dieser erstarrten Lebendigkeit bleibt sogar der Koch, der gerade dem Küchenjungen eine Ohrfeige geben will, mit erhobener Hand mitten in der Bewegung stehen. Der normale fließende Tagesablauf ist zum ewigen Standbild geworden; es findet kein Prozess und somit auch kein „Processing" mehr statt. Im Laufe der Jahrzehnte versuchen viele Prinzen, durch die Dornenhecken zum schönen Dornröschen durchzudringen, doch sie bleiben alle in den Dornen der das Schloss umgebenden Hecke hängen.

Bei Menschen mit einem Stress-Imprinting steht dieses durch ein negatives Ereignis erstarrte Schloss in der Seelenlandschaft bzw. in der Landschaft der billionenfach verknüpften Gehirnzellen. Überall pulsiert Leben, es wird agiert, reagiert und es findet eine Weiterentwicklung statt – nur nicht in diesem dunklen Schloss der zum Standbild gewordenen Stresserinnerung. Ebenso stehen die meisten Personen mit PSI in fast allen Lebensbereichen in einem ressourcevollen Kontakt mit ihren Möglichkeiten und Talenten – solange sie nicht in Kontakt mit der inneren, das Stresserlebnis isolierenden „Dornenhecke" geraten. Dann bleiben sie „hängen" und kommen nicht mehr weiter. Dieses Phänomen nennt man im Coaching die „isolierte Blockade": Es ist alles wunderbar in Ordnung – bis auf „die eine Sache".

Wenn die wachen REM-Phasen wirken, öffnet sich die Dornenhecke und es kommt wieder Leben in das Schloss. Das Processing der körpereigenen seelischen Heilprozesse fängt an zu fließen und damit auch die Kreativität, die Kraftquellen und die Gefühle. Und mit dem Fluss der Gefühle verändern sich diese durch die Intervention rasch in eine wohltuende Richtung. Und im Märchen ist da noch die Sache mit der Ohrfeige, die der Koch dem Küchenjungen hat geben wollen. Sobald der Bann gebrochen ist, macht er das sofort und der Küchenjunge schreit laut „aua". Versetzen Sie sich einmal in den Küchenjungen. Wenn Sie die Wahl hätten: Würden Sie lieber nochmals eine Ohrfeige riskieren und dafür wieder am Leben teilnehmen oder möchten Sie weiterhin jahrzehntelang in Starrheit verweilen – nur um dem kurzen „Backs" zu entgehen? Diese Metapher ist im wingwave-Coaching als „Küchenjungen-Effekt" geläufig geworden.

Mit solchen und ähnlichen Metaphern und Analogien bereiten wir unsere Coachees darauf vor, dass EMDR und wingwave-Coaching sehr gefühlsbetonte Verfahren sind. Deswegen verwenden wir auch den Begriff Emotions-Coaching. Verschiedenste Emotionen können in rascher Folge intensiv auftauchen und wieder „verfliegen". Oft kommen Gefühle in Fluss, die während des stressenden Ereignisses eigentlich angemessen gewesen wären, aber gerade im Leistungs- oder Spitzenleistungs-Geschehen nicht ausgelebt werden konnten. So kann sich nach einer Beleidigung ein Wut- und Rachegefühl chronisch „festsetzen". Klingt dieses durch die REM-Intervention ab, taucht vielleicht einige Minuten später eine Traurigkeit auf, die man vorher nie gefühlt hat, die aber angesichts der Kränkung ebenfalls eine „Psycho-Logik" hat. Wie bei der Küchenjungen-Ohrfeige kommt die erstarrte Emotion in Fluss und kann den Coachee während der Intervention „treffen". Viele Coaching-Kunden sind sehr überrascht von der Vielzahl und der schnellen Abfolge des Gefühlserlebens während des Verfahrens. Ebenso intensiv können dann die positiven Gefühle sein, die am Ende der Intervention auftauchen: Erleichterung, Freude, Begeisterung oder ein Gefühl von Kompetenz, Stärke oder Entschlossenheit.

Sind die Coachees auf das Küchenjungen-Phänomen gut vorbereitet, können sie einerseits das Gefühl durchleben und es gleichzeitig auf einer mentalen Meta-Ebene in seiner Bedeutung richtig einordnen. Sie wissen dann genau, dass die Gefühlswallung nichts mit dem Hier und Jetzt zu tun hat, sondern zur Löschung des Stress-Imprintings dazugehört. Vergleichen Sie diese Wahrnehmung auf der Meta-Ebene einmal mit einem ganz normalen Schluckauf. Das ist eine eigentlich recht heftige Reaktion: Die Luft bleibt weg, man gibt unkontrollierte Laute von sich und der Oberkörper wird von einem Krampf geschüttelt. Trotz dieser akut erlebten Dramatik können die meisten Betroffenen sogar im selben Moment Schluckauf haben und über dieses physiologische Phänomen lachen. Unsere Klienten lachen zwar nicht, aber sie bleiben seelisch gelassen, während der Körper die Emotion im Super-Zeitraffer durchlebt. Tatsächlich dauert dieser „Gefühlszauber" – so drückte sich neulich eine Coaching-Kundin aus – pro emotionaler Welle meist nur eine Minute, oft noch kürzer.

Zum Schluss wird das Körpergefühl oft sogar als sehr angenehm empfunden. Viele Menschen fühlen sich nicht nur erleichtert und entspannt, sondern auch müde oder angenehm erschöpft. Einige Klienten müssen häufiger gähnen. Auch hierzu gibt es eine Metapher: Wenn Sie schwere Einkaufstüten tragen, reißen Sie sich so lange zusammen, bis Sie mit der Last in Ihrer Wohnung angekommen sind. Dann stellen Sie die Tüten ab. Als Nächstes lassen Sie sich in den Sessel sinken, strecken „alle viere" von sich, atmen ein paar Mal tief durch und sagen „So, das wäre geschafft!" Gleichzeitig seufzen Sie aber auch: „Puh, war das anstrengend!" Erst wenn die Last abgelegt ist, erlauben Sie sich also nachzuspüren, wie erschöpfend der Kraftaufwand war. Das gleiche gilt für seelische Lasten, die man gerade abgelegt hat. Daher raten wir unseren Klienten immer dazu, nach diesen Coaching-Sitzungen noch Zeit für sich zu haben, möglichst früh schlafen zu gehen oder auf irgendeine angenehme Art die „Seele baumeln" zu lassen.

Diese hier beschriebenen Effekte führen insgesamt dazu, dass unsere Coachees mit jeder Sitzung ein wachsendes Vertrauen in die Methode gewinnen und sich an immer mehr Themen herantrauen, die sie bis dahin nicht anrühren mochten, weil sie befürchteten, gefühlsmäßig wieder in der „Trauma-Dornenhecke" hängen zu bleiben. Eine Kundin kam zur dritten Coaching-Sitzung sogar mit einer kleinen Liste: „Das wollte ich mir jetzt auch noch alles wegwinken lassen." Diese Wortwahl mag so manchen erfahrenen Psychotherapeuten alarmieren – zu Recht. Denn einfach „wegwinken" kann man die belastenden Erlebnisse, wie Sie es sich schon nach diesen Ausführungen vorstellen können, erst nach einer wirklich sorgfältigen Vorbereitung. Das gilt für die psychisch stabilen Coaching-Klienten ganz genauso wie für die Patienten mit posttraumatischen Belastungsstörungen. Erst dann können sich die chronisch erstarrten quälenden Gefühle durch die sehr einfach aussehende Intervention wieder auflösen – ganz im Sinne einer Erlösung vom bösen „Trauma-Zauber".

Zu der Vorbereitung gehören noch weitere Punkte, wie beispielsweise die Etablierung eines inneren sicheren Ortes. Das beschreiben wir dann ausführlich im Kapitel IV über die wingwave-Intervention, wo die einzelnen Phasen des gesamten Prozesses im Überblick gezeigt werden. Im folgenden Abschnitt erleben Sie beim Lesen noch eine Live-Szene beim Einsatz der „wachen REM-Phasen". Aber vielleicht interessiert Sie zuvor noch die folgende Selbstcoaching-Übung, mit der Sie einem „Küchenjungen-Effekt" im Alltagsstress vorbeugen können.

Selbstcoaching-Tipp: **Stressprävention durch wache REM-Phasen und durch den Einsatz der wingwave-CD**

Sie müssen keinesfalls tagelang passiv „energisch abwarten", ob sich ein Alltagsstress von allein abbaut oder ob vielleicht ein Stress-Imprinting daraus werden könnte. Vermeiden Sie bewusst den „Küchenjungen-Effekt" und setzen Sie, wenn Sie sich erschrocken, geärgert oder gar verletzt haben, einfach sofort schnelle Augenbewegungen ein oder hören Sie die wingwave-CD.

Haben Sie sich z.B. den Ellenbogen gestoßen oder sind Sie beim Joggen gestolpert und sogar hingefallen, setzen Sie sofort schnelles Augenturnen ein und gehen Sie in Gedanken blitzschnell immer wieder durch, was gerade passiert ist. So besänftigen Sie Ihr Schmerzgedächtnis, lockern mit den Augenmuskeln auch die gesamte Muskulatur, ermöglichen eine bessere Durchblutung und so indirekt eine günstigere Versorgung der verletzten Region mit Heilstoffen.

Denken Sie einmal darüber nach, wie in Film und Fernsehen Menschen dargestellt werden, die gerade etwas Schlimmes erlebt haben: Man zeigt dann immer in Großaufnahme die „schreckgeweiteten" und unbeweglich starrenden Augen. Dieser Blick sagt mehr als deutlich, dass eben etwas Überraschendes, Unangenehmes, Stressendes oder auch Ekliges passiert ist oder passieren wird, etwas, womit die betroffene Person gerade nicht umgehen kann – so wie der Küchenjunge starr vor Schreck die Ohrfeige erwartet. In jedem Land der Erde würden Menschen diesen Blick auf die gleiche Weise interpretieren. Sie können – im Umkehrschluss gedacht – jegliche Stressreaktion im alltäglichen Leistungsgeschehen abmildern, wenn Sie Ihre Augen schnell wieder bewegen.

Hat Sie jedoch Ihr bester Kunde im Gespräch mit einen völlig unbegründeten Vorwurf schockiert, sollten Sie natürlich nicht augenblicklich mit dem Augenturnen beginnen. Das würde schon komisch wirken und weitere Komplikationen nach sich ziehen. Aber sobald Sie allein sind, führen Sie einige Sets wacher REM-Phasen durch oder setzen die Kopfhörer Ihres MP3-Players auf und gehen das Ereignis noch einige Male durch. Fahren Sie damit fort, bis Sie sich wieder „im Flow" fühlen.

Weitere Hinweise für Auflösung von Stressempfindungen finden Sie in Kapitel IV 3, in dem wir den sogenannten „Bodyscan" näher erklären.

Coaching-Einheit: Der Einsatz wacher REM-Phasen

Nach der entsprechenden Einführung bitten wir Karsten, an die Kündigungssituation mit Sönke zu denken.

Coach: „Wenn Sie sich an dieses Ereignis erinnern: Welches ist noch heute für Sie der schlimmste, der stressigste Moment?"

Karsten: „Ich sehe Sönke vor mir sitzen. Aber anstatt dass er irgendetwas über den tollen Erfolg sagt, erzählt er mir, dass er kündigt. Am meisten stört mich sein freundliches Gesicht, das nicht zum Inhalt der Mitteilung passt."

Coach: „Wie kommen Sie sich dabei vor?"

Karsten: „Irgendwie verraten und vor allem: wie ein Idiot."

Coach: „Was und wie würden Sie lieber über sich denken?"

Karsten: „Ich bin kompetent, ich bin ein Profi, ich habe alles richtig gemacht. Aber das Idioten-Gefühl ist einfach stärker."

Coach: „Angenommen, man könnte messen, wie sehr wir eine Selbstaussage glauben können. Dann bedeutet die Zahl 1: ‚Toller Satz, aber ich kann ihn leider überhaupt nicht glauben. Er trifft einfach nicht mein Empfinden.' Die Zahl 7 sagt aus: ‚Stimmt genau, dieser Satz trifft hundertprozentig auf meine Selbsteinschätzung zu.' Wie würden Sie momentan den Satz ‚Ich bin kompetent' bezüglich Ihrer Erinnerung mit Sönke einschätzen?"

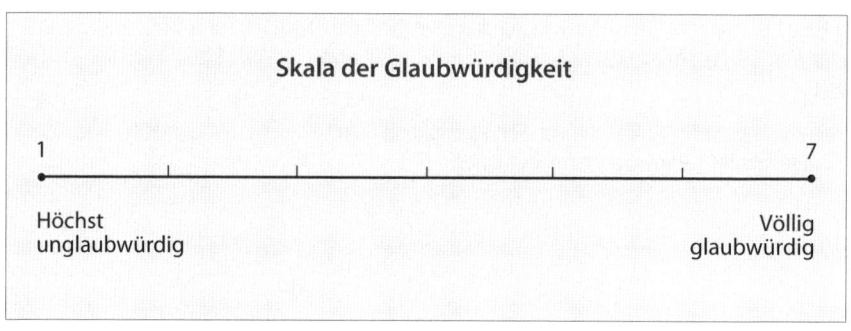

Abb. 8: Glaubwürdigkeits-Skala

Karsten: „Bei 1, denn er spiegelt – wie gesagt – überhaupt nicht meine Gefühlslage wider."

Coach: „Denken Sie jetzt bitte an die belastende Kündigungsszene. Welche Emotion ist dabei im Moment im Vordergrund?"

Karsten: „Ich fühle mich enttäuscht und gedemütigt."

Coach: „Was belastet Sie mehr?"

Karsten: „Wie gesagt, es ist mir peinlich, dass ich so viel in diesen Menschen investiert und so naiv irgendeine besondere Dankbarkeit erwartet habe. Das ist das Schlimmste. Die Enttäuschung ist zwar da, steht aber nicht so sehr im Vordergrund wie das Peinlichkeitsgefühl."

Coach: „Wie stark fühlen Sie sich jetzt bei dem Gedanken an diese Szene in Ihrem Wohlgefühl beeinträchtigt? Schätzen Sie bitte Ihr subjektives Unbehagen auf einer Minusskala von 0 bis -10 ein."

Skala des subjektiven Unbehagens		Wellness-Skala
-10	neutral	+10
Stärkstes vorstellbares Unbehagen		Stärkstes vorstellbares Ressourceerleben

Abb. 9: Skala des subjektiven Erlebens

Karsten: „Es wurmt mich immer noch sehr. Ich sage -8."

Coach: „Bitte fühlen Sie jetzt ganz genau in Ihren Körper hinein. Wir nennen dieses Einfühlen den „Bodyscan" oder auch die „Suche nach dem Körperecho". Wo und wie genau „wurmt" Sie das Unbehagen beim Gedanken an die Szene?"

Karsten: „Mir dreht sich regelrecht der Magen um. Nicht wie eine Übelkeit, sondern mehr wie ein Krampfen. Eben der Schlag in die Magengrube."

Erst nach dieser ausführlichen Exploration beginnt das Winken, für das EMDR und wingwave so bekannt sind. Tatsächlich winkt der Coach vor den Augen des Klienten, der mit den Blicken entsprechend folgt, im Sekundentakt horizontal hin und her: eine halbe Sekunde hin, eine halbe zurück. Die so induzierten schnellen Augenbewegungen verlaufen ähnlich den REM-Mustern (Rapid Eye Movement) während der Traumphase im Schlaf. Auch auf dieses Winken müssen die Coachees gut vorbereitet werden. Die meisten haben zunächst das Gefühl, dass der Coach zu schnell winkt. Das hat einen guten Grund, denn die meisten der Emotionen, die wir subjektiv als unangenehm einschätzen, gehen – wie schon beschrieben – mit einem hohen Muskeltonus an den Augäpfeln einher.

Bei traurigen oder depressiven Menschen sieht man ebenfalls nur minimale Blickbewegungen. Hier ist der Grund jedoch ein zu niedriger Muskeltonus. Mit dem Winken muss nun der zu hohe Muskeltonus „gelockert" oder der zu niedrige belebt werden. Man sieht als Anwender deutlich, dass die Augen des Klienten zunächst den Fingerbewegungen ruckartig oder träge folgen und dass erst nach längerem Winken die entsprechende Bewegung fließend wird. Demnach muss die Bewegung schnell genug sein, um das „Eye Movement" in Gang zu bringen und langsam genug, damit die Augen des Klienten im Kontakt mit dem „Winke-Takt" bleiben.

Wenn wir dieses Fließen beobachten, hören wir mit der ersten Winksequenz nach einem ersten physiologischen Wechsel in Mimik und Körperausdruck des Coachee auf. Ein solcher Wechsel ist ein typisches Zeichen für den Wechsel einer Stress-Aktivierung hin zu einer parasympathischen gelösten Körperaktivierung. Dies können sein: ein tiefes Atmen, ein Schlucken, eine spontane Änderung der Sitzposition, ein Bauchgeräusch, sogar ein Lachen oder ein plötzlicher Einfall, den die Person spontan äußert. EMDR-Therapeuten empfehlen, ungefähr 20 Hin- und Herbewegungen pro „Set" durchzuführen. Wir haben jedoch festgestellt, dass das individuelle „Abholen" der verschiedenen Menschen in ihren jeweiligen Spontanreaktionen zu rascheren Ergebnissen führt. Einige zeigen den ersten physiologischen Wechsel in die angestrebte Richtung schon nach zehn Wink-Einheiten, andere erst nach 30. Nach besagtem ersten Wechsel von der sympathikotonen Körperaktivierung (Stress, Anspannung, Gefäßverengung) in Richtung zur parasympathikotonen Aktivierung wird der erste Veränderungs-Check besprochen.

Auch Karsten hat plötzlich einmal tief durchgeatmet. Der Coach lässt die Hand sinken.

Coach: „Denken Sie nun wieder an die Szene. Fühlen Sie in Ihren Magen hinein. Was nehmen Sie jetzt wahr?"
Karsten: „Es krampft nicht mehr so, fühlt sich viel entspannter an."
Coach: „Fühlen Sie sich noch so gedemütigt?"
Karsten: „Nein, aber ich werde total sauer."
Coach: „Wie und wo fühlen Sie das?"
Karsten: „In den Armen, vor allem in den Händen." (Er ballt die Fäuste)
Coach: „Denken Sie wieder an die Szene und nehmen Sie wahr, wie die Wut in den Händen sitzt."

Wir erklären den Klienten, dass man nur vor und nach der Winke-Sequenz vollkommen konzentriert an die Stressszene und die damit verknüpften Emotionen und Körpersensationen zu denken vermag. Es ist völlig klar, dass während des Winkens die Stressszene weniger intensiv fokussiert werden kann, da das Winken auch wie eine Ablenkung wirkt.

Nach einer weiteren Abfolge von 20 Winkbewegungen atmet Karsten wieder tief durch. Nun kann man wieder sprachlich einen Zwischenstatus erheben.

Coach: „Was ist jetzt?"
Karsten: „Die Wut ist völlig weg. Gleichzeitig geht mir der Satz durch den Kopf: ‚Lass dir nichts anmerken'."

Coach: „Wie fühlt es sich an, wenn man sich nichts anmerken lässt?"
Karsten: „Es ist, als würde die Körpertemperatur heruntergefahren."
Coach: „Und wo im Körper fühlt sich das besonders ‚cool' an?"
Karsten: „Im Bauch."
Coach: „Bleiben Sie bei dem Satz ‚Lass dir nichts anmerken', denken Sie an die Szene und fühlen Sie in den coolen Bauch hinein."

An dieser Stelle scheint der Prozess plötzlich in einer sich wiederholenden Schleife hängen zu bleiben. Dieses Phänomen nennt man einen „Loop". Karsten Empfindungen pendeln von Set zu Set immer zwischen der Wut und dem „Cool-Bleiben" hin und her. An dieser Stelle geht der Coach dann zu einer verbalen Intervention über.

Coach: „Warum dürfen Sie sich denn Ihre Gefühle nicht anmerken lassen?"
Karsten: „Das ist doch nur Selbstmitleid!"
Coach: „Was ist daran verkehrt? Glauben Sie nicht, dass jeder in Ihrer Situation getroffen gewesen wäre?"
Karsten: „Meinen Sie? Aber man darf doch kein Selbstmitleid haben!?"
Coach: „Und wenn es aber völlig berechtigt und angemessen ist? Denken Sie nochmals an unser Gespräch über Abgrenzung und Ablehnung, über Sozialschmerz und soziale Kälte. Schließlich sind Sie nicht ärgerlich, weil Ihre Krawatte zu wenig Tupfer hat. Dann wäre Selbstmitleid in der Tat lächerlich. Sie fühlten sich nach Ihrem persönlichen Engagement für Sönke einfach sehr verletzt und hatten dabei ganz normale und völlig ‚ehrenwerte' Gefühle."

Karsten muss bei dem Wort „ehrenwert" etwas schmunzeln. Der Coach spricht weiter: „Warum sollte man so etwas nicht registrieren dürfen? Denken Sie einmal darüber nach und folgen Sie den Fingerbewegungen." Wieder folgt ein Set.

Hier zeigt sich deutlich, dass dieser Coaching-Prozess nicht nur „reines" Winken ist. Die eben geschilderte Sequenz – sie dauerte nur 30 Sekunden – nennt man „kognitives Einweben". Hierbei macht der Coach eine kurze verbale Intervention, die der Wahrnehmungswelt des Klienten gezielt einen erweiternden Aspekt hinzufügt und somit auch seinen Bewertungsrahmen vergrößert. Karsten hat sich scheinbar selbst im Weg gestanden, mit einem Belief, der lauten könnte: „Ein Profi darf keine Gefühle zeigen." Darauf hat der Coach keine bewusste Belief-Diskussion angefacht, sondern ihm nur einen neuen, mentale Grenzen öffnenden Gedanken angeboten. Macht diese Bemerkung den Klienten offensichtlich nachdenklich, wird sofort weitergewunken. Das beschleunigt die Integration der neuen Information in das „Processing".

In der Einführung wird der Klient bereits darauf vorbereitet, dass der Coach im Prozess möglichst wenig sagt und dass bei einer verbalen Sequenz ebenfalls möglichst schnell wieder weitergewunken wird. Die Technik des kognitiven Einwebens verlangt vom Coach eine hohe Kompetenz im Erkennen von ressourcenhemmenden Beliefs und in der Formulierung von erlaubenden und Ich-stärkenden Beliefs und Glaubenssätzen. Da dieser Teil der Coaching-Arbeit für die Ressourcenaktivierung im subjektiven Erleben des Menschen so immens wichtig ist, haben wir ihm später ein Extra-Kapitel gewidmet: „Belief-Coaching: konstruktiver Umgang mit Glaubenssätzen".

Mitten in diesem Winke-Set guckt Karsten auf einmal wie jemand, der eine überraschende Eingebung hat. Er macht das Stopp-Zeichen, der Coach hört auf zu winken. In der Einführung wird als Stopp-Zeichen meist die erhobene Hand vereinbart. Zusätzlich machen wir noch ein Zeichen für „weiterwinken" aus, denn viele mit der Methode vertraute Coaching-Kunden spüren intuitiv, wie viel „Winke-Energie" sie benötigen, um über einen wichtigen Punkt hinwegzukommen oder um das Wohlgefühl ausreichend zu steigern.

Coach: „Was ist jetzt?"
Karsten: „Ich sage es ihm einfach."
Coach: „Wie meinen Sie das?"
Karsten: „Ich hab ihm eben in Gedanken ganz ruhig ins Gesicht gesagt: ‚Sönke, es ist natürlich dein gutes Recht zu kündigen, aber für mich ist das jetzt ein ziemlicher Schlag. Das muss ich erstmal verdauen. Ich möchte das Gespräch daher lieber morgen fortsetzen, dann habe ich mich wieder beruhigt.'"
Coach (begibt sich mit in den „Film" hinein): „Und wie reagiert er darauf?"
Karsten (lacht): „Das blöde Grinsen hört endlich auf und jetzt ist ihm die Situation peinlich."
Coach: „Wie geht es Ihnen mit dieser Vorstellung?"
Karsten: „Erleichtert."
Coach: „Wo im Körper spüren Sie die Erleichterung am deutlichsten?"
Karsten: „In den Schultern und im Brustkorb, am meisten im Brustkorb. Ich kann jetzt tief durchatmen."

Karsten setzt sich gerade hin und dehnt den Brustkorb. Dabei hört man zweimal ein leises Knacken von sich lösenden Blockaden im Nacken-Rückenbereich. Auf dieses Phänomen der befreienden Körperreaktionen gehen wir ausführlich in einem weiteren Kapitel ein.

Coach: „Spüren Sie das angenehme Gefühl und folgen Sie wieder der Fingerbewegung."

Es folgt ein weiterer Set, bei dem der Coach nun ganz langsam winkt. Es hat sich gezeigt, dass sich durch die langsame Blickführung angenehme Körperwahrnehmungen verstärken. Den unterschiedlichen Einsatz des schnellen und des langsamen

Wink-Tempos kann man mit folgendem Gedanken erklären: Mit dem möglichst schnellen Winken scheucht man Stress-Spuren auf und vertreibt sie. Mit dem langsamen Winken möchte man positive Gefühle in die Seelenlandschaft einweben und dort verfestigen.

Es hat sich gezeigt, dass der Einsatz wacher REM-Phasen jede subjektive Befindlichkeit in Richtung positives und angenehmes Erleben führt. Das gilt nicht nur für unangenehme, sondern auch für angenehme körperlich-seelische Zustände, welche durch die Intervention deutlich verstärkt werden können. So kann ein Wohlbehagen zunächst in seiner Intensität auf der Skala bei +2 gewertet werden und steigt dann durch das langsame „Genuss-Winken" bis auf +6 oder +7 an.

Karsten: „Das gute Gefühl breitet sich jetzt im ganzen Körper aus."
Coach: „Bitte denken Sie wieder an die Situation. Wie ist das jetzt?"
Karsten: „Das gute Gefühl bleibt und plötzlich denke ich ganz anders über Sönke."
    (Gelassen schaut er auf die erinnerte Szene, mit dem ruhigen Gesichtsausdruck eines „sinnierenden Betrachters".)
Coach: „Können Sie das in Worte fassen?"

Karsten: „Ich musste mich plötzlich in Sönke hineinversetzen. Und ich glaube, Sönke war gar nicht cool, sondern einfach unsicher. Es war ihm bestimmt selbst unangenehm, mir zu sagen, dass er geht. Anstatt das zu zeigen, hat er mit seiner zur Schau gestellten Lässigkeit zu dick aufgetragen. Er hat sich einfach ungeschickt benommen – na ja, er ist ja auch noch ziemlich jung. Die ganze Szene macht mir überhaupt keine Probleme mehr."

Hier ist Karsten genau auf dem emotionalen Niveau angekommen, das er sich in den vorausgegangenen Wochen stets gewünscht hatte. Er wollte mit dem inneren Abstand der erfahrenen Führungskraft über die Szene nachdenken und nicht „empfindlich wie eine Mimose" sein. Doch dieser über den Verstand gesteuerte Wunsch fand keinen Weg in Karstens Gefühlswelt. Erst diese Coaching-Intervention sorgte für eine spürbare Vernetzung zwischen Wunsch und Emotion bzw. zwischen Cortex und limbischem System. Die Amygdala verhält sich nun ruhig, wenn Karsten an die Szene mit Sönke denkt, sie macht keinen Alarm mehr. Er kann jetzt „ganzhirnig" kreativ aus eigenem Antrieb weiterarbeiten.

Interessant ist, dass Karsten durch die Wiederherstellung seines emotionalen Flows unbewusst und intuitiv einen anderen emotionalen Weg als das Schmerzfrei-Sein für die Problemlösung wählte. In diesem Fall nahm er Kontakt mit den Gefühlen des Gegenübers auf und nutzte seine „Spiegelneurone" für die Überwindung seines zwischenmenschlichen Problems.

Mit dem Begriff „Spiegelneurone" bezeichnet man Gehirnzellen, die Aktivität zeigen, wenn wir uns in das Gefühlsleben eines anderen Menschen hineinversetzen.

Es wurden Gehirnscans bei Menschen gemacht, die dabei zusahen, wie eine ihnen nahe stehende Person mit einer Nadel – vergleichbar einer Spritze – gepiekst wurde. Die Zuschauenden zuckten nicht nur kurz zusammen, sondern es zeigte sich auch ein Leuchten im Schmerzzentrum ihres Gehirns. Hier waren demnach Spiegelneurone aktiv geworden, die einen Schmerz über eine Verletzung meldeten, die der „Gehirnbesitzer" selbst gar nicht körperlich erlitt. In dem Buch „Warum ich fühle, was du fühlst", beschreibt der Neurowissenschaftler Joachim Bauer, wie wir beständig über Spiegelneurone im systemischen Kontakt mit unseren Mitmenschen vernetzt sind. Über diese systemische Vernetzung führt auch Karstens Lösungsweg.

Coach: „Denken Sie jetzt wieder an die Szene und vergegenwärtigen Sie sich dabei den Satz: ‚Ich bin kompetent'. Wie sehr können Sie diesen Satz jetzt glauben?"

Karsten: „Er fühlt sich jetzt richtig an. Ich komme mir wieder wie ein Profi vor. Ich könnte den Satz noch ergänzen: ‚Ich kann kompetent mit meinen Gefühlen umgehen.' Hinzu kommt noch der Gedanke: ‚Meine Gefühle sind o.k.', was ich auch wichtig finde."

Coach: „Wie wirkt der Satz: ‚Ich bin ein Idiot'?"

Karsten: „Der ist völlig falsch, trifft überhaupt nicht zu."

Im Coaching-Prozess erinnern wir uns in der Regel gar nicht mehr an die ursprüngliche negative Kognition. Auch zum Abschluss lassen wir den ersten, negativen Satz meistens weg und fokussieren die Wahrnehmung auf die Kraft des positiven Satzes. Karsten wirkte allerdings jetzt so befreit und sicher, dass der Coach es nochmals riskiert, den ersten Satz als Test ins Spiel zu bringen.

Warum aber lassen wir den ersten Satz mit der negativen Kognition am liebsten in Vergessenheit geraten? Wir berücksichtigen auch im wingwave-Coaching wichtige Grundkenntnisse aus dem Neurolinguistischen Programmieren (NLP). Diese Kommunikationsmethode lehrt unter anderem den gehirngerechten Umgang mit Sprache. Hier ein einfaches Beispiel: „Denken Sie, lieber Leser, jetzt bitte nicht an ein Krokodil!" Was passiert? Natürlich, das Krokodil taucht jetzt erst recht vor Ihrem geistigen Auge auf.

Abb. 10: **Krokodil**

Das Gehirn reagiert prompt auf Wörter und ignoriert Negationen wie „nein" oder „nicht". Deshalb ist die Wortwahl im Coaching besonders wichtig: Wir benutzen bewusst nur oder überwiegende Wörter, die den Zielzustand verankern und sprechen hier von „optimaler Zielformulierung". Dazu gehören noch weitere Kriterien. Beispielsweise sollte ein Ziel so formuliert sein, dass es für die Person aus eigener Kraft heraus zu realisieren ist. Eine Zielformulierung wie: „Alles ist machbar!" würde z.B. auch heißen, dass ich in zwei Wochen Chinesisch oder Finnisch lernen kann – und schon habe ich eine Enttäuschung und ein Versagergefühl programmiert, egal, wie fleißig ich lerne. Ebenso wenig ist es nützlich, wenn ich mir wünsche, dass mein Vorgesetzter netter zu mir ist. Gewinn bringender ist die Frage: Wie kann ich selbst anders denken, handeln und fühlen, damit die Wahrscheinlichkeit wächst, ihn zu mehr Freundlichkeit zu motivieren?

Nach diesem Exkurs in die Welt der optimalen Zielformulierung stellen wir noch die Abschlussszene der Coaching-Einheit mit Karsten vor.

Coach: „Denken Sie zum Abschluss nochmals an die ursprüngliche Szene – soweit es Ihnen möglich ist. Vorhin war Ihre Einschätzung auf der Minus-Seite der Skala bei -8. Wie empfinden Sie jetzt, wenn Sie an die Szene denken?"

Karsten: „Neutral, also bei 0. Aber wenn ich mich jetzt weiter konzentriere, fühle ich mich sogar ganz gut, so bei +2 Punkten. Der Sönke hat wirklich viel durch mich gelernt und darauf kann ich auch stolz sein. Ich bin eigentlich auch ein guter Coach – finde ich."

Er schlägt zur Unterstützung der Aussage mit der flachen Hand ziemlich dynamisch auf die Stuhllehne und wirkt dabei sehr kraftvoll. Danach wird der positive Effekt durch noch ein Set stabilisiert, indem Karsten an die Szene in Verbindung mit dem Satz „Ich bin kompetent" denkt. Übrigens nennen wir den Plus-Bereich der Befindlichkeitsskala die „Wellness-Skala". Manchmal können weitere Winke-Sets sogar noch eine weitere Intensivierung eines positiven Gesamtzustandes bewirken.

Die hier geschilderte Intervention dauerte 45 Minuten, die Einführung davor ebenso lange. Mit der Nachbesprechung kamen wir dann auf knapp zwei Zeitstunden. Karsten hatte schon mit dieser Sitzung sein Ziel erreicht. Er fühlte sich im Unternehmen wieder motiviert und ressourcevoll und konnte vor allen Dingen wieder offen und humorvoll mit seinen Mitarbeitern umgehen. Carstens Stressreaktion war jedoch nicht allein durch das enttäuschende Erlebnis mit dem jungen Mitarbeiter entstanden. Seine empfindliche Reaktion lässt sich auch durch den vorangegangenen Leistungsstress erklären, dem er sich Tage und Wochen vor dem Ereignis ausgesetzt hatte. Dass Leistungsstress nicht stark, sondern empfindlich macht, beschreiben wir unter der Überschrift: „Wie wirkt sich Spitzenleistungs-Stress auf die Wahrnehmungsverarbeitung aus?" (S. 118 ff.). Doch zuvor lernen Sie noch weitere Einzelheiten der Methode kennen.

Welche Effekte hat das Winken?

Beim Einsatz der wachen REM-Phasen läuft der gesamte Coaching-Prozess mit nur sparsamen inhaltlichen Anregungen des Coaches ab. Eine Ausnahme bildet – wie zuvor geschildert – das „kognitive Einweben", wobei der Coach die Persönlichkeitsentfaltung und die Lebensqualität einschränkende Beliefs durch gedankliche Inspirationen zu erweitern oder gar aufzulösen hilft. Bei Karsten handelte es sich um das unbewusste Gesetz: „Ich darf kein Selbstmitleid haben." Viele Leser mag dieser Satz an Sätze wie „ein Indianer kennt keinen Schmerz" oder „ein Junge weint nicht" erinnern, Haltungen, die beim „Sozialschmerz" hemmend auf die Selbstakzeptanz und somit auf die innere Verarbeitung wirken.

Alle anderen Prozesse beruhen auf der durch die Intervention aktivierten Kreativität des Klienten. Beispielsweise würde der Coach in Karstens Prozess nicht sagen: „Was hätten Sie denn Sönke in dieser Situation sagen können?" Der Einfall des zielorientierten Dialogs entwickelte sich allein aus Karstens bereits vorhandenem Ideen-Pool an Lösungswegen. Deswegen zählt dieses Vorgehen unserem Verständnis nach zu den humanistischen Persönlichkeitsmodellen, die sinngemäß mit folgender Prämisse arbeiten: „Jeder Mensch verfügt über eigene Ressourcen, die ihm das Erreichen seiner Ziele ermöglichen; sie müssen nur aktiviert werden." Die durch die wache REM-Aktivierung freigesetzten mentalen Energien können sich in verschiedensten Effekten ausdrücken, die der Coach nicht vorschlägt, sondern die der Coachee ganz aus sich heraus entwickelt. Sie „passieren" im Processing, finden plötzlich – oft auch zur Überraschung des Klienten – statt. „Das ist ja wie ‚Kopfkino'", beschrieb einer unserer Klienten dieses Phänomen. „Ich sitze in der ersten Reihe und bestaune meine eigene positive Entwicklung."

Die Erinnerung verblasst

Bei PSI leiden fast alle Betroffenen unter immer wiederkehrenden inneren Bildern der kränkenden oder bedrohlichen Erinnerung oder Zukunftsfantasien. „Das geht mir nicht mehr aus dem Kopf", heißt es dann oder: „Ich werde es nicht mehr los". Der Fachausdruck für dieses Phänomen heißt „intrinsische Bilder" oder „intrinsisches Vorstellungserlebnis": Die Bilder drängen sich dem mentalen Bewusstseins-Bildschirm auf, ohne dass der Betroffene Kontrolle darüber ausüben kann; er fühlt sich ihnen regelrecht ausgeliefert. Die Macht dieser Bilder entsteht durch ihre Qualität: Sie sind deutlich, nah, meist farbig und laut. Oft sind es nicht einmal Bilder, sondern dreidimensionale innere Darstellungen. Das Gehirn tut also durch die Intensität der inneren Bildqualität, als sei die Szene keine Erinnerung oder eine spielerische Vorstellung, sondern ein Ereignis, das gerade passiert oder unweigerlich in der Zukunft auf einen zukommen wird – wie etwa das berühmte Bild, dass man obdachlos „unter der Brücke" landet, wenn man nicht erfolgreich ist.

Beim Winken ergeben sich dann – oft in Sekundenschnelle – folgende Veränderungen:
- Das Bild wird blass und eindimensional.
- Die vorgestellte Szene „flackert" oder „wackelt", indem sie sich aus- und einblendet.
- Viele Coachees können die zuvor bedrohlichen Bilder nach nur ein bis zwei Winke-Sets nicht mehr reproduzieren.
- Das Bild rückt von der Person weg, sodass man sich nur noch „entfernt" erinnert.
- Die gesamte Szene verkleinert sich.
- Die Stimmen, Klänge und Geräusche von „lauten Bildern" werden leise oder verstummen.

Im NLP spricht man von der „Veränderung der Submodalitäten". Es gibt die Sinnesmodalitäten wie Sehen, Hören, Fühlen, Riechen und Schmecken und jede einzelne Sinnesmodalität – beispielsweise das Sehen – hat dann wieder in sich verschiedene Qualitätsdarstellungen, wie farbig – schwarz/weiß, kontrastreich – verschwommen, kleines Bild – großes Bild, dunkel – hell usw. Diese visuellen Submodalitäten kann man teilweise mit einem Fernseher und seiner Fernbedienung vergleichen: Mit einigen Knopfdrücken lässt sich die Einstellung verändern. Das gleiche gilt auch für Stimmen, Klänge, Geräusche – also für den auditiven Sinneskanal: laut – leise, Klangquelle im Raum usw. Haben beispielsweise Unfälle ein Stress-Imprinting hinterlassen, klingen oft noch die Geräusche, z.B. quietschende Bremsen – in den Ohren nach. Es wird dann als sehr befreiend und angenehm empfunden, wenn diese Erinnerungen leise werden oder ganz verstummen.

Viele NLP-Interventionen arbeiten mit dem bewussten Ändern der sogenannten Submodalitäten. „Probieren Sie bitte einmal, aus dem Bild die Farbe herauszudrehen", heißt es dann beispielsweise oder: „Machen Sie die Vorstellung zweidimensional und packen Sie diese dann in einen Bildschirm". Diese Methoden wirken äußerst effektiv auf das subjektive Erleben. Erstaunlich ist, dass die Coachees unter dem Einfluss wacher REM-Phasen mit sich selbst eine Submodalitäten-Arbeit durchführen – ohne weitere psychologische Anleitung und ohne theoretisches Know-how. Sie tragen diese Veränderungsweisheit in sich und entfalten ihr Potenzial bei einer förderlichen Gehirnaktivierung aus eigener Kraft.

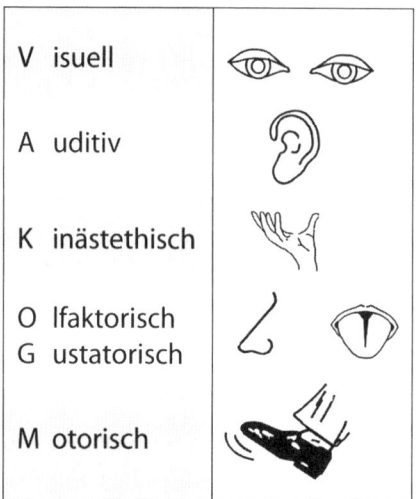

Abb. 11: **Modalitäten und Submodalitäten**

Durch diese Einstellungsveränderungen im wahrsten Sinne des Wortes findet die „bewinkte" Person schnell ihr Zeitgefühl zurück. Viele formulieren Sätze wie „Es ist vorbei" oder: „Das ist jetzt Schnee von gestern". Einige denken plötzlich an heute oder morgen, manchmal an ganz triviale Dinge: „Mir fiel gerade ein, dass ich nachher noch ein Brot kaufen will", sagte eine Klientin und fügte hinzu: „Wieso denke ich jetzt an so etwas?" Es scheint so, als komme die stehen gebliebene Zeit wieder in Fluss. Die mentalen Energien können sich wieder mit dem Leben im Hier und Jetzt beschäftigen.

Change History oder die Neugestaltung des erlebten Inhalts

Hier entwickelt die erinnerte Szene inhaltlich eine neue Psychodynamik, indem das Erlebnis in seinem Ablauf weiter oder neu durchgespielt wird. Karsten stellte sich beispielsweise vor, wie er Sönke eine zufriedenstellende Antwort gibt. Andere Klienten beschreiben, dass sie sich plötzlich umdrehen und die Situation verlassen, oder dass sie statt betroffen gelassen oder gar humorvoll reagieren. Manchmal wird es auch handfest: „Ich hau dem Schwein in die Fresse." Natürlich ändern solche Vorstellungen nichts an der Tatsache, dass das Erlebnis real in seiner ursprünglichen Version stattgefunden hat. Aber man kann plötzlich Verhaltensalternativen imaginieren, die in der Originalszene aufgrund innerer Blockaden oder einschränkender Beliefs nicht zur Verfügung gestanden haben.

Die aufgehobene Blockade setzt nun in der Vorstellung Ressourcen frei, die später in einer ähnlichen Situation tatsächlich spontan eingesetzt werden können. So berichtete auch Karsten in der nächsten Sitzung, dass es ihm jetzt leichter falle, auf eine angemessene Weise seine persönliche Betroffenheit zu zeigen, wenn ein Gegenüber seine Gefühlsgrenzen überschreitet.

Das vorhin benannte Beispiel „in die Fresse hauen" hat übrigens selten etwas mit realer körperlicher Aggression zu tun. Vielmehr symbolisieren solche vorgestellten Szenen die Änderung von fatalen unbewussten Glaubenssätzen wie: „Ich darf mich nicht wehren" oder gar: „Es ist meine Schuld, dass mir das passiert." Ein neuer Belief könnte in diesem Zusammenhang folgendermaßen lauten: „Ich bin es wert, gut behandelt zu werden." Das Verhaltensergebnis kann dann durchaus eine neue „Schlagfertigkeit" sein – natürlich im verbalen Bereich.

Tagtraum-Symbolik

Ähnlich wie bei Change History wird die Erinnerung der Stress-Imprinting-Szene mit neuen mentalen Erlebnismomenten durchwoben. Hierbei handelt es sich jedoch um nicht reale Fantasieelemente, wie man sie aus dem Reich der Träume kennt. Sie verfügen immer über einen entsprechenden symbolischen Charakter. Eine Klientin fing beispielsweise an, in ihrer Vorstellung zu wachsen und auf die Umgebung hinabzublicken, worauf die in dieser Vorstellung ihr gegenüberstehenden Personen erschrocken und eingeschüchtert reagierten. „Jetzt fühle ich mich solchen Leuten gewachsen", war ihr spontaner Kommentar. Ebenso können sich Personen in Tiere verwandeln oder in einer Szene regnet es plötzlich rosa Konfetti bzw. der heiß ersehnte Wettkampfpokal schwebt aus unerreichbarer Ferne plötzlich ganz nah in Großaufnahme auf den Sportler zu. Diese Phänomene erinnern auffällig daran, dass die „echte" Traumphase – wie bereits erwähnt – ebenfalls mit schnellen Augenbewegungen einhergeht. Anscheinend bewirken also die wachen REM-Phasen einen ähnlichen Verarbeitungsmodus" im Gehirn, wie beim aufschlussreichen und verarbeitenden Träumen. Zumindest gilt diese Parallele für die innere visuelle Erlebniswelt.

Befreiende Körperreaktionen

Belastende Erinnerungen wirken beeinträchtigend, weil man sich körperlich unangenehm berührt fühlt, wenn sie auf dem Bewusstseins-Bildschirm auftauchen. Im EMDR und im wingwave-Coaching wird ganz explizit nach dem körperlichen Zentrum der negativen Empfindung gefragt. Die Klienten werden sogar gebeten, beim Gedanken an die problematische Erinnerung jede Körperzelle nach einem unangenehmen Gefühl durchzuchecken. Karsten fokussierte seine Beeinträchtigung als krampfendes Gefühl im Magen. Andere beschreiben einen Druck auf Brustkorb oder Schultern, Schwächegefühle in den Beinen oder Armen oder Phänomene wie Schwitzen, Hitze oder Kälte. Die Beschreibungen sind stets so individuell wie auch die Persönlichkeit der Klienten.

Beim Winken „verblassen" nicht nur die inneren Bilder, sondern auch die unangenehmen Körpergefühle. Das wird als ganz besonders befreiend empfunden. Interessanterweise können die Missempfindungen noch eine Weile im Körper „herumrutschen", bevor sie ganz verschwinden. Bei einer Klientin rutschte ein unangenehmes Unterbauchgefühl pro Winke-Set jeweils zehn Zentimeter höher. Zum Schluss drückte es noch etwas im Hals. Beim letzten Winke-Set musste sie ein paar Mal heftig gähnen und dann war auch der Hals frei. Diese Klientin erfand dafür den Begriff „Körperspuk": „Spuk deshalb, weil das alles so unglaublich schnell geht. Das würde ich nicht glauben, wenn ich's nicht am eigenen Körper gefühlt hätte."

Wir erleben diese Art des Emotions-Coachings wegen der konkreten Auswirkung auf das Körpergefühl auch als Körpertherapie, wird doch der Körper selbst hier zum Erfolgsbarometer. Erst wenn sich das Nervensystem, die Muskeln und Organe wieder wohl und gesund beim Gedanken an die Erinnerung oder an einen Zukunftsentwurf fühlen, sind diese überwunden und verarbeitet. Viele Coaching-Klienten „bestellen" wegen dieser Erfahrung oft ein Winke-Set gezielt zur Steigerung des körperlichen Wohlbehagens. Es können nämlich – wie schon erwähnt – auch positive Empfindungen mit dem Winken noch intensiviert werden: Eine Leichtigkeit wird noch leichter, ein Kraftgefühl strömt stärker nach einem Winke-Set. Eine solche Intervention ist dann schon eine Ressourcen-Aktivierung im Coaching.

Das Froschkönig-Phänomen

Sie erinnern vielleicht, dass bei Karsten gegen Ende des Coaching-Prozesses ein leichtes Knacken im Rücken zu hören war, als er sich nach einem Winke-Set im Nacken-Schulterbereich aufrichtete. Solche hör- und spürbaren Blockadelösungen des Gelenkapparates ergeben sich während eines Emotions-Coachings mit wachen REM-Phasen häufig durch Haltungsänderungen. Zu diesen werden die Coachees jedoch nicht – wie etwa in der Krankengymnastik – aufgefordert, sondern sie reagieren körperlich intuitiv auf die angenehme neue Mental-Energie mit dem Impuls, sich anders – meist gesünder – zu bewegen und zu halten als zuvor. Dass die Befreiung aus einem seelischen Trauma mit hörbaren Ent-Blockierungen verbunden sein kann, ist ebenfalls in einem Grimm-Märchen wunderbar beschrieben.

In dem Märchen „Der Froschkönig" wurde ein Prinz von einer Hexe in einen hässlichen Frosch verwandelt. Der Diener des jungen Königs, der treue Heinrich, ließ sich daraufhin „drei eiserne Bande um sein Herz legen, damit es ihm nicht vor Weh und Traurigkeit zerspränge". Nach der Erlösung aus dem Zauber holt er den zurückverwandelten Prinzen und dessen neue Gemahlin – natürlich eine schöne Prinzessin – mit einem prächtigen Wagen ab. Unterwegs hört der Prinz ein Krachen und ruft:

„Heinrich, der Wagen bricht", woraufhin dieser antwortet:

„Nein, Herr, der Wagen nicht,
es ist ein Band von meinem Herzen,
das da lag in großen Schmerzen,
als Ihr in dem Brunnen saßt,
als Ihr ein Frosch wart."

Diese Worte sprechen für sich. Nicht umsonst heißt es übrigens, dass jemand einen „gelösten" Eindruck macht. Übrigens ist der Froschkönig auch zur Metapher des Neurolinguistischen Programmierens geworden: „Frogs into Princess" (deutsch: „Neue Wege der Kurzzeit-Therapie") lautet der Titel des bekanntesten Standard-Werks über die Methode von deren Begründern Richard Bandler und John Grinder.

Abb. 12: Froschkönig

Auswirkungen im Alltag

Gerade im Coaching, nach einem erfolgreichen Emotions-Management, fühlen sich die meisten Klienten frei und gelöst – wie es anhand von Karstens Beispiel beschrieben wurde. Das bezieht sich nicht nur auf die konkrete bearbeitete Thematik, sondern auch auf den Allgemeinzustand, denn jede „Ent-Stressung" entlastet das

Nervensystem und steigert das Wohlgefühl. Klienten schildern auch, dass sie sich auf eine angenehme Weise erschöpft fühlen, wie schon weiter vorn erwähnt. Einige Klienten müssen noch ein paar Stunden nach der Intervention immer wieder gähnen oder haben das Bedürfnis, tief durchzuatmen.

Auch leichte Trance-Phänomene können auftreten, da sich jetzt an den Synapsen im Gehirn „herumspricht", dass das Stress-Imprinting sich in Wohlgefühl aufgelöst hat. Übrigens benötigt das Gehirn vier bis sechs Wochen, bis die Veränderung in jeder Zelle „angekommen" ist. Wir fordern unsere Klienten auf, möglichst oft dem Bedürfnis zum Tagträumen nachzugeben: beispielsweise im Flughafenwarteraum keine Zeitung zu lesen, sondern den Blick schweifen lassen und den Gedanken einen „Spaziergang" zu erlauben. Heute weiß man, dass unser Gehirn zwar überwiegend nachts die Eindrücke abspeichert, dass jedoch leichte Tagträume und Trancezustände ebenfalls kleine Speichervorgänge sind.

Spontane Alltagstrancen sind physiologisch betrachtet der gleiche Zustand wie eine gezielt eingesetzte Hypnose. Der einzige Unterschied ist: Die Hypnose erfolgt geplant, der spontane Trancezustand spontan. Wegen der optimalen Gehirnaktivierung wird die Hypnose für positive Suggestionen, für Schmerz- und Stresslinderung, für die Planung von erfolgreichen Zukunftsereignissen, für Erinnerungsaktivierung und für kreative Prozesse eingesetzt. Auch dieses Wissen geben wir weiter, damit sich die meist allzu emsigen Coaching-Kunden Alltagstrancen mit einem guten Gewissen gönnen können.

Viele Klienten berichten auch über lebhafte Träume nach einer derartigen Sitzung, was ein Zeichen für eine unbewusste Fortsetzung des durch die Intervention in Gang gesetzten kreativen Lösungsprozesses ist. Man kann dieses Phänomen gut mit einer zu großen E-Mail vergleichen, die wegen ihrer komplexen Datenmenge auf dem Server „hängen bleibt". Man erkennt dies am Download-Balken, auf dem sich die quadratischen Pünktchen nicht weiter aufbauen. Oft fallen einem auch weitere Ereignisse im Leben ein, die thematisch zur jetzt verarbeiteten Erinnerung passen. Diese können dann zusätzlich bearbeitet werden, damit die Stress-Erinnerungsspur – in der Schmerztherapie kursiert hierfür der Ausdruck „generelles Schmerzgedächtnis" – sich sozusagen „flächendeckend" beruhigt. Im Reich der Psyche könnte man hier übersetzt, je nach „Emotionssorte", von einem „generellen Angst-, Ärger-, Abscheu-, Gekränkt-Sein-Gedächtnis" usw. sprechen, welches insgesamt beruhigt werden möchte. Auf die Bedeutung von emotionalen Vorerfahrungen wird – wie gesagt – noch einmal in einem Extra-Kapitel eingegangen.

Selbstcoaching-Tipp: Mit Augenturnen das Stressfenster öffnen

Sie können jederzeit von der ent-stressenden Wirkung der gelösten Augenbewegungen profitieren, indem Sie diese einfach zur allgemeinen Entspannung einsetzen. Wann immer Sie einen Leerlauf haben – ob in der Warteschlange im Supermarkt oder beim Stehen an der roten Ampel –, lassen Sie Ihre Augen bewusst ein bisschen „turnen". Das belebt und lockert die jeweils sechs Muskelpaare, die unseren Augapfel und somit unseren Blick steuern. Letztere ist im zivilisierten Alltag allzu oft zur „Erstarrung" verurteilt: beim Lesen, Fernsehen oder am PC-Monitor.

Diese Einengung auf Monitor-Format erinnert stark an das sogenannte „Stress-Fenster" aus der Pilotensprache. Hier spielt die kompakte Anordnung von Handlungssymbolen und -schaltern eine wichtige Funktion im Notprogramm. Eine Notsituation kann auch beim erfahrenen Piloten Stress auslösen und zum „Tunnelblick" führen: Der Pilot verliert die Lebhaftigkeit im Blick, starrt vor sich hin und kann nur noch eingeschränkt die wichtigsten Schalter und Hebel, die für eine glimpfliche Landung wichtig wären, finden und bedienen. Deshalb sind diese auf kleinstem Feld zentral im Blickfeld angeordnet. Kein wichtiger Schalter ist etwa neben dem Sitz oder ganz oben an der Konsole angebracht, da der gestresste Mensch nur Dinge im eingeschränkten Blickfeldradius wahrnimmt.

Nach dem Augenturnen lassen Sie die Augen wie beim Tagträumen geöffnet ruhen. Schauen Sie leicht in die Ferne und defokussieren Sie dabei den Blick. Sie werden nun feststellen, dass Sie einen sehr weiten Blickradius haben und auch ohne Augenbewegungen ganz weit nach links und rechts hin die Peripherie wahrnehmen können. Man nennt deshalb diesen Tagtraum-Blick auch den „peripheren Blick". Auch Ihre Mitmenschen reagieren unbewusst äußerst positiv auf diesen peripheren Blick. Lassen Sie die Augen gelöst im Blickkontakt ruhen und nehmen Sie den ganzen peripheren Rahmen wahr, der die Person umgibt. Ihr Gesprächspartner erlebt diese Art des Angeschaut-Werdens als freundlich, interessiert und warm. Man hat in Experimenten festgestellt, dass ein starrer, gestresster Blick beim Gegenüber Spannungen bis hin zu ängstlichen Gefühlen auslösen kann. Der gelöste Blick hilft demnach auch, eine angenehme Kommunikations-Atmosphäre zu fördern.

Der „gelöste" und auch lebhafte Blick macht also gleichermaßen angenehm wach, entspannt, vergrößert den Wahrnehmungsradius und öffnet für Sie und andere mögliche Stressfenster. Er wirkt automatisch befreiend und beruhigend. Ein gezieltes Augenturnen ist außerdem eine ideale „Mental-Erfrischung" für zwischendurch am Schreibtisch oder Arbeitsplatz. Ist der Blick im „Flow", fließen auch Gedanken, Gefühle und Gespräche wieder optimal.

Warum wirken die wachen REM-Phasen?

Über die Wirkung der wachen REM-Phasen gibt es mehrere Theorien, die allesamt bis heute noch nicht endgültig belegt sind. Einige Beobachter vermuten das schon lange bekannte Prinzip der „Desensibilisierung". Der Klient setzt sich in Gedanken einer stressenden Erinnerung oder Vorstellung und somit einem aversiven, also einem unangenehmen Reiz aus. Die Augenbewegungen lenken laut Theorie gleichzeitig vom Gedanken ab und bewirken so ein „Entlernen": Die Erinnerung verknüpft sich zunehmend mit neutralen Emotionen und Empfindungen.

Bei klassischen Desensibilisierungsverfahren kombiniert man die Konfrontation mit dem aversiven Reiz üblicherweise mit einer zuvor erlernten Entspannungstechnik. Als erfahrene Therapeuten jedoch können wir – wie viele unserer Kollegen – berichten, dass dieses reine Konfrontieren in Zusammenhang mit einer zusätzlichen, entspannenden oder neutralen Aufgabe wohl erleichternde Effekte bringen kann; im Methodenvergleich kann es jedoch mit der effektiv befreienden Wirkung von EMDR- und wingwave-Prozessen nicht mithalten. Eine wirkliche Befreiung tritt nämlich nur dann ein, wenn schnelle Augenbewegungen oder andere Formen einer schnellen zwischen links und rechts wechselnden Stimulierung der Sinneskanäle eingesetzt werden. Diese anderen Formen der bilateralen Stimulation beschreiben wir im übernächsten Absatz.

Bei klassischen Desensibilisierungs-Interventionen ohne Einsatz bilateraler Stimulation passiert es recht häufig, dass die Klienten keinerlei Erleichterung durch eine wiederholte Konfrontation finden. Sie sind dann immer wieder gleich betroffen von der schmerzenden Erinnerung oder der quälenden Vorstellung. Auch mehrmaliges Erzählen der belastenden Erinnerung hilft oftmals nicht, sondern wird von vielen Klienten mit störenden Stress-Imprintings als gleichbleibend unangenehm oder gar retraumatisierend erlebt. Auswirkungen wie die zuvor beschriebenen kreativen Ideen der behandelten Personen oder die spontan befreienden Körpererlebnisse treten unserer Erfahrung nach in verlässlicher Häufigkeit und in ihrer intensiven Wirkung nur bei Einsatz der wachen REM-Phasen oder vergleichbarer Prozesse auf.

Interessanterweise treten die im Kapitel zuvor beschriebenen Effekte nicht nur durch das Winken, sondern auch bei einem auditiven Input vergleichbarer Art auf. Schnipst man beispielsweise im ursprünglichen „Winke-Rhythmus" links und rechts an den Ohren der Klienten, erfahren viele ein ähnliches positives Ergebnis wie mit den Augenbewegungen. Das gleiche gilt für taktile Reize: ein abwechselndes Tippen auf linke und rechte Schulter oder linke und rechte Handfläche. Heutzutage probieren viele EMDR- und wingwave-Anwender mit ihren Klienten aus, auf welchem „Sinneskanal" die „Links-rechts-Intervention" am besten wirkt. Die

EMDR-Begründerin Francine Shapiro und viele Neurowissenschaftler, wie Bessel van der Kolk gehen inzwischen davon aus, dass wache REM-Phasen als „bilaterale Stimulationen" wirken und so eine optimale Zusammenarbeit von rechter und linker Gehirnhälfte herstellen. Dabei entsteht eine fließende Aktivierung von neuronalen Vernetzungen, was einen intensiven mentalen Lösungs- und Heilprozess auf Basis bereits vorhandener Ressourcen des Menschen freisetzt. Wenn also das Gehirn im Traumschlaf unsere Erlebnisse des Tages in den großen Speicher integriert, geht dieser Prozess immer mit schnellen Augenbewegungen einher, da diese rasche Augenmotorik scheinbar zum erfolgreichen Verarbeiten und Abspeichern unserer neurobiologischen „Daten" dazugehört. Übrigens sind die Augen organisch dem Gehirn zugehörig. Deshalb ist die Augenstimulation immer unsere Sinnesmethode der ersten Wahl. Hier spielen sich die Prozesse unserer Erfahrung nach besonders rasant, intensiv und zielführend ab.

Auch die Schlafforschung zeigt, dass man an den Augenbewegungsmustern eines Menschen seine Konzentrationsfähigkeit und Reaktionsschnelligkeit ablesen kann. Lassen die geistigen Fähigkeiten wegen Übermüdung nach, kann der Mensch seine Augen nur noch ruckartig und nicht mehr fließend bewegen. Diese Erkenntnis wird heute sogar schon in ihrer Bedeutung für die Fahrsicherheit von Autofahrern – vor allem Berufskraftfahrern – diskutiert. Man erwägt, Assistenzsysteme zu entwickeln, die sensibel die Augenbewegungen des Fahrers messen. Wenn die Bewegungsmuster langsam und ruckartig werden, könnte ein solches System eine Warnfunktion übernehmen, um so den gefährlichen Sekundenschlaf zu verhindern.

Bilaterale Hemisphären-Stimulationen wie die wachen REM-Phasen sind in ihrem Kern nicht-sprachlich. Der Weg der Veränderung führt über rhythmische bilaterale Sinneserlebnisse – seien es nun Augenbewegungen oder links-rechts wechselnde auditive oder taktile Reize. Vielleicht erwachen durch diese Intervention wieder die neuronalen Bahnen, die für den Austausch zwischen rechter und linker Gehirnhälfte sorgen und bringen so dem Gehirn seine vollständige Leistungskraft zurück. Der Verarbeitungsstau wird behoben und die neuen Erfahrungen können vom limbischen System fließend in das Großhirn „hochgeladen" werden. Sind die Mentalkräfte wieder vollständig und ganzheitlich aktiviert, findet ein Gehirn seine eigenen kreativen Lösungen im Sinne einer heilenden Informationsverarbeitung der im Nervensystem blockierten und „hängen gebliebenen" Erinnerung.

Die so wieder hergestellte „Vernetzung" scheint dann auch aufrechterhalten zu bleiben, wenn der Klient später allein mit dem Erlebten umgeht. Konnte die emotionale Blockade im Coaching oder in der Therapie einmal aufgelöst werden, kann er sich auch später aus eigener Kraft neuronal immer wieder aus den emotionalen Spuren des damals Erlebten herausarbeiten.

Wir möchten bei diesen Ausführungen daran erinnern, dass wir Menschen diesen befreienden und nachhaltigen Effekt unzählige Male genießen, ohne dass wir groß darüber nachdenken. Zeit unseres Lebens bauen wir im Nachtschlaf unzählige Stressspuren immer wieder verlässlich ab. Nur wenn in einzelnen Fällen das „reine" nächtliche Träumen für die Überwindung von stressenden Emotionen nicht ausreicht, werden diese zu Stress-Imprintings. „Es ist wie ein Stachel im Fleisch", beschrieb einer unserer Klienten sein subjektives Erleben. Er konnte einfach nicht verkraften, dass er vor zwei Jahren bei einem wichtigen Golfturnier nach monatelanger Vorbereitung gegen einen bestimmten Gegner verloren hatte. Bezeichnenderweise ist in einem solchen Fall manchmal auch der Nachtschlaf gestört, weil die Betroffenen in ihren Träumen in der Verarbeitung „stecken bleiben" und von diesem blockierenden Gefühl wach werden. „Ich träume immer wieder von diesem Erlebnis", berichtete unser Coachee. „Meistens bin ich wie gelähmt und kann den Schläger nicht bewegen." Die emotionale Hürde konnte in diesem Fall erst durch eine „wache" bilaterale Stimulation überwunden werden.

Es bleibt weiterhin die Frage offen, warum die bilateralen Interventionen – vor allem die wache Augenmotorik – manchmal erstaunlicherweise auch bei Phantomschmerzen helfen. Hier scheint die Methode entsprechende Nerven zu veranlassen, die chronische Sendung eines Schmerzgefühls wieder zu „entlernen" und auf die Aussendung von angenehmen oder neutralen Körperempfindungen zurückzuschalten. Vielleicht wirken EMDR und wingwave ja ebenfalls „entlernend" auf Neuronen, die Emotionen wie Angst, Wut oder Scham chronisch aufrechterhalten.

Die vielen offenen Fragen sind jedoch kein Grund, die Methoden nicht anzuwenden. Die offensichtlich positive Wirkung scheint uns als Anwendungs-Motiv voll ausreichend zu sein. Und eines scheinen EMDR und wingwave mit Sicherheit zu bewirken: Sie sind Methoden, die es erlauben, sich direkt mit der Amygdala, dem „Gehirn-Alarmglöckchen" zu unterhalten und es nachhaltig bewegen zu können, sich zu beruhigen.

Selbstcoaching-Tipp: **Die „Butterfly-Technik"**

Sie haben für die Selbstanwendung der bilateralen Stimulation als Entspannungsmethode bereits das „Augenturnen" und den Einsatz der wingwav-CD kennengelernt. Als taktile Methode für den „Gefühlskanal" empfehlen wir die „Butterfly-Technik", die Sie sehr gut im Liegen oder im bequemen Sitzen anwenden können.

Kreuzen Sie hierfür die Unterarme über dem Brustkorb, sodass Ihre geschlossenen Hände mit den Fingerspitzen beide Schultern berühren. Nun können Sie mit den Handflächen oder Fingerspitzen die Schultern durch leichtes abwechselndes Klopfen im „Winke-Takt" berühren und so den gewünschten neuronalen Stimulationseffekt erzielen.

Neben der taktilen Stimulation findet auch ein auditiver Input statt, da das Klopfen natürlich links und rechts abwechselnde Geräusche mit sich bringt. Kindern gefällt diese Methode übrigens besonders gut. Sie hilft beim Einschlafen und zur Beruhigung vor Klassenarbeiten.

Auch als hervorragendes Beruhigungsmittel kurz vor einer Zahnbehandlung eignet sich die Butterfly-Technik übrigens für Kinder und Erwachsene. Sie kann wunderbar auf dem Behandlungsstuhl beim Warten auf das kommende Geschehen eingesetzt werden. Spüren Sie in Ihren Körper hinein, nehmen Sie Ihr Körperecho beim Gedanken an die Behandlung wahr und nach mindestens 30 Sekunden setzt eine deutlich tiefere Atmung ein – ganz ohne bewusstes Dazutun. Klopfen Sie sanft weiter und registrieren Sie die angenehme Beruhigung Ihrer Gefühlswelt.

Durch bilaterale Hemisphärenstimulation die „Sprache wiederfinden"

Die Theorie der „bilateralen Hemisphärenstimulation" wird durch einmalige Aufnahmen vom aktiv tätigen Gehirn gestützt. Die Bilder, die in einem Beitrag des Senders „arte" zum Thema EMDR auch im deutschen Fernsehen gezeigt wurden, konnten während des Nachtschlafs von unter Albträumen leidenden schwer traumatisierten Menschen aufgezeichnet werden. Die Betroffenen – beispielsweise Kriegsveteranen – wachen von überwältigenden Angsterlebnissen auf und fühlen sich dadurch emotional in ein traumatisches Erlebnis aus der Vergangenheit zurückkatapultiert. In der Traumatherapie spricht man von einem „Flashback-Phänomen".

Sogenannte „Gehirnscans" veranschaulichen Bereiche im Gehirn, in denen gerade Gehirnzellen-Netzwerke aktiv sind. Normalerweise weisen sie Aktivitäten in beiden Hirnhälften nach, was in verschiedenfarbigen Energiezentren dargestellt wird. Die o.g. Aufnahmen der Schwerst-Traumatisierten zeigen nun deutlich, dass im Flashback-Erleben die linke Gehirnhälfte – und vor allem das Sprachzentrum der Betroffenen – wie „ausgeschaltet" ist, also keinerlei Aktivität zeigt. Die rechte Gehirnhälfte hingegen zeigt eine hohe Aktivität, als würde dort das erinnerte Erlebnis in Bildern und Gefühlen „aufgeführt" werden. Ein stressendes Flashback-Erleben scheint dem Menschen also „die Sprache zu verschlagen" – wie es im Volksmund ganz anschaulich heißt. Es gibt noch mehr Redewendungen zu dem Thema: „Mir fehlten die Worte", da die „Kinnlade heruntergefallen" ist. „Bist du denn auf den Mund gefallen?", fragt man schüchterne Kinder, die nicht reden mögen. Oder nicht können? Kinder reagieren auf traumatische Erinnerungen übrigens oft mit chronischen Sprachstörungen – wie beispielsweise Stottern – oder sie verstummen sogar.

Diese Beobachtung ist allein deshalb von besonderer Bedeutung, weil wir die Sprache nicht nur zur Kommunikation mit anderen Menschen, sondern beständig auch für unser Selbstmanagement nutzen. Täglich gehen uns tausende von Gedanken durch den Kopf, mit denen wir auch unsere täglichen Erlebnisse, Pläne und Befindlichkeiten kommentieren: „Oh, es ist schon sieben Uhr, jetzt muss ich aber aufstehen", denken wir oder: „Was ziehe ich heute an?" Diese unbewussten innersprachlichen Abläufe nennt man „automatische Gedanken". Sie kommen auch zum Einsatz, um die Sinneseindrücke des Tages zu verarbeiten: „Was hat da denn gerascheht? Mensch, hab ich mich erschrocken. Ach, das war ja nur ein kleiner Vogel im Gebüsch – völlig harmlos." Wir benutzen also die automatischen Gedanken, um Erlebnisse und damit auch unsere Gefühle beständig zu „moderieren". Erst diese intrapersonelle sprachliche „Moderation" sorgt dafür, dass „der Schreck nachlässt".

Im Gespräch, durch Lesen oder Nachdenken gewonnene Erkenntnisse machen wir uns in Gedanken bei Bedarf über inneres Sprechen zugänglich. Geht ein Kriegsveteran abends zu Bett, kann er sich selbst sagen: „Es ist alles in Ordnung, ich bin zu Hause, der Krieg ist viele Jahre her." Doch nachts kann dieser sprachliche Selbstberuhigungseffekt wegen eines vorübergehenden Ausfalls des Sprachzentrums offensichtlich nicht mehr wirken. Auch die anderen ordnenden Fähigkeiten dieser nun „ausgeschalteten" Hirnhälfte, wie Analysieren, Denken in Zahlen, das Einordnen von Erlebnissen in einen inneren Zeitverlauf, können die überwältigenden inneren Eindrücke nicht mehr bändigen. Das emotionale Erleben, die Bilder „überschwemmen" unmoderiert die Seele und können weder durch Sprache noch durch andere Möglichkeiten der Denkordnung einsortiert werden. Es ist, also würde sich die unangenehme Emotion wie ein Flaschengeist ungehindert ausbreiten und niemand kennt den Zauberspruch, der den Geist in die Flasche zurückbringt, damit man wieder den Korken draufsetzen kann.

Die genannten Ergebnisse aus der Gehirnforschung haben uns und viele unserer Kollegen sehr nachdenklich gestimmt, gilt doch die Psychologie als eine „Hochburg des Sprechens". „Gut, dass wir darüber gesprochen haben" ist eine gängige Floskel geworden. Oder: „Sprich dich aus, dann geht's dir besser" gilt als allgemein akzeptiertes Seelenrezept. Insofern sind wir in den 1980er- und 1990er-Jahren in unseren Therapien stets gut meinend über die Ängste solcher Klienten hinweggegangen, die sagten, sie hätten vor dem Sprechen Angst, müssten sich überwinden oder befürchteten, dadurch alles nur nochmals durchleben zu müssen. Wir Experten wussten einfach, was gut ist und haben das Sprechen oft mit sanfter Gewalt aufgezwungen. Was ist nun aber, wenn bei posttraumatischen Stress bzw. Stress-Imprintings Gesprächsergebnisse trotz aller Logik und Güte die verletzten oder gekränkten Gefühle gar nicht lindernd erreichen? Was ist, wenn bei dieser ganz besonderen mentalen Beeinträchtigung durch Stress-Imprintings die Vernetzung zwischen Sprachzentrum und Emotionsverarbeitung blockiert ist? Dann könnte es durchaus stimmen, dass in einzelnen Fällen Gespräche alte Gefühle einfach nur reaktivieren anstatt sie wohltuend zu integrieren und dass der Impuls vieler Menschen, in Ruhe gelassen zu wollen, intuitiv gar nicht so falsch ist, wie die Psychotherapeuten immer alle dachten.

Hinweis für Coaches:
Der klienten-orientierte Umgang mit Sprache und Körpersprache

Gerade weil Menschen in Stressmomenten „die Worte fehlen" können, hat sich im Interventions-Prozess für Coaches ein sensibler Umgang mit der Wortwahl der Coachees bewährt. So weit wie möglich arbeiten wir während des Processings nur mit der Wortwahl unseres Gegenübers. Als Coach vermeidet man eigene Deutungen, Interpretationen oder persönliche Satzformulierungen und wiederholt im Prozess die Formulierungen des Klienten. Fragen werden möglichst offen gehalten: „Was ist jetzt?" – „Wie ist es nun?" Antwortet der Coachee: „In meinem Bauch rumpumpelt es!", erwidert der Coach bedeutungsvoll: „Aha, es rumpumpelt. Spüren Sie in den rumpumpelnden Bauch hinein und nehmen Sie dieses Gefühl mit, wenn ich nun weiterwinke." Wir sagen keinesfalls: „Was ist denn das für ein Wort – das kenne ich ja gar nicht." Wir unterdrücken auch Deutungen wie: „Na, da hat sich wohl allerhand Wut zusammengebraut", denn dies entspricht nicht der Wortwahl des Coachee.

Dieses sprachlich klienten-orientierte Vorgehen fördert die Prozesse besonders intensiv, da die betreffende Person so auf die eigene Erlebniswelt fokussiert bleibt. Über allem steht die Anforderung, dass die Winke-Sets möglichst schnell aufeinander folgen sollen und nicht durch längere Gespräche zu lange Pausen entstehen, denn dann ist das angestrebte REM-Tempo (man bedenke: „rapid" bedeutet „schnell"!) nicht mehr gegeben. Eine Ausnahme von dieser Regel bildet natürlich die Technik des kognitiven Einwebens, wenn der Prozess in einen Loop gerät und der Coach dem Coachee sprachliche Impulse für die Erweiterung des Wahrnehmungswinkels anbietet. Allerdings unterbreiten wir diese Angebote wirklich nur in einer Loop-Situation.

Auch körperlich folgt der Coach den Vorgaben des Coachee. Lehnt dieser sich beispielsweise plötzlich nach hinten, legt den Kopf in den Nacken und schaut nach oben, sagen wir schnell: „Bleiben Sie so und nehmen Sie diese Körperhaltung beim nächsten Set mit." Vielleicht müsste man sich dann weit vorbeugen oder gar aufstehen. Der Coach würde aber keinesfalls sagen: „Setzen Sie sich wieder gerade hin, damit wir weiterwinken können!" Wir bitten die Klienten auch, eine bestimmte Handbewegung in den Set mit hineinzunehmen: „Sie haben eben beim Wort ‚leicht' mit beiden Händen eine kreisende Bewegung gemacht. Nehmen Sie diese Bewegung mit in den nächsten Set hinein, wenn wir fortfahren." Der Einbezug der Körpersprache in den Prozess verhilft besonders intensiv zu befreienden positiven Effekten.

Selbstcoaching-Tipp: **Dem Konflikt „Beine machen"**

Befinden Sie sich mit einer Person im Streit- oder Konfliktgespräch, kann es natürlich sein, dass Ihnen selbst oder auch dem Gegenüber die richtigen Worte fehlen, um sich aus dem Konflikt zu befreien und gemeinsam nach Lösungen zu suchen. Hier empfiehlt sich ganz einfach, gemeinsam einen Spaziergang zu unternehmen. Allein das Gehen regt das Gehirn zur fortlaufenden bilateralen Hemisphärenstimulation an, denn die Motorik des linken und des rechten Beines müssen beim Vorwärtsschreiten wohl koordiniert ablaufen. Auf diese Weise gerät nicht nur die Körperbewegung, sondern auch die Sprache wieder in Fluss.

Auch wenn Sie nach guten Ideen suchen und nicht weiterkommen, gehen Sie spazieren, joggen Sie oder fahren Sie Fahrrad. Ideensuche spielt sich nämlich nicht nur in inneren Bildern, sondern auch im inneren Dialog ab. Auch hierfür benötigen wir unser Sprachzentrum, das durch die bilateralen motorischen Impulse seinen Redefluss wiederfindet.

Ein weiteres Ergebnis: der Generalisierungs-Effekt

Viele Personen berichten, dass sich nach einem wingwave-Coaching nicht nur das mitgebrachte Thema, sondern auch das subjektive Erleben, Fühlen und spontane Handeln in ganz anderen Bereichen verbessert. Es gibt also Veränderungen bei Themen, die inhaltlich in den Sitzungen gar nicht zur Sprache gekommen sind.

Das erklärt sich aus der Vorliebe unseres Gehirns, nach Regeln und Mustern zu suchen, die sich hinter einem Erlebnis verbergen und diese Muster und Regeln auch auf andere Wahrnehmungen zu übertragen. In diesem Sinne ist eine Familie beispielsweise ein „Modell der Welt". Kinder lernen hier nicht nur ihre Eltern in- und auswendig kennen, sondern sie speichern auch ab: „So sind Männer" und: „So sind Frauen" – und vieles mehr. Man spricht hier auch von dem sogenannten „Zukunfts-Sinn": Das Erkennen von Regeln und Mustern erlaubt dem Gehirn in einem gewissen Umfang Prognosen über kommende Ereignisse, auf die es sich dann optimal vorbereiten kann. Es wählt jeweils die bestmögliche „Einstellung", um stets optimale Überlebenschancen zu gewährleisten. Für einen Urzeitmenschen war es beispielsweise sehr wichtig, hinter einem Rascheln das mögliche Auftauchen eines feindlich gesonnenen Wesens zu vermuten oder in der Dunkelheit zu wissen, dass bei einsetzendem Vogelgesang demnächst die Sonne aufgehen wird.

Unseren Coaching-Kunden erklären wir dieses Phänomen als „Tomaten-Effekt". Wenn Sie jetzt das Wort „Tomate" lesen, stellen Sie sich sicherlich gleich eine Tomate vor, richtig? Die meisten Menschen sehen sie gleich in Großaufnahme vor dem geistigen Auge. Nun fragen Sie sich als Nächstes: „Wie viele Tomaten habe ich tatsächlich schon in meinem Leben gesehen?" „Unzählige viele natürlich", ist meist die Antwort. Die Überlegung geht weiter: Wissen Sie auch, welche von den unzähligen Tomaten eben beim Stichwort vor Ihrem geistigen Auge aufgetaucht ist? Welche genau war es? Die meisten Menschen können diese Frage nicht auf den Punkt beantworten, da unser Gehirn praktischerweise gar nicht alle Tomaten als Einzelbilder sammelt. Irgendwann legt es ein einziges Bild einer einzigen repräsentativen Tomate an, die dann zum Schlüsselbild für alle weiteren Tomaten wird: Sie ist rot, rund, mit einem kleinen grünen „Dödel" in der Mitte.

Ebenso geht das Gehirn beispielsweise bei Auftrittsängsten vor: Situationen ähnlicher Art werden quasi zu „einer Tomate" zusammengefasst. Immer gibt es so etwas wie ein Schlüsselbild oder eine repräsentative Szene für alle jemals nicht so toll gelaufenen Vorträge: „Da sagt man was, andere gucken oder hören zu, es können viele Fehler passieren. Das ist peinlich, dann muss man schwitzen und das ist noch schlimmer." Offensichtlich gelingt es manchmal mit wingwave, mit nur einer Intervention das gesamte Schlüsselbild für alle dahinterliegenden Szenen positiv zu ändern, sodass dann – wie Wellen im See – der Effekt auf den gesamten „Ordner" im Gehirn zu diesem Thema ausstrahlt. Nun gibt es eine neue Generalisierung: „Auftritt ist etwas, wo ich die Gelegenheit habe, Dinge weiterzugeben, die ich kann oder weiß. Es kommen viele Menschen, die sich freuen oder interessiert sind, das zu sehen oder zu erfahren. Wenn man es gut macht, gibt es hinterher Anerkennung und neue Kontakte." Man nennt man dieses Phänomen der ausstrahlenden positiven Wirkung in Fachkreisen auch „Generalisierungs"- oder „Streamline-Effekt".

Wie könnte sich in Karstens Fall ein Streamline-Effekt auswirken? Eingangs hat er sich im Konflikt mit seinem Gegenüber ausschließlich selbst kritisiert: Er stelle sich an, sei eine Mimose, von einem Profi könne man mehr Coolness verlangen usw. Im Interventionsfluss überprüfte er dann auch sein Gegenüber kritisch und stellte bei ihm ebenfalls Defizite fest. Das erleichterte ihn und ließ eine Interpretation des Ereignisses aus einer anderen Perspektive zu. Das heißt natürlich nicht, dass die Suche nach Schwächen beim Gegenüber immer der Königsweg ist, aber speziell für Karsten beendetet diese Entdeckung sein subjektiv ausweisloses Blockiert-Sein. Vielleicht hat er früher einmal unter irgendeinem autoritären Einfluss als Regel gelernt, dass er ein Defizit immer bei sich suchen muss, während andere stets alles richtig machen und sich dabei toll fühlen – man weiß es nicht. Auf jeden Fall nahm Karsten nach diesem Coaching insgesamt eine größere Gelassenheit in kontroversen Gesprächssituationen bei sich wahr – beispielsweise auch mit schwierigen Kunden.

III. wingwave-Coaching: die Methoden-Elemente

Der 40-jährige Dennis freut sich über eine neue Managerposition in einem führenden Unternehmen der Kosmetikbranche. Kaum tritt er die neue Stelle an, wird er auch schon von einem Fernsehsender in eine Talkshow zum Thema „Schönheitsideal" eingeladen. Obwohl er ein erfahrener Redner ist, spürt er eine unangenehme Aufregung beim Gedanken an diesen öffentlichen Auftritt. Den Grund dafür kann er aber nicht genau benennen.

Die 35-jährige Eva ist seit vielen Jahren Expertin im Personalwesen. Nun möchte sie sich im Geschäftsfeld „Recruiting", also als Headhunterin, selbstständig machen. Obwohl sie sich mit der Selbstständigkeit einen Traum erfüllen will, hat sie Probleme, Texte für ihr Leistungsangebot zu entwickeln und stellt nach einigen missglückten Versuchen eine Schreibblockade bei sich fest. „Ich werden schon von so vielen Seiten darauf angesprochen, wann meine Homepage erscheint. Aber seit vier Wochen habe ich keinen Satz mehr verfasst!"

Dennis und Eva kommen beide zum wingwave-Coaching, um Impulse für die Überwindung ihrer Blockaden und für eine persönliche Leistungssteigerung zu erhalten. Allerdings kann keiner von beiden Coachees als Erklärung für den empfundenen Stress einen konkreten „Knackpunkt" benennen, so wie Karsten es konnte. Sie haben lediglich Vermutungen. Bevor hier jedoch das „Winken" zum Einsatz kommen kann, müssen Coach und Coachee erst einmal herausfinden, an welchem Punkt die Intervention überhaupt ansetzen muss. Hierfür ist der wingwave-Ansatz ein optimales Mittel, um punktgenau den optimalen Hebel für das Aufspüren indirekter Stress-Trigger und für eine individuelle Ressourcen-Aktivierung anzusetzen.

In diesem Kapitel erfahren Sie, wie wingwave-Coaches bei Themen dieser Art vorgehen. Dazu stellen wir Ihnen die Methoden-Elemente der wingwave-Methode vor. Das Methoden-Element der bilateralen Hemisphärenstimulation haben Sie bereits ausführlich kennen gelernt. Später werden wir noch über weitere Einsatzmöglichkeiten der wingwave-Musik als auditives Interventions-Tool berichten.

Bevor wir Sie als Erstes in diesem Kapitel mit dem bereits erwähnten Muskel-Feedback-Test vertraut machen, möchten wir einige grundlegende Anmerkungen vorwegschicken: Für diesen Myostatik-Test sind immer zwei Personen vonnöten, weshalb er sich nicht so gut als Selbstcoaching-Möglichkeit eignet. Es gibt Personen, die diesen Test auch bei sich selbst einsetzen, indem sie mit der einen Hand den festen Muskelring bilden, den sie dann mit einem kräftigen Zug durch die Finger der anderen Hand testen. Wir selbst sind nicht überzeugt von der Güte dieser Ergebnisse, da hier die vom Stress betroffene Person und der Tester ein und derselbe Mensch sind.

Es hat sich gezeigt, dass die Güte des Tests auch von der emotionalen Ausgeglichenheit und inneren Sicherheit des Coaches abhängt. Natürlich sollte man stets von einem Coach eine innere Stabilität und Methodensicherheit verlangen. Deshalb setzt auch das Testen zumindest eine Ausbildung, Erfahrung in der Methode sowie interkollegiale Supervision voraus. Viele wingwave-Coaches nehmen auch für ihre eigenen Themen ein Coaching durch einen in der Methode erfahrenen Kollegen in Anspruch, was im Rahmen von gemeinsamen Arbeitsgruppen oder auch in offiziellen Einzelcoachings stattfinden kann. Auch wir Coaches verlassen uns ungern auf einen Selbsttest, sondern vertrauen uns lieber einem Kollegen an.

Als Selbstcoaching-Möglichkeit empfehlen wir eher die wingwave-Musik. Coaches setzen diese auch alternativ im Einzelcoaching ein, wenn sie aus irgendeinem Grund den Test nicht anwenden können. Die wingwave-Musik verschafft einen sicheren „Emotions-Teppich" im Coaching-Prozess und stellt sicher, dass der Coachee intensiv auf das eigene mentale Prozessmaterial fokussieren kann. Zu über 90 Prozent wird im wingwave-Coaching allerdings der Myostatik-Test aktiv eingesetzt.

Abschließend zeigen wir dann die Verknüpfung dieser ersten zwei Methoden-Elemente mit Formaten aus dem NLP – beispielsweise die Optimierung des inneren Dialogs oder die imaginative Arbeit mit einem inneren Persönlichkeitsteil. Der Kombinationsvielfalt sind hier keine Grenzen gesetzt. So existieren auch wingwave-Programme für Familien- und Organisationsaufstellungen, Timeline-Coaching, Team-Coaching und vieles mehr.

Muskel-Feedback: der Myostatik-Test und das Grundkraftniveau

Bevor wir bei unseren Coaching-Kunden mit dem „Winken" beginnen, wollen wir sicherstellen, dass wir sowohl die Stressoren einer möglichen Erfolgsblockade als auch die richtigen Impulse für den Weg zum Ziel punktgenau finden und anstoßen können. Dazu führen wir den Muskeltest durch, der uns wie ein Kompass durch den Prozess zum Coaching-Ziel leiten wird. Wie in der Abbildung gezeigt bildet der Coachee mit Daumen und Zeigefinger einen festen Ring in Form eines „O", den er oder sie mit maximaler Kraft zusammenhält.

Abb. 13: O-Ring- oder Myostatik-Test

Der Proband sitzt bei diesem Test vollkommen körpersymmetrisch (was bedeutet: nicht die Beine überschlagen, nicht den Kopf schief halten, sondern geradeaus schauen usw.) auf einem Stuhl, zwischen Knien und Füßen bleibt ein kleiner Abstand. Die andere Person, die als Tester fungiert, sitzt rechts oder links vom Probanden. Beide dürfen keine batteriebetriebene Armbanduhr tragen. Die Testperson sollte ausreichend Flüssigkeit getrunken haben und normal atmen. Auch der Coach sollte für sein körperliches Wohl gesorgt haben. Der erste Krafttest wird neutral durchgeführt. Man testet nacheinander den Muskelring aus Daumen-Zeigefinger, Daumen-Mittelfinger und Daumen-Ringfinger. Dabei müssen Coach und Coachee ein Gefühl für die individuelle Kraft des Probanden entwickeln. Es geht um die Frage, wie schnell, stark und stabil sich die Muskeln zusammenziehen, um durch das Zusammenhalten der Finger einer Gegenkraft widerstehen zu können. Es dürfte einleuchten, dass beispielsweise die individuelle Kraft eines siebenjährigen Kindes eine andere ist als die eines ausgewachsenen Bodybuilders. Auch wingwave-Coaches sind nicht alle körperlich gleich stark. Entsprechend kann jede der genannten Fingerpaar-Kombinationen später als Testinstrument verwendet werden.

Wenn diese ersten drei Tests stabil verlaufen, ist sichergestellt, dass der Proband über ein ausreichendes Grundkraftniveau verfügt. Sind die gebildeten Finger-Muskelringe – oder einer von ihnen – sehr leicht zu öffnen, wird der Coachee erst einmal stabilisiert, indem er etwas trinkt, tief durchatmet oder seine Thymusdrüse klopfend stimuliert. Diese bekanntermaßen für unser Immunsystem und die allgemeine Körperkraft bedeutsame Drüse befindet sich hinter dem Brustbein, etwa fünf Zentimeter unter dem oberen Brustbeinansatz. Man klopft mit der lockeren Faust leicht auf diesem Bereich hin und her. Dadurch gerät die knöcherne Substanz in Schwingung und stimuliert durch die Vibration besagte Thymusdrüse. Wer nicht weiß, wie das geht, schaue sich noch einmal einen Tarzan-Film an. Tarzan trommelt bei seinem berühmten Schrei sogar mit beiden Fäusten auf diese wichtige kraftspendende Stelle. Sie wählen jedoch die oben geschilderte moderate Form, ohne Schrei. Statt eines aufsehenerregenden Trommelns ist auch ein leichtes Klopfen mit einer Hand für die erwünschte Wirkung völlig ausreichend. Wie archetypisch tief verwurzelt dieses „Kraft-Klopfen" ist, können Sie auch bei unseren entfernten Verwandten, den Affen, beobachten. Intuitiv klopfen alle Primaten gelegentlich das Brustbein im Bereich der Thymusdrüse. Auch wir Menschen fassen unwillkürlich dorthin, wenn wir uns erschrecken. Das soll als kleiner Exkurs zunächst reichen, denn nun testet man die erstaunliche Wirkung der Thymusdrüsenstimulation: Nach nur ein- bis zweiminütigem Klopfen können die zuvor schwachen Finger den Muskelring mit deutlich vermehrter Kraft halten.

Die Erklärung hierfür finden wir wieder in der Funktionsweise des Nervensystems. Nervenimpulse in Gehirn und Körper müssen auf ihrem Weg durch unzählige Nervenbahnen und Nervenzellen im wahrsten Sinne des Wortes kleine Hürden überspringen. Diese Nervenbahnen verlaufen nicht durchgehend von Zelle zu Zelle, sondern sind in diverse Nervenbahnabschnitte unterteilt. Über diese Abschnitte muss der Impuls dann „hinwegspringen". Demzufolge bewegt sich ein Nervenimpuls wie die Staffel beim Staffellauf durch den Körper. Die Übergabe des „Staffelhölzchens" erfolgt dann nicht von Läufer zu Läufer, sondern von Nervenbahnabschnitt zu Nervenbahnabschnitt und von Zelle zu Zelle. Das funktioniert durch die chemische Wirkung von sogenannten Nervenbotenstoffen zwischen den Nervenbahnabschnitten und den Zellen, den Synapsen. Die Thymusdrüse spielt eine wichtige Rolle im Stoffwechsel. Der Stoffwechsel wiederum garantiert u.a. das Vorhandensein der für die Nervenimpulse wichtigen Nervenbotenstoffe. Vor diesem Hintergrund ist es verständlich, warum die Thymusdrüsenstimulation die Muskelkraft spontan steigern hilft. Der Nervenimpuls kommt einfach besser an, da das „Staffelhölzchen" reibungslos aufgrund der guten Stoffwechselsituation durch die Nervenbahnen bis hin zur Muskelfaser transportiert wird.

Es gibt übrigens eine Vielzahl von Redewendungen, die Hinweise auf den Zusammenhang zwischen einer guten körperlich-seelischen Verfassung und unserer Muskelreaktion beschreiben. Die schlimmste Form einer blockierten Zusammenarbeit zwischen dem Befehle gebenden Gehirn und unserer Muskulatur ist die Lähmung. „Ich war gelähmt vor Angst", heißt es beispielsweise. Will ein Mensch seine Hilflosigkeit ausdrücken, führt er uns in der Gestensprache stets seine lahmen Hände und Arme vor: „Ich weiß auch nicht ..." Dabei zuckt er mit den Schultern, hebt Arme und Hände an, um sie dann sichtlich lahm wieder herunterfallen zu lassen. Man bekommt „weiche Knie", „verliert den Boden unter den Füßen" oder „lässt den Kopf hängen". Dann wiederum fühlt der Mensch sich „handlungsfähig", wodurch wortwörtlich die „Hand" ins Spiel der Wortwahl kommt. Dann kann man es „packen" und „sich gerade machen".

Selbstcoaching-Tipp: Entstressung durch die Thymusdrüsenstimulation

Wenn Sie nur drei bis fünf Minuten täglich die Thymusdrüse stimulieren, steigern Sie damit die subjektiv verfügbare Körperkraft und die Krankheitsabwehr. Auch das mentale Leistungsvermögen wird durch diese Stimulation stabilisiert. Viele Klienten fragen zu Recht misstrauisch: „Aber ich soll doch nicht vor meinem Chef oder mitten im Vortrag klopfen?" Natürlich nicht, ist hier die Antwort. Die kraftspendende Wirkung der Thymusdrüsenstimulation hält zwei bis drei Stunden an. So reicht es völlig aus, wenn Sie sie eine halbe Stunde vor einem wichtigen Leistungsereignis durchführen. Klopfen Sie einfach so lange, bis Sie einen tiefen Atemzug machen müssen. Das tiefe Einatmen zeigt die Wirkung der Stimulation an. Übrigens profitieren auch Kinder von diesem einfachen Energiespender vor Klassenarbeiten, sportlichen Ereignissen oder sonstigen aufregenden Erlebnissen, bei denen sie ihre Leistung unter Beweis stellen wollen oder sollen.

Muskel-Feedback: die Testbarkeit testen

Wie im vorherigen Durchgang versucht der Coach im nächsten Schritt, den geschlossenen Muskel-Ring zu öffnen und verknüpft diesen Vorgang nun mit der gleichzeitigen Darbietung verschiedener Stressoren. Hierbei geht es immer noch nicht um das Coaching-Thema, sondern um die Fragestellung, ob sich die Muskelreaktion bei diesem Tester-Paar als Feedback eignet. Man nennt diese Phase „Kalibrierung". Meistens funktioniert die Kalibrierung schon mit Wörtern und Sätzen. Ist der Ring sehr leicht zu öffnen, weist der Test darauf hin, dass die getestete Person das mit der Aussage verbundene Thema „nicht verkraften" kann oder sehr irritiert ist; man ist also auf einen Stress gestoßen. Hält der Ring aber „bombenfest", fühlt der Coachee sich dem genannten Thema gewachsen. Er kann es gut bewältigen, aushalten oder er reagiert zumindest ausgeglichen und neutral darauf.

Viele Leser kennen vielleicht schon Muskeltests aus der Kinesiologie, wie beispielsweise den seitlich ausgestreckten Arm, der vom Tester hinuntergedrückt wird, um Kraft oder Stress des Probanden festzustellen. Der Test mit den Fingern der Hand scheint jedoch ganz besonders sensibel die mentale Verfassung eines Menschen zu spiegeln: Nicht umsonst arbeiten Krimi-Regisseure gern mit dem dramatischen „Aus-der-Hand-Gleiten" von Vasen, Gläsern usw., um zu zeigen, dass die betroffene Person gerade erschrocken oder schwer irritiert ist. Es gibt verschiedene kinesiologische Schulen und Theorien, die teilweise auf der Meridiankunde der chinesischen Medizin aufbauen. Diese Theorien spielen im wingwave-Coaching keine Rolle. Für uns ist die enge Korrespondenz zwischen dem Muskeltonus von Hand und Fingern und der neurophysiologischen Situation des Gehirns der Fokus des Interesses.

Die Hand ist in der belebten Biologie ein ganz einmaliges Organ: Sie vereint Sensorik und Feinmotorik in einzigartiger und hoch komplizierter Weise. Daher benötigt die Hand in unserem Gehirn eine vergleichsweise große Steuerungsfläche – auch im Großhirnbereich. Hier ist nicht nur der Sitz unseres Verstandes, sondern hier befindet sich die wichtigste Instanz überhaupt: Man kann nämlich sagen, dass sich im Frontalhirn der Dirigent unseres Gesamterlebens befindet. Erst durch seinen Einsatz können wir Erlebnisse, neue Erfahrungen, Denken, Fühlen und Handeln zu einem sinnvollen „Auftritt" kombinieren. Kann dieser Dirigent seiner Arbeit nicht nachkommen, sind wir irritiert, durcheinander, „nicht auf der Reihe". Dieses Irritiert-Sein kann man auch mit einer Spannungsänderung im Großhirn messen, ein Effekt, der „P 300" genannt wird.

wingwave-Coaching: die Methoden-Elemente · 75

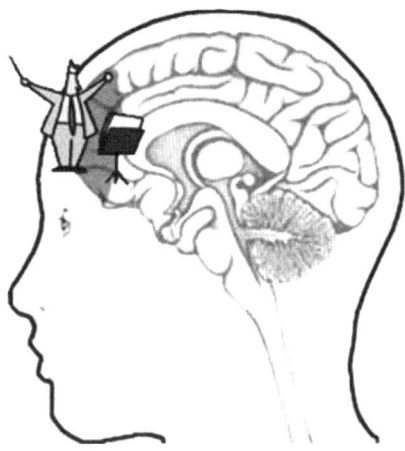

Quelle: http://www.wiredtowinthemovie.com/images/hotspots/level04prefrontalcortex.jpg

Abb. 14: **Der Präfrontale Cortex**

Anscheinend spiegeln sich auch kleine Irritationen in der Koordinationsfähigkeit des Großhirns innerhalb von Bruchteilen von Sekunden in den Handmuskeln. Bei Eva, der im Kapitel zuvor erwähnten Coaching-Kundin mit der Schreibblockade, beginnen wir die Kalibrierung mit folgendem Aussagentest: „Halten Sie bitte den O-Ring und sagen Sie dabei: ‚Ich heiße Heinrich'", fordern wir die Klientin auf. Das Aussprechen des falschen Namens provoziert anscheinend eine kleine Irritation mit der damit verbundenen Spannungsänderung im Großhirn, denn Eva kann den Muskelring nicht zusammenhalten. Nun wiederholen wir das Experiment mit dem Aussprechen des richtigen Namens und der Ringtest hält „bombenstark".

Man kann die künstliche Irritation auch durch andere „Ärgernisse" provozieren: Der Coach gibt dem Coachee ein Stück weißen Zucker oder eine batteriebetriebene Quarzuhr in die Hand oder man bittet den Probanden, mit einer Hand während des Testens den Bauchnabel zur Wirbelsäule zu drücken, was ebenfalls schnell zu einer Schwächereaktion im Myostatik-Test führt. Im Bauchraum sitzt ein empfindliches Nervengeflecht – Nervus vagus genannt –, das den Druck-Stress sofort auf das gesamte Nervensystem überträgt. Bei Eva ist kein weiteres Stress-Experiment nötig, sie fühlt sich schon durch den „Heinrich" ausreichend irritiert. Wir wissen jetzt beide, dass sie testbar ist und können auf dieser Basis mit dem Coaching beginnen.

Der hier beschriebene Myostatik-Test oder auch „bi-digitale O-Ringtest" wurde hinsichtlich seiner Treffsicherheit sorgfältig beforscht. Einzelheiten hierzu finden Sie im Anhang dieses Buches, in einem Artikel der Ärztin Dr. Maria Lack zu einer Studie über den Myostatik-Test.

Hinweis für Coaches: **Testvarianten für die Kalibrierungsphase**

In seltenen Fällen reagieren Menschen nicht eindeutig auf den „Namenstest". Beispielsweise gibt es Personen, die ihren eigenen Namen nicht mögen und mit ihm hadern oder die den Test so lustig finden, dass ihnen der Humor die nötige Kraft zum Gegenhalten verleiht. Dann setzen wir die anderen künstlichen Stressauslöser ein und notieren uns später auf der Kundenkarte, mit welchem Stressor die Kalibrierung bei diesem Coachee gut festzustellen ist: mit dem falschen Namen, einem Stück Zucker, mit der Quarzuhr oder mit dem Ärgern des Nervus vagus durch das Bauchnabeldrücken.

Das Bauchnabeldrücken hat sich übrigens als besonders verlässlich erwiesen. Wir bevorzugen allerdings als Kalibrierungs-Stress den falschen Namen, weil der Coachee beim Sprechen gleichzeitig atmen muss. Viele Menschen halten bei Kraftanstrengungen gern den Atem an, was das Testergebnis wiederum unbrauchbar macht, denn der angehaltene Atem gleicht kurzfristig einen Stressreiz aus. Wir kennen diesen Effekt von Gewichthebern oder stellen ihn auch an uns selbst fest, wenn wir eine Getränkekiste anheben sollen. Dann nämlich heben wir an und gleichen mit angehaltenem Atem den Anstrengungsstress aus.

Wenn Sie also mit Ihren Klienten den Kalibrierungstest – egal mit welchem künstlichen Stressor – durchführen, geben Sie stets folgende Anweisungen: „Sitzen Sie bitte körpersymmetrisch, schauen Sie geradeaus, atmen Sie fließend." Beim Testen sollten Sie selbst keine Quarzuhr tragen, das könnte das Ergebnis ebenfalls verfälschen.

Coaching-Kompass Muskel-Feedback: den Stress-Trigger finden

Dieses Kapitel beginnt mit einer wichtigen Information: Keinesfalls werden die Ergebnisse des Myostatik-Tests mit den Wörtern „Ja" und „Nein" gleichgesetzt, sondern mit „verkraftbar" und „nicht verkraftbar". Wir stellen bei einem wingwave-Coaching auch keine Fragen, sondern präsentieren nur Wörter und Aussagen, wie folgendes Sportcoachingbeispiel auf der Suche nach einem Stress-Trigger zeigt:

„Die Publikumsreaktion" bietet der Coach aus einer Liste aus möglichen Stressauslösern an und der Coachee kann den Ringtest bei der Konfrontation mit dieser Aussage nicht halten. In diesem Fall ist die Publikumsreaktion in der Tat ein Stress-Trigger, da sie nicht stabil testet. An diesem stressenden Einfluss muss also gearbeitet werden, damit der Sportler trotz lärmender Schlachtrufe in Topform spielen kann. Testet diese Aussage stark, kann der Sportler emotional mit den Publikumsreaktionen gut umgehen, er verkraftet sie, lässt sich dadurch nicht irritieren.

Diese Feststellung zeigt einen weiteren Vorteil der Testung: Es können punktgenau nur die Themen gecoacht werden, die tatsächlich stressen, irritieren oder nicht verkraftbar sind. Stabile Reaktionen zeigen demnach auch an, dass kein Bedarf für ein Emotions-Coaching besteht. Der Myostatik-Test trägt demnach auch zur bestmöglichen Ökonomie im Coaching bei. Außerdem sorgt die positive Testung meist für eine Verstärkung der positiven Motivation: „Es freut mich richtig, dass ich beim Gedanken an die nächste Kollektion so gut teste", kommentierte eine Managerin aus der Modebranche ihr Testergebnis.

Um nach Stress-Triggern zu suchen, bieten wir nicht nur ausgesprochene Wörter oder Sätze an. Wertvoll ist auch die konkrete Darbietung von Gegenständen und Abbildungen, wie beispielsweise Fotos von wichtigen Gesprächspartnern oder Charts, die ein Coachee in einem Vortrag zeigen möchte. Eine Pharmareferentin brachte neulich Packungen von allen Produkten mit, die sie bei ihren Arztbesuchen präsentiert und vertritt. So konnten wir mit dem Test ein Produkt herausfinden, das für sie anscheinend mit einem Stresserleben verknüpft war. Zunächst wunderte sie sich über das Ergebnis, da sie selbst besonders von diesem Medikament so sehr überzeugt war. Der weitere Emotionstest ergab dann, dass sie mit Ärger zu kämpfen hatte, wenn einige Ärzte kritisch auf ihre Präsentation reagierten. Sie nahm dies nicht professionell gelassen auf, sondern fühlte sich aufgrund der eigenen Begeisterung für das Präparat persönlich angegriffen.

Beim Testen richten wir uns nur sekundär nach unserer Intuition als erfahrene Coaches oder nach der Intuition des Coachee. Beide könnten bei der Konfrontation mit einem Problem oder einer Fallgeschichte Gefahr laufen, durch kognitives Fachsimpeln am eigentlichen „Knackpunkt" vorbeizudenken und vorbeizucoachen. Evas

Beispiel zeigt frappierend, wie weit psychologisches Theoretisieren am Ziel vorbeiführen kann. Wie bereits erwähnt, stellte Eva sich mit einer Schreibblockade im Coaching vor. Sie brachte nicht nur ihr Thema, sondern auch gleich die Erklärung für ihre Blockade mit: „Ich gehe davon aus, dass ich mir unbewusst verbiete, meinen Traum von der Selbstständigkeit zu verwirklichen. Auf dieses Thema bin ich bereits bei einer Familienaufstellung gestoßen. Ich habe bestimmt einen Belief in mir, der sagt: ‚Du bist es nicht wert, Erfolg zu haben.' Das will ich natürlich ändern."

Man erkennt sofort, dass Eva keinesfalls eine Psychologie-Anfängerin ist. Sie hat selbst eine Coaching-Ausbildung abgeschlossen und interessiert sich auch in der Freizeit für Seminare, Trainings und Selbsterfahrung rund um die Themen Persönlichkeit, Psyche und Kommunikation. Da sie auch schon mit wingwave-Coaching Erfahrung gemacht hat, formt sie von sich aus mit Daumen und Zeigefinger den Ring und hält dem Coach die Hand hin. Wir testen entsprechend Evas Plan gleich die Aussage: „Ich bin es wert, Erfolg zu haben" – und der Ring hält. Eva ist verblüfft: „Woran kann es denn sonst liegen, dass ich mich seit Wochen um das Texten drücke?"

Wir setzen das Coaching mit der Systematik des sogenannten Aussagenbaums fort, den wir im übernächsten Kapitel ausführlich vorstellen. Auf der Suche nach einem oder gar mehreren Stress-Triggern überprüfen wir den gesamten Ablauf im Problemkontext. „Wenn Sie sagen: ‚Ich versuche zu texten': Wo spielt sich das genau ab?", fragen wir. „In meinem Arbeitszimmer", ist die Antwort. Wir testen zunächst den Gedanken an das Betreten des Arbeitszimmers – der Test fällt stark aus. Ebenso stabil testet das Sitzen am Schreibtisch. „Wie schreiben Sie denn – überwiegend am Computer oder auch mit der Hand?" – „Ich mache mir zwischendurch handschriftliche Notizen und gebe den eigentlichen Text in den Computer ein", berichtet Eva. Wir testen die Aussagen „Schreiben mit der Hand" und „Schreiben am Computer", wobei der zweite Test deutlich schwach ausfällt. „Haben Sie selbst schon eine Idee, was mit dem Computer sein könnte?", fragen wir. „Zunächst einmal ist es gar kein richtiger Computer. Den habe ich vor vier Wochen abgeschafft und mir einen kleinen Laptop gekauft, der ist einfach praktischer für mich." – „Es ist irgendetwas mit dem Laptop", testen wir als nächstes und wieder gibt es ein Stress-Feedback. Wir fahren fort: „Es sind die Dateien." „Es ist der Inhalt der Dateien." Die Tests fallen stark aus und es bleiben nur noch Äußerlichkeiten übrig: „Es ist die Tastatur" – und hier werden wir fündig.

Eva blickt verblüfft auf die eigene Hand: „Das gibt es doch gar nicht!" Sie möchte den Test wiederholen. Wir setzen den Wunsch sofort um – das Ergebnis ist dasselbe. Eva geht für eine Weile in Trance, dann richtet sie sich plötzlich auf, nimmt Augenkontakt auf und sagt: „Wissen Sie was, der Test stimmt haargenau! Ich habe die Schreibblockade tatsächlich, seitdem ich mit dem neuen Laptop arbeite. In der Tat ist die Tastatur ein Stress für mich, denn sie ist viel kleiner als beim großen Computer. Immer wieder habe ich mir ganze Absätze gelöscht, weil die Tasten einfach zu eng beieinander liegen. Das war extrem ärgerlich!" Obwohl Eva bei sich selbst eine Erfolgsblockade auf der Selbstwert-Ebene vermutet hat, ist sie faktisch beruflich stets erfolgreich gewesen. Mit ein Grund dafür ist sicherlich, dass sie ausdauernd, effektiv und vor allem schnell arbeiten kann und mag. Nur schwer kann sie ertragen, wenn die Technik um sie herum nicht spurt und sie dadurch unnötig gebremst wird. Das gilt für Telefone, Computer, aber auch für Staus auf der Autobahn oder verspätete Flugzeuge: „Ich hasse so etwas!"

„Denken Sie an die kleinen Tasten und an den besonders ärgerlichen Augenblick, wenn durch einen kleinen Fingerklick ein ganzer Absatz verschwindet. Wo können Sie jetzt den Ärger spüren, wenn Sie nur an diese Panne denken?" – „Im Hals, ich bekomme im wahrsten Sinne des Wortes einen dicken Hals!" Wir bewinken den Ärger und nach zwei bis drei Sets kann Eva schon befreit über das Thema lachen. Wir testen noch die Aussagen: „Schreiben mit dem Laptop", „Tastatur" und „Das Thema ist jetzt in Ordnung" – alle Aussagen halten.

Zur Sicherheit gibt es noch den Gegentest: „Wir arbeiten weiter an dem Thema". Hier testet Eva schwach. Dieses Ergebnis interpretieren wir im wingwave-Coaching folgendermaßen: Eine Fortsetzung der Intervention würde jetzt vom Unbewussten bzw. von der unbewussten Psychoneurologie als überflüssig oder gar störend empfunden werden. Von nun an kann Evas Wahrnehmungs- und Handlungssystem allein mit dem Thema umgehen. „Gras wächst nicht, wenn man daran zieht", heißt ein sinniger Spruch zum Thema „zu viel des Guten". Interessanterweise kann der Myostatik-Test nicht nur Auskunft über einen geeigneten Einstieg, sondern auch über ein geeignetes Ende des Coaching-Prozesses anzeigen.

Evas Beispiel verdeutlicht vor allem den ökonomischen Wert der wingwave-Methode. Jeder Leser kann sich gut vorstellen, dass die mitgebrachte Hypothese dieser Coaching-Klientin ausreichend Stoff für mehrere Coachingstunden zu den Themen Selbstwert, Belief- und Motivations-Arbeit sowie zur Familien- und Lerngeschichte geboten hätte. Doch in diesem konkreten Fall hätte die ausführliche und fachgerechte Bearbeitung der genannten Felder die eigentliche Blockade nicht lösen können, man hätte also am Thema vorbei gecoacht. Vielleicht wäre der Coach nach der Entdeckung der Tastatur als Leistungsbremse auf die Idee gekommen, das Thema auszubauen, um an Evas hohen Ansprüchen an das Funktionieren ihrer technischen Umwelt zu arbeiten. Doch der Test ergab, dass die geschilderte Intervention für den Coaching-Erfolg völlig ausreichend war. Zum Schluss wurden die psychologischen Bemühungen noch durch eine naheliegende praktische Lösung abgerundet: Coach und Coachee kamen fast gleichzeitig auf die Idee, dass Eva sich für den häuslichen Arbeitsplatz in Kombination zum Laptop einfach eine normal große Tastatur anschafft und nur unterwegs mit der kleinen Tastatur arbeitet. Schnell und effektiv, wie Eva nun einmal ist, steuerte sie gleich nach der Sitzung das nächste Kaufhaus an, kaufte sich eine große Tastatur, schloss sie zu Hause an ihren Laptop an und schrieb noch am gleichen Abend fünf Seiten Text für ihre neue Homepage. „Ich genoss das komfortable Schreibgefühl richtig", berichtete sie später. Die Schreibblockade ist bis heute verschwunden.

Hinweis für Coaches: Der Muskeltest als Themenfinder und Prozess-Planer

Wir fassen hier nochmals zusammen, dass der Myostatik-Test zwei Körperreaktionen der Coaching-Kunden testet.

Die Kraftreaktion bedeutet:
☺ „Das fühlt sich gut an."„Ich reagiere neutral."
☺ „Ich kann das ab/verkraften."
☺ „Die Aussage stabilisiert mich."

Die Schwächereaktion bedeutet:
☹ „Das fühlt sich unangenehm an."
☹ „Ich bin gestresst."
☹ „Die Aussage/der Gedanke schwächt mich."

A: Der Myostatik-Test als Themenfinder:

Bei der Themenfindung testet man keine Fragen, sondern reine Aussagen, Wörter, Abbildungen, Darbietung von Gegenständen etc.

1. *Schwache Reaktionen* zeigen Stress-Trigger bei den Coaching-Themen an, denn an limbischen Schwachstellen muss der Coachee stabilisiert und wieder in seine emotionale Balance gebracht werden. Testet die Aussage stark, besteht kein Coaching-Bedarf, da der Coachee energetisch kraftvoll bei der Erwähnung dieses Erlebnisinhalts bleibt.

2. *Auf der Suche nach Ressourcen,* die der Coachee zum Erreichen seiner Ziele benötigt, *zeigt der starke Test das Coaching-Thema an.* Testet die Aussage: „Sie brauchen Humor" stabil, benötigt der Coachee eine gewisse Portion Humor auf dem Weg zum erfolgreichen Ziel. Testet diese Aussage hingegen schwach, würde Humor nicht besonders stabilisierend wirken.

B: Der Myostatik-Test als Prozessplaner und Überforderungs-Schutz

1. Geht es um das Thema, *welche weiteren Schritte im Coaching-Prozess unternommen werden müssen, richtet man sich nach den Kraftreaktionen des Coachee;* sie geben grünes Licht auf dem Weg zum Ziel. Die Möglichkeit der Prozessplanung bietet demnach eine große Sicherheit für die Coaching-Qualität. Die Klienten kennen sich unbewusst stets gut genug, um sowohl ihre Ressourcen als auch ihre Grenzen zu spüren. Auf diese Weise kann man ganz genau ermitteln, wie viel Coaching-Input für den Klienten in der jeweiligen Sitzung sinnvoll ist und an welchen Themen man vielleicht nicht oder später arbeiten sollte. Man kann auch Zeitkontingente testen, wie z.B.: „Für dieses Thema verabreden wir eine Doppelstunde", im Vergleich zu: „Dafür benötigen wir eine einstündige Sitzung." Die Kraftreaktion zeigt dann das ideale Zeitkontingent an.

2. *Die Schwächereaktion* zeigt bei der Prozessplanung, dass ein in Aussicht gestellter Prozessschritt nicht durchgeführt werden sollte, sie *schützt vor Überforderung oder vor überflüssigen Umwegen im Coaching*. Testet beispielsweise die Aussage: „Wir arbeiten weiter an diesem Thema" schwach, sollte die Weiterarbeit mit bilateralen Hemisphärenstimulationen unterlassen werden. In diesem Fall rücken Coach und Coachee ihre Stühle wieder auseinander, kehren in die Gesprächsposition zurück und führen eine Nachbesprechung der bisherigen Sitzung durch.

Die Auswirkung von Biografie-Stress auf das individuelle Leistungsvermögen

Stellen Sie sich einmal vor, in einer Warteschlange stößt jemand Sie leicht am Oberarm und entschuldigt sich gleich dafür. Die meisten würden dann sagen: „Ist schon in Ordnung, es ist ja gar nichts passiert!" Nun stellen Sie sich weiter vor, Sie hätten genau an diesem Oberarm aber schon einen schmerzenden blauen Fleck. Dann würden Sie aufschreien und sich den Arm halten, was der arglose „Rempler" sicher überhaupt nicht verstehen könnte: So arg hat er ja nicht gerempelt. Aus seiner Sicht ist Ihre Reaktion übertrieben. Ähnliche Szenen spielen sich täglich in der zwischenmenschlichen Kommunikation ab. „Der oder die hat da einen wunden Punkt", heißt es dann.

Diese „wunden Punkte" sind chronisch gewordene Stress-Imprintings, die ein Mensch in seiner Lebensgeschichte und Erfahrungswelt erlitten hat. Meistens treten sie im Coaching als verdeckte Stress-Trigger auf: Sie sind weder dem Coachee noch dem Coach spontan als Auslöser bekannt. Im Einführungskapitel haben Sie ja bereits erfahren, dass ein unbearbeitetes resistentes Stress-Imprinting die unangenehme Eigenschaft hat, das innere Zeitgefühl vorübergehend außer Kraft zu setzen. Erinnert eine heutige Situation – beispielsweise ein reklamierender Kunde – bewusst oder unbewusst einen Verkäufer an ein Stresserlebnis mit einem früheren Lehrer, fühlt er sich tatsächlich wieder „so klein mit Hut", wie er damals als achtjähriger Schüler tatsächlich war. Der Verstand mag dann sagen: „Das hast du doch als Profi gar nicht nötig", aber das Gefühl hat Angst vor der schlechten Zensur oder gar vor einem blamierenden „Sitzenbleiben".

Viele Coaching-Kunden wundern sich über diese Zusammenhänge, da die früheren Ereignisse teilweise schon Jahrzehnte zurückliegen. Hier ist dann wieder die ausführliche Information über Stress-Imprintings wichtig, um die aktuelle Bedeutung von historisch „alten" Erlebnissen nachvollziehen zu können. Im wingwave-Coaching bezeichnen wir dieses Phänomen als „Biografie-Stress", der sich als indirekter unbewusster Stress-Trigger auswirkt.

Wann immer wir mit unseren Coachees einen Performance-Stress bearbeiten, testen wir auch nach einem eventuellen Biografie-Stress, den sie möglicherweise schon in die Situation mit hineingebracht haben. Ist ein solcher (manchmal sind es auch mehrere) vorhanden, muss dieser immer mitbearbeitet werden, um den Menschen etwas „rempel-resistenter" zu machen. Sehr oft kennen unsere Klienten schon ihre „wunden Punkte" aus der Lebensgeschichte. Manchmal tauchen sie aber erst im Lauf der Intervention auf. Es ist, als würde man durch das „Winken" in eine Art assoziatives Netzwerk geraten, in dem die nicht abgebauten Stress-Imprintings gespeichert sind.

Oft liegen Parallelen zum heutigen Ereignis auf der Hand, manchmal wundern die Klienten sich aber auch über die aus der Vergangenheit auftauchenden Szenen.

Unsere in ihrem Unternehmen sehr erfolgreiche Klientin Ines litt beispielsweise unter den permanenten Attacken eines älteren Kollegen. Er war schon seit über zehn Jahren in diesem Unternehmen, hatte einen gewissen gemütlichen Alltagstrott entwickelt und fühlte sich anscheinend durch Ines Dynamik in den Schatten gestellt. Ihr Problem war, dass sie sich sogar am Feierabend und an den Wochenenden seinetwegen schlecht fühlte, da sie sich irgendwie nicht richtig wehren konnte. Während einer Sitzung tauchte dann mithilfe des Muskeltests plötzlich die Erinnerung auf, wie ihre ältere Schwester sie im Alter von fünf Jahren im Streit vom Hochbett schubste und sie sich dabei sehr weh tat. Die herbeieilenden Eltern schimpften mit beiden streitenden Kindern, anstatt Ines zu beschützen und die Schwester zu verwarnen. Szenen mit diesem Muster wiederholten sich im familiären Umgang, wodurch Ines Unbewusstes in etwa folgende Regel ableitete: „Ich kann mich gegen Ungerechtigkeit nicht wehren – es nützt nichts." Ihre unbewusste Wahrnehmung assoziierte demnach den neidischen Kollegen mit der älteren Schwester und kümmerte sich überhaupt nicht darum, dass der Kollege männlich war. Anstatt sich entsprechend zu wehren, lief Ines stets mit einem unangenehmen Gefühl von Hilflosigkeit, Ausgeliefert-Sein und ohnmächtiger Wut herum.

Die beschriebene Assoziationsarbeit des Gehirns kommt den Klienten zunächst oft unlogisch vor. Unser Unbewusstes sortiert jedoch nicht wie der Computer des Einwohnermeldeamts nach Kategorien wie „männlich" oder „weiblich", sondern nach „fühlt sich so ähnlich an wie ..." Der Sortierungsschlüssel richtet sich demnach hauptsächlich nach unseren am Biografie-Stress beteiligten Emotionen, wie Angst, Wut, Trauer, Scham, Ekel, Hilflosigkeit, usw. Gibt es hier vom Muster her psychologische Ähnlichkeiten, werden die Ereignisse in die gleiche „Stress-Schublade" gesteckt. Sie werden entsprechend des bereits beschriebenen „Tomaten-Effekts" in ein und demselben Erinnerungs-Ordner abgelegt. Als Erwachsener mag man sich dann zusätzlich wundern, warum beispielsweise ein Kindheitsereignis noch im heutigen Leben eine Wirkung hat: „Aber überall haben doch Geschwister mal Streit miteinander", sagte auch Ines. Man sollte jedoch keinesfalls mit den Kriterien des großen Erwachsenen auf das eigene jüngere Ich schauen und durch den Abstand das damalige Erleben verharmlosen. Wie im Dornröschenschloss hat das Nervensystem die Emotion haargenau so zum „Standbild" gemacht, wie die Szene damals direkt auf die Fünfjährige gewirkt hat. Und diese Gefühle werden bei der psychologischen „Berührung" des immer noch wunden Punktes wieder aktiv.

Bei Ines ging es nicht nur um den Streit mit der Schwester, sondern auch die ohnmächtige Wut angesichts der ungerechten Eltern musste mitbearbeitet werden. Denn genau diese ohnmächtige Wut fühlte sie, wenn der Kollege seine Spitzen gegen sie losschoss. Nach dem Coaching konnte sie ihn dann „so richtig schön auszählen", weil sie sich altersgerecht groß und aktiv fühlte und beim nächsten unangenehmen Vorfall ihre Schlagfertigkeit zur Verfügung hatte: „Er machte wieder eine seiner provozierenden Bemerkungen. Ich lehnte mich genüsslich im Stuhl zurück und sprach es ganz einfach aus: ‚Du bist ja schon ganz grün vor Neid!' Ich konnte ihn sogar anlächeln." Als der Kollege sich verwahren wollte, ergriff zu Ines Überraschung ein weiterer Kollege das Wort: „Komm, Werner, Ines hat völlig Recht, es fällt hier allen auf, dass du neidisch auf sie bist." So hatte Ines das Glück, durch ihr aktives Eingreifen auch noch eine gegenteilige Erfahrung zu der in ihrer Kindheit gelernten Regel zu machen: Es gibt auch Menschen, die sich bei einer offensichtlichen Ungerechtigkeit solidarisch mit ihr verhalten können.

Coaching-Kompass Muskel-Feedback:
Biografie-Stress identifizieren und ausgleichen

Wie geht nun ein wingwave-Coach vor, um bei seinem Coachee mit dem Myostatik-Test einen möglichen Biografie-Stress hinter seiner punktuellen Stressempfindlichkeit zu finden? Die wichtigste Antwort ist: durch Systematik. Am Beispiel von Dennis, der sich auf seinen Talkshow-Auftritt vorbereitet, wollen wir das Vorgehen nachvollziehbar vorstellen.

Als Dennis zur ersten Sitzung zu seinem Thema erscheint, hat er bereits ein erstes Vorgespräch zum Ablauf der Talkshow mit einem Mitarbeiter der Sendung durchgeführt. „Das Gespräch verlief eigentlich sehr gut, aber danach fing dieses komische Gefühl von Aufregung an. Dieser Tag liegt wie ein Berg vor mir." Wir kalibrieren uns mit Dennis auf den O-Ringtest. Dann setzen wir den Test als Coaching-Kompass ein. Zunächst testen wir nicht den Gedanken an die Talkshow, sondern die Erinnerung an das Vorgespräch. Die Aussagen-Testung stellen wir *kursiv gedruckt* dar.

„Es ist der Gesprächspartner vom Vorgespräch."	*starker Test*
„Es handelt sich um den Ablauf der Talkshow."	*schwacher Test*
„Es geht um die anderen Gäste."	*starker Test*
„Es geht um Sie selbst."	*schwacher Test*
„Es geht um Ihre Gefühle."	*starker Test*
„Es ist Ihr Verhalten."	*schwacher Test*
„Es sind Ihre Wortbeiträge."	*schwacher Test*

An dieser Stelle wirkt Dennis irritiert: „Gerade meine Wortbeiträge habe ich besonders gut vorbereitet – auch mit der Hilfe unserer Pressestelle. Das ist eigentlich alles wasserdicht." Wir testen weiter:

„Es ist der Inhalt."	*starker Test*
„Es ist die Art, wie Sie den Inhalt präsentieren."	*schwacher Test*

Dennis blickt immer noch ratlos drein. „Was hat man denn mit Ihnen abgesprochen? Wissen Sie beispielsweise, wann Sie drankommen?", fragen wir. „Ich werde als vorletzter Gast von einem der Moderatoren interviewt. Allerdings hat man mir gesagt, ich könne vorher auch jederzeit dazwischenreden, um den Ablauf etwas lebendig und spontan zu gestalten." Wir testen weiter.

„Sie werden planmäßig interviewt."	*starker Test*
„Sie machen Zwischenbemerkungen."	*schwacher Test*

„Was bedeutet das?", fragt Dennis. „Wir können versuchen, den Grund auszutesten", schlagen wir vor. Wir testen uns auf der Suche nach einem indirekten Stress-Trigger durch die Kategorien des Aussagenbaums durch.

„Es geht um Ihre Gefühle."	*starker Test*
„Es geht um die Gefühle der anderen."	*schwacher Test*
„Es sind die Gefühle der Talkshow-Teilnehmer."	*starker Test*
„Es sind die Gefühle der Fernsehzuschauer."	*starker Test*
„Es sind die Gefühle der Talkshow-Moderatoren."	*schwacher Test*
„Die Moderatoren könnten enttäuscht sein."	*starker Test*
„Die Moderatoren könnten wütend werden."	*schwacher Test*

„Aber ich wurde doch ausdrücklich darum gebeten", sagt Dennis. „Das heißt doch, dass die Moderatoren es eher gut finden, wenn ich Zwischenbemerkungen mache." Da Dennis das Testergebnis nach wie vor rätselhaft findet, öffnen wir einen weiteren „Ordner" im Aussagenbaum. Wir beschreiben das Kommunikationsmuster:

„Jemand wird wütend, weil Sie dazwischenreden."	*schwacher Test*
„Der Stress kommt aus der Gegenwart."	*starker Test*
„Der Stress bezieht sich auf die zukünftige Sendung."	*starker Test*
„Der Stress kommt aus der Vergangenheit."	*schwacher Test*
„Es ist das Erwachsenenleben."	*starker Test*
„Es ist die Kindheit."	*schwacher Test*
„Es ist die Familie."	*starker Test*
„Es ist die Schule."	*schwacher Test*

Nach wenigen weiteren Feintests landen wir schließlich im achten Lebensjahr und hier bei Frau Eberhard, der Grundschullehrerin. Plötzlich fällt Dennis alles wieder ein. „Das war ein ewiger Kampf mit uns beiden", sagt er. „Ich sehe noch deutlich den Satz in meinem Zeugnis: ‚Dennis stört den Unterricht.' Aber ich konnte einfach nicht meinen Mund halten, es hat irgendwie nicht geklappt. Immer wieder ist mein Temperament mit mir durchgegangen, ich habe nur Quatsch gemacht. Meine Eltern mussten zur Schule kommen und ich habe auch immer wieder zur Strafe draußen vor der Tür gestanden." Beim Erinnern presst Dennis die Lippen zu einem dünnen Strich zusammen, so wie jemand, der wirklich versucht, seinen Mund zu halten. „Diese Lehrerin war auch furchtbar langweilig. In der dritten Klasse bekam sie ein Baby und wir einen neuen Klassenlehrer. Den fand ich richtig gut. Mit ihm hatte ich keine Probleme mehr."

Beim Gedanken an die aufgebrachte Lehrerin geht Dennis der Frage nach: „Wo spüren Sie in Ihrem Körper bei der Erinnerung, dass Frau Eberhard voller Wut auf sie ist?" – „Es ist wirklich ein Gefühl, als sei ich in der Nähe einer tickenden Bombe", antwortet Dennis. „Mein Nacken spannt sich an." Wieder presst Dennis die Lippen zusammen; er hält sichtlich den Mund bei der Erinnerung. Bei diesem Prozess geht es wieder um das Thema „Spiegelneurone". Viele Menschen spüren in Konflikten sensibel nach, in welcher Stimmung ihr Gegenüber wohl sein mag. Nachdem wir diese unangenehme Spannungsübertragung erfolgreich bewinken konnten, testen wir wieder:

„Die Wut von der Lehrerin."	*starker Test*
„Diese Situation ist jetzt in Ordnung."	*schwacher Test*
„Es geht auch um Ihre eigenen Gefühle."	*schwacher Test*

Sehr häufig kommen bei den Klienten nach dem Abbau von Übertragungsstress, der von einer anderen Person ausgestrahlt wird, die eigenen Gefühle hoch, die zuvor durch das Hineinspüren in das Gegenüber überdeckt waren.

„Es ist Angst."	*starker Test*
„Es ist Scham."	*schwacher Test*

„Ich hätte es damals nie zugegeben, aber ich weiß, dass ich mich selbst für mein Verhalten nicht mochte. Ich kam mir richtig schlecht vor, vor allem als meine Eltern zur Schule mussten. Auch diese negativen Sätze in meinem Zeugnis haben mich damals hart getroffen. Immer wieder bin ich voller guter Vorsätze zur Schule gegangen. Dann habe ich mit meinen Freunden herumgealbert und plötzlich gingen die Pferde mit mir durch und ich habe mich schließlich wieder geschämt. Auch das Vor-der-Tür-Stehen war einfach peinlich." Das schlechte Gewissen macht bei dieser Erinnerung ein ungutes Gefühl im Bauch: „Ein bisschen so, als würde sich der Magen umdrehen." Nachdem das Stress-Imprinting des schlechten Gewissens bewunken wurde, testet noch ein Wut-Gefühl auf die Lehrerin: „Diese Schlaftablette! So eine Spießerin! Die konnte doch gar nicht mit Kindern umgehen!" Nachdem auch diese Wut durch die wachen REM-Phasen nachträglich verfliegen kann, testet die Erinnerung stabil. Als Abschlusstest widmen wir uns wieder dem bevorstehenden Ereignis.

„Sie machen während der Talkshow Zwischenbemerkungen."	*starker Test*

In der Nachbesprechung fällt Dennis auf, dass er zwar mit Reden und Vorträgen nie Probleme hat, dass er sich in Diskussionen aber oft gehemmt fühlt: „Das wäre mir bei einem wichtigen Assessment-Center beinahe zum Problem geworden. Zumindest sagten mir die Beobachter später, dass ich mich in Gesprächen dieser Art spontaner einbringen solle." Dieses Dilemma taucht häufig in der Lerngeschichte auf: Menschen lernen in der Schule, dass das Mundhalten zur guten Zensur, zu Anerkennung und Erfolg führt – und später sollen sie als Manager plötzlich lebhaft ihre Meinung sagen und werden dafür mit Beförderung belohnt. In diesem Fall weiß unser Unbewusstes nicht mehr, welche Erfolgsregel eigentlich die richtige ist und wir fühlen uns blockiert.

Später berichtete uns Dennis, dass er sich nach diesem Coaching auch in lebhaften Meetings und Diskussionen viel freier äußern kann. Zurück zur Ausgangssituation: Nachdem Dennis auch auf unbewusster Ebene die Erlaubnis zum Dazwischenreden „freischalten" konnte, testen wir weiter.

„Das Talkshow-Thema ist jetzt insgesamt o.k." *schwacher Test.*

Es gibt demnach noch mehr verdeckte Stress-Themen bezüglich des Fernsehauftritts. Bei den folgenden Tests werden wir in der konkreten Talkshow-Situation nicht fündig. Wir konzentrierten uns wieder auf die Systematik des Ablaufs.

„Sie erwachen am Morgen der Talkshow." *starker Test*
„Sie durchleben den Tag." *starker Test*
„Sie fahren zum Studiogelände." *starker Test*
„Sie betreten das Studiogelände." *schwacher Test*

In der weiteren Testung landeten wir diesmal nicht beim emotionalen Stress, sondern beim Thema „Soma-Stress". Hiermit bezeichnen wir im wingwave-Coaching Stress-Imprintings, die durch körperliche Überforderung entstanden sind, wie beispielsweise Schmerz, Müdigkeit, Hunger, Kälte, Erschöpfung oder Überanstrengung usw. In diesem Fall testet der Begriff „Überanstrengung" schwach. Die Feintests führen uns noch einmal in Dennis Jugend, diesmal landen wir im zwölften Lebensjahr, wiederum im Kontext Schule. Jetzt erweist sich das Fach Sport als Biografie-Stress. Konkret landen wir bei den Bundesjugendspielen, bei einem jährlichen Sportereignis, in dem sich alle deutsche Schüler bundesweit in den Leichtathletikdisziplinen Laufen, Weitsprung und Weitwurf messen. „Wir haben uns schon im Training wochenlang abgekämpft, sind um die Wette gelaufen und haben uns verausgabt." Dennis ist bis heute sportlich aktiv und weiß daher: „Nach den heutigen Kriterien haben wir alles falsch gemacht. Wir waren immer im körperlichen Stressbereich und haben bis zum Muskelkater trainiert. Heute weiß man ja, dass der Muskelkater gar nicht gesund ist, sondern eine Mikro-Verletzung der Muskelfasern anzeigt." Dennis hat immer noch den großen Sportplatz und die vielen Schüler aller Altersgruppen vor Augen, die sich an diesem Tag auf dem Gelände tummelten. „Es standen auch immer große Gruppen herum und feuerten sich gegenseitig an." Hier fand seine unbewusste Wahrnehmung anscheinend einen Anknüpfungspunkt: das große Studiogelände, das Kräfte-Messen in Schlagfertigkeit mit den geladenen Talkshowgästen und den Moderatoren und der Wunsch, vor vielen Menschen – den Studiogästen, den Fernsehzuschauern und vor allem auch vor den Kollegen – gut abzuschneiden.

Beim nächsten Durchgang bitten wir Dennis, an eine Disziplin zu denken, bei er sich besonders auf dem Sportplatz verausgabt hatte. Er muss gleich an das Laufen denken. „Wenn Sie jetzt in sich hineinspüren – wo könnte Ihr Körpererleben die

Überanstrengung gespeichert haben?" „Ich kann tatsächlich wieder das Brennen in den Lungen fühlen und ich spüre deutlich, wie sich mein ganzer Kiefer anspannt." „Nehmen Sie das mit", sagen wir und starten mit dem Winken. Nach nur zwei Sets atmet Dennis tief durch und entspannt sich.

„Das Thema Talkshow ist o.k."	*starker Test*
„Wir können an dieser Stelle aufhören."	*starker Test*
Zur Absicherung kommt noch die Gegenbestätigung:	
„Wir müssen mit dem Thema weiterarbeiten."	*schwacher Test*

Nun scheint die bestmögliche emotionale Stabilität für das kommende Ereignis erreicht zu sein. Abschließend soll Dennis nochmals an den bevorstehenden Auftritt denken. Er wirkt recht gelassen und sagt: „Jetzt freue ich mich fast schon, so oft kommt man ja auch nicht ins Fernsehen. Ich sehe meine Mutter stolz vor dem Fernseher sitzen, das tut irgendwie gut. Das Studiogelände kommt mir übrigens jetzt in der Vorstellung viel kleiner und übersichtlicher vor. Es ist, als würde ich den Ort von weiter oben aus betrachten." Das gute Gefühl hält an, Dennis kann in der Nacht vor der Talkshow gut schlafen und beim Live-Auftritt gibt er sich souverän, schlagfertig und humorvoll.

Hinweis für Coaches: Die eigene Grundhaltung ist wichtig

Natürlich ist in jedem Coaching-Setting die Grundhaltung des Coaches von Bedeutung für einen erfolgreichen Coaching-Prozess. Wenn Sie jedoch einen Muskeltest im Prozess einsetzen, könnten Sie im direkten Hautkontakt Ihren Mitmenschen Informationen über die eigene emotionale Verfassung mitteilen. Das geschieht natürlich auf nonverbalem Wege, beispielsweise durch physiologische Informationen wie den elektrischen Hautwiderstand. Und auch ohne direkten Körperkontakt könnten Sie durch Ausdruckselemente wie Anspannung oder Mimik Ihrem Gegenüber indirekte Botschaften senden. Wir haben bereits das Thema „Spiegelneurone" beschrieben. Das Phänomen des Nachempfindens spielt sich natürlich auch in Ihren Coaching-Kunden ab.

Für eine zielführende Kommunikation ist es keinesfalls optimal, stets „pur" nachzuspüren, was im Gegenüber vorgeht. Wie immer geht es hier um die gesunde Dosierung und den ökologischen Einsatz dieser menschlichen Fähigkeit. Vor allem sollte der professionelle Kommunikator auf das Gefühle-Spiegeln seiner Klienten mit einer ressourcevollen emotionalen Response reagieren können. „Erfahrene Therapeuten haben ihre persönlichen Themen so weit geklärt, dass sie die Problemschilderungen ihrer Klienten mit emotionaler Stabilität aufnehmen können", erklärt Joachim Bauer, Medizinprofessor, Psychotherapeut und Autor des bekannten Buches „Warum ich fühle, was du fühlst". Diese Anforderung gilt unserer Meinung nach nicht nur für Therapeuten, sondern auch für Coaches, da auch sie immer wieder von ihren Kunden Problem-Physiologien gezeigt bekommen. Coachees zeigen Enttäuschung, Wut, Hilflosigkeit, Unsicherheit oder auch körperliche Erschöpfung im vertraulichen Coaching-Gespräch. Natürlich erwartet der Coachee Verständnis für seine Themen und Gefühle. Er will jedoch seinen Coach nicht energetisch herunterziehen, sondern wünscht sich, dass seine Themen beim Coach Zuversicht und vor allem

Kreativität auslösen. Es wäre wenig förderlich, wenn der Coach den Coachee mit vor Schreck geweiteten Augen anstarrt, wenn dieser von seinen persönlichen Katastrophen berichtet. Das Unbewusste in diesem Menschen wird sagen: „Nun haben wir den armen Coach überfordert, wir sollten ihn lieber schonen." Das wäre das Ende der gemeinsamen Problemlösung. Der Glaube an positive Veränderungsmöglichkeiten des Coachee – auch und gerade in verfahrenen Situationen – zählt daher zum wichtigsten Anlagevermögen des Coachs.

Wenn Sie coachen – und vor allem, wenn Sie testen –, setzen Sie ein paar einfache Selbstmanagement-Techniken für die eigene Ausgeglichenheit ein. Sorgen Sie dafür, dass Sie selbst ausreichend gegessen und getrunken haben. Stimulieren Sie in Arbeitspausen immer wieder die Thymusdrüse, bewegen Sie Ihren Körper nach langem Sitzen, hören Sie selbst ab und zu die wingwave-CD. Beim direkten Testen atmen Sie einfach zweimal bewusst tief durch. Vor allem das Ausatmen sorgt sekundenschnell für eine ausgeglichene, parasympathische Körperreaktion, die sich positiv überträgt. Denken Sie im Kontakt mit dem Coachee in jedem Prozess ab und zu bewusst den Satz: „Dieser Mensch ist voller Fähigkeiten – er kann es schaffen." Lassen Sie sich selbst als Klient in der Supervision oder im Coaching „bewinken", wenn Sie unsicher auf emotionale menschliche Reaktionen wie Weinen oder Wutausbrüche reagieren. Coaching-Kunden wünschen sich zu Recht emotional stabile und ausgeglichene Coaches.

Der Aussagenbaum: Wie erklärt sich die Treffsicherheit des 0-Ringtests?

wingwave-Coaches hören oft Fragen wie diese: „Wie sind Sie eigentlich auf die Idee gekommen, die Beziehung zu meiner Tante zu testen? Das war ja ein toller Einfall." Die oft verblüffenden Testergebnisse entstehen jedoch weniger auf der Basis von Intuition oder Inspiration, sie sind meistens das Ergebnis eines sorgfältig verfolgten Aussagenschemas gemäß des Aussagenbaums im wingwave-Coaching. Tests und Feintests helfen beim Herausfiltern allerkleinster versteckter Stress- und Weisheitskörnchen – und zwar in der Erlebniswelt des Coaching-Kunden, nicht in der des Coaches. wingwave-Coaching arbeitet vom Anspruch her klienten-zentriert, da der Weg zur Lösung immer im Persönlichkeitssystem des Coaching-Kunden verläuft. Denken Sie nur an das Beispiel mit Evas Laptoptastatur: Auch der professionellste Coach wäre allein durch Erfahrungsschatz und Intuition nicht bzw. nicht so schnell auf das Stress-Thema gekommen.

Der Aussagenbaum arbeitet überwiegend mit der Darbietung von Wörtern und Sätzen und orientiert sich damit an der bildgebenden Gehirnforschung. Hier gibt es viele Studien, die aufzeigen, wie konkret, schnell und trennscharf unser Gehirn auf Wörter reagiert. Wir haben bereits den „Krokodil-Effekt" besprochen, der inzwischen durch die Gehirnforschung gut belegt ist. Die Reaktion des Großhirns auf Wörter ist äußerst interessant. Beispielsweise hat man englischsprachigen Probanden drei Wörter angeboten, die auditiv äußerst ähnlich sind: lick, pick und kick. Das heißt übersetzt: lecken, picken – also mit der Hand aufnehmen – und mit dem Fuß kicken. Die drei Wörter lösten im Großhirn in unterschiedlichen Bereichen neuronale Aktivitäten aus – und zwar im Bereich von Zunge, Hand und Fuß. Wir erreichen demnach mit Wörtern punktgenau unterschiedliche Gehirnaktivitäten, was der Begriff „Neurolinguistik" ja auch zum Ausdruck bringt.

Warum erlaubt der Myostatik-Test in Verbindung mit dem Coaching-Aussagenbaum zusätzlich zur Wortbedeutung so präzise Einblicke in die Strukturen unserer Stressmuster? Es ist Fakt, dass alle von außen kommenden Reize immer zuerst vom limbischen System kontrolliert werden. Wörter und Sätze sind solche Reize, die meistens als Schallwellen über den Gehörgang das Nervensystem innerhalb von Bruchteilen von Sekunden erreichen. Unser Gehirn speichert Wörter nicht nur hinsichtlich ihrer Schreibweise oder ihrer semantischen Bedeutung. Es registriert mithilfe des limbischen Systems sämtliche emotionalen Erfahrungen, die wir in Verbindung mit diesem Wort erlebten. Es hat sich auch gezeigt, dass mit Stress verknüpfte Wörter im limbischen System andere Effekte haben als Lieblingswörter. Bei diesem Erinnerungsvorgang scheint vor allem auch der sogenannte Hippokampus – das ist ein Bereich des limbischen Systems – eine wichtige Rolle zu spielen.

„Nerven im Hippokampus lassen sich direkt dabei beobachten, wie sie neue Inhalte lernen", schreibt der bekannte Gehirnforscher Manfred Spitzer in seinem Buch „Lernen – Gehirnforschung und die Schule des Lebens". Er beschreibt eindrucksvoll Experimente, in denen man allein durch die Beobachtung von Hippokampus-Aktivitäten auf einem Computerbildschirm den Aufenthaltsort von Mäusen in bestimmten Käfigecken vorhersagen konnte, ohne Tiere und Käfig dabei zu sehen. Zehn Minuten, nachdem eine Maus einen Käfig kennengelernt hatte, konnte man Lernergebnisse in ihrem Hippocampus erkennen, denn es hatte „jedes Neuron eine Vorliebe für einen bestimmten Platz im Käfig". Beispielsweise feuerten bestimmte Neuronen immer dann besonders stark, wenn sich das Tier in der linken hinteren Ecke befand. Die Forscher mussten also gar nicht die Maus selbst sehen, sondern konnten über die am Bildschirm wiedergegebene Neuronenaktivität ihren aktuellen Aufenthaltsort im Käfig erkennen.

Diese Zuordnungsfähigkeit des Hippokampus bezieht sich nicht nur auf Orte, sondern auch auf Wörter: „Beim Menschen konnte man zeigen, dass das Lernen von Vokabeln – ähnlich wie das Lernen von Orten beim Nagetier – von der Entstehung von Repräsentationen im Hippokampus abhängt. Ebenso, wie man beim Nager anhand der Aktivierung von Zellen im Hippokampus voraussagen konnte, wo sich das Tier gerade befindet, konnte man durch Ableitung von einzelnen Neuronen beim Menschen voraussagen, ob er sich eine Vokabel gemerkt hat oder nicht."

All diese Ergebnisse aus der Gehirnforschung legen nahe, dass jedes Wort – wie auch alle anderen Informationen, wie Bilder, Gerüche usw. – in Bruchteilen von Sekunden inhaltlich und emotional zugeordnet werden. So kann man sich gut erklären, warum Menschen im Test auch auf die Darbietung von Lebensjahren reagieren und wir so herausfinden, in welchem Alter ein Biografie-Stress entstanden ist. Beispielsweise könnte eine deutliche Stressreaktion bei der Wortkombination „16 Jahre" auftreten. So eine Aussage ist keinesfalls eine rein sachliche Information außerhalb der individuellen Erlebniswelt. Immerhin hat jeder Mensch ein Jahr seines Lebens lang besagte Zahl als Teil seiner Identität empfunden: „Ich heiße Reinhard und bin 16 Jahre alt." Von daher weiß das limbische System mit seinen assoziativen Fähigkeiten sehr wohl, dass hier ein themenrelevanter Stress vorliegt: „Der Hippokampus [...] ist [...] in der Lage, unvollständige Informationen zu ergänzen, denn er ist unter anderem sehr stark mit sich selbst verknüpft. Solche Netzwerke vervollständigen unvollständigen Input anhand gespeicherter Informationen", schreibt Manfred Spitzer weiter zu diesem Thema. Über diese assoziativen Zusammenhänge gelangen dann nahezu gleichzeitig mit dem Wort und jedem anderen Außenreiz die entsprechenden limbischen Signale in den Körper: Es werden Herzfrequenz, Gefäße, Stoffwechsel und damit auch unser Muskeltonus passend zur gespeicherten Wort- oder Reiz-Erfahrung aktiviert. Dieses Wortreiz-Reaktionsprinzip benutzt der Aussagenbaum für die Identifikation von Stress-Imprintings.

Zu diesen Zusammenhängen hat die Deutsche Sporthochschule Köln eine Forschungsarbeit aufgenommen, welche die Treffsicherheit des Myostatik-Tests im Zusammenhang mit wingwave-Coaching beforschen wird. Es sollen EEG-Aufnahmen und Gehirnscan-Bilder im Zusammenhang mit den Muskeltestreaktionen aufgenommen werden.

Die schematische Darstellung des Aussagenbaums

Der Aussagenbaum I: Stressursachen testen

Bestimmung der Stressbeeinträchtigung:
- ☺ Emotion wie „Angst" usw.
- ☺ Soma-Stress wie „Schmerz" usw.
- ☺ „Schicksals-Stress"/ „Höhere Mächte" (Das so etwas sein darf!)/ „systemischer Stress" (Zugehörigkeit zu einer Gruppe, z.B.: Das machen Frauen nicht.)

Feintest weiter mit Aussagenbaum Teil II

Einordnung auf der Zeitschiene:
Der Stress kommt aus der
- ☺ Gegenwart
- ☺ Zukunft
- ☺ Vergangenheit

Feintest Lebensabschnitt:
- ☺ Erwachsenenleben
- ☺ Kindheit
- ☺ Jugend

Feintest Lebensjahr:
- ☺ Dekadentest (Zehner-Schritte, z.B. „20 bis 30" Jahre usw.) Fünfjahresabschnitte
- ☺ Test der einzelnen Lebensjahre

Bei Lebensalter „Null" und Lebens- und Familiengeschichte vor der Geburt:
- ☺ Vorstellungen, über erzählte Lebens- und Familiengeschichte
- ☺ Emotionale Einschränkungen, die gar nicht die eigenen sind.
- ☺ die eigene Geburt
- ☺ Schwangerschaft der Mutter (Feintest der einzelnen Monate)
- ☺ die Zeugung
- ☺ die Beziehungsgeschichte der Eltern
- ☺ die Lebensgeschichte des Vaters /der Mutter / Großeltern usw.

Feintest Kontext:
- ☺ Familie
- ☺ Beziehung
- ☺ Beruf/Schule/Ausbildung
- ☺ Freizeit/Hobby/Studium/
- ☺ persönliches Engagement (z.B. Kirche)

Feintest Personen/Dinge/Themen:
- ☺ Mann/Frau
- ☺ bei Familie: einzelne Familienmitglieder
- ☺ bei Schule: Lehrer, Fach, Schulweg, Mitschüler, Schulgebäude
- ☺ eine bestimmte Prüfung
- ☺ Abitur, Beobachtungsjahr etc.
- ☺ Feintestung auch bei Hobby/Beruf
- ☺ Studium (z.B. Fächer beim Medizinstudium, wie Pathologie)

Bei getesteten Personen:
- ☺ Es sind die eigenen Gefühle.
- ☺ Es sind die Gefühle des anderen.

Feintest Erlebnis-Charakter:
- ☺ ein einzelnes Ereignis
- ☺ ein Muster (z.B. „Jeden Tag über vier Jahre derselbe ungerechte Lehrer")

Der Aussagenbaum II: Emotionen und Soma-Stress bestimmen

Die angenehmen Emotionen/geeignete Ressourcen zum „Einweben"	Die unangenehmen Emotionen
Lust	Wut, Ärger, Empörung, Genervt-Sein
Freude, Spaß	Angst, Beunruhigung, Panik
Liebe	Trauer, Verlustschmerz
Power	Hilflosigkeit, Ohnmacht, Ausgeliefertsein
Grenzenlose Freiheit („Born to be wild")	Schock
Zufriedenheit, innere Ruhe, Gelassenheit, Geduld	Nicht-Fühlen
Hoffnung, Zuversicht	Überraschung, Verwirrung, „falscher Film"
Stolz, Selbstwertgefühl	Schuld, Verantwortung
Geborgenheit, die „liebe Gewohnheit"	Scham, Kränkung, Beleidigung, Entwürdigung, Beschmutzt-Sein
Wollen/Durchhalten „Kolumbus-Phänomen"	Ekel, Hass, Abscheu, Widerwille, „Grusel"

Emotionen beim Thema „übermäßiger Genuss"	Soma-Stress
Lust	Intoxikation (Narkose, Alkohol etc.)
Freiheit	Atemnot
Geborgenheit, Dazugehören („Your friends are here.")	Gleichgewichtsstörung (Erdbeben, Schiff)
	Müdigkeit
Stolz, Anerkennung, Selbstwertgefühl („Das habe ich verdient.")	Schmerz
	Überanstrengung, Erschöpfung
Gerechtigkeit (Entschädigung)	Hunger
Zufriedenheit, Ruhe, Entspannung	Durst
Macht, Kontrolle („Jagdfieber", „alles meins")	Temperatur (warm/kalt)
Somatische Stärkung	der „Kopf funktioniert nicht": Blackout, Konzentrationsstörung
	Tod und Sterben

Beispiele für Stress-Trigger-Listen: Flugangst „wegwinken" und Wettkampfvorbereitung im Sportcoaching

Wir zeigen Ihnen nun zwei Beispiellisten für das systematische Arbeiten mit dem Aussagenbaum bei konkreten Themen. Natürlich sind diese „Fahrpläne" noch erweiterbar. Sie sind als Feinfilter für das Auffinden von möglichen Stress-Triggern zu verstehen. Da sie auf praktischen Erfahrungen beruhen, sind sie nicht vollständig, sondern werden ständig erweitert. Es existieren ähnliche Sammlungen für Konfliktmoderation, Heißhunger-Management, Zahnbehandlungsangst, sicheres Auftreten usw.

„Schwächelt" der Coachee bei einem der Punkte, geht der wingwave-Coach so vor: Emotionssorte bestimmen, Bodyscan, manchmal auch Biografie-Stress identifizieren, den Coachee in die Stabilität hineinwinken, vielleicht auch Ressourcen „einweben". Das ist natürlich die Kurzbeschreibung. Den genauen Prozess mit den einzelnen Schritten stellen wir dann im Kapitel „Die Prozess-Schritte der wingwave-Intervention" vor.

Beispiel 1: Stress-Trigger für Flugangst identifizieren

Den ganzen Prozess vom Verlassen des Hauses bis zum Fliegen durchtesten:
Anfahrt mit Taxi, Bus oder Bahn
Betreten der Abfertigungshalle
Gepäck einchecken und Sicherheitskontrolle
Gate aufsuchen/der Flug wird aufgerufen
In der Schlange stehen, durch die Gangway gehen, den Platz suchen
Die Stewardess erklärt die Flugsicherheit
Anschnallen
Das Flugzeug rollt, bleibt dann stehen
Der schnelle Start, das Abheben
Die Reisehöhe ist erreicht, das Flugzeug fliegt geradeaus, es kommen Klingelzeichen
Turbulenzen, das Flugzeug wird gerüttelt
Test von „Höhe", „Geschwindigkeit": Was ist eigentlich der Stressor?
Das WC aufsuchen
Reisezeit bei langen Flügen (Coachee kann nicht abwarten, langweilt sich etc.)

Beispiel 2: Wettkampfvorbereitung beim Sportcoaching

Der Wettkampfgegner/„Angstgegner"
Der Austragungsort (z.B. Heimspiel/Auswärtsspiel, anderes Land)
Beschaffenheit der Aktionsfläche (Kunstrasen, Bunker [beim Golf])
Wettkampfkleidung
Ausrüstung (Schläger, Ball, Gebissschutz)
Fan-Publikum/gegnerisches Publikum
Schlachtrufe, Geräuschkulisse
Presse, Kameras etc.
Bei Mannschaften und Teams: die Mitspieler
Der eigene Trainer
Die Schiedsrichter (z.B. der Schiedsrichter entscheidet ungerecht),
auch gelbe und rote Karte, Pfeifen, Wörter wie „aus" usw.
Sponsoren
Reiseumstände: Flugzeug, Hotel, anderes Klima etc.

Stress-Trigger-Liste und Selbstcoaching-Kompass: „Magic Words"

Dass wir einen Selbsttest mit dem hier beschriebenen Muskel-Feedback-System nicht für sinnvoll halten, haben wir bereits erwähnt. Wir empfehlen die professionelle Durchführung von einem ausgebildeten Coach oder das Arbeiten mit der wingwave-CD; für Letzteres finden Sie in diesem Buch einige Anleitungen. Allerdings gibt es eine sehr gute Selbstcoaching-Möglichkeit zum Umgang mit Stresswörtern. Es ist keine gleichwertige Alternative zum Myostatik-Test, stellt aber eine spürbare Hilfe für die Stress-Regulation dar.

Wenn Sie sich beispielsweise auf eine wichtige Situation vorbereiten – etwa eine Rede oder ein sportlicher Wettkampf –, listen Sie für sich, wie im Kapitel zuvor beschrieben, die möglichen Stress-Trigger auf. Lesen Sie dann diese Liste laut und langsam durch und spüren Sie nach, bei welchen der aufgeschriebenen Wörter Sie ein Unbehagen verspüren, z.B. beim Namen des „Angstgegners" oder bei einem Begriff wie „Kalt-Akquise". Mit der sogenannten „Magic Words-Methode" können Sie diese Schlüsselwörter dann so verändern, dass sie für Sie zum Schlüssel für eine ressourcevolle Grundhaltung werden: für Gelassenheit, Humor oder auch für Mut und Entschlossenheit. Dieser Ansatz ist eine eigenständige Methode und wird in dem Buch „Magic Words – der minutenschnelle Abbau von Blockaden" beschrieben. In diesem Kapitel erhalten Sie eine kurze Einführung in das Thema.

Sicherlich kennen Sie den Ausspruch: „Wenn ich nur das Wort schon höre, wird mir ganz anders!" Die Rede ist von Stresswörtern wie „Zahnarzt", „Steuererklärung", „Kennzahlen", „Wurzelspitzenresektion" oder „Elfmeterschießen". Natürlich sind die Reaktionen der Menschen auf Wörter ganz individuell. Vielen Menschen sträuben sich die Nackenhaare bei dem Wort „Hai", Sporttaucher hingegen spüren freudige Erregung, wenn ihnen ein Tauchgang mit „Hai-Garantie" angeboten wird. Nun hat sich gezeigt, dass sich die meisten Menschen ihre Stresswörter vor dem geistigen Auge in dicker, schwarzer Blockschrift vorstellen. Manchmal scheinen sie geradezu wie das berühmte „Damoklesschwert" über einem zu schweben. Andere wieder hören das Wort vor dem geistigen Ohr, von einer Gruselstimme mit unheimlichem Hall gesprochen: „Wirtschaftskrise."

Die Vorgehensweise von Magic Words ist denkbar einfach: Wir verändern die innere Repräsentation des Wortes mit sinnlich-konkreten Mitteln. So schreiben wir beispielsweise „Wirtschaftskrise" in Blümchenschrift , als beleuchtetes Cocktailbar-Schild oder einfach nur winzig klein ganz unten in der Ecke. Man kann ein Wort auch innerlich in Mickey-Maus-Stimme hören oder es sich aus Wattebäuschchen gelegt vorstellen. Es gibt unendlich viele Varianten – wichtig ist nur, dass wir eine Form finden, die den bloßen Gedanken an das Wort erleichtert, neutralisiert, ihn mit einem guten oder einem starken Gefühl verknüpft im Sinne von: „Das schaffe ich schon!" Durch die Maßnahme verändern wir nicht die Welt um uns herum, sondern die Art, wie wir auf die Welt reagieren. Magic Words ist als schnelles Emotionscoaching sogar – oder gerade – auch bei Kindern gut einsetzbar: Ein Schulfach, der Name des Lehrers, die verschiedenen Zensuren, die Wörter „Zeugnis" und „Klassenarbeit" usw. werden quasi „verzaubert". Die Methode ist sozusagen „Neurolinguistik pur", da sie nur das Wort in seiner Funktion als Schlüssel zum individuellen Erleben variiert.

Abb. 15: „Angst" – Magic Words (Zeichnung: Lola Siegmund)

Selbstcoaching-Tipp: **Worte verzaubern – „Magic Words"**

Denken Sie an ein bestimmtes Stresswort, das Ihr Unbehagen im Zusammenhang mit einer Stresssituation treffend spiegelt. Präsentieren Sie nun das Wort im inneren Sehen, Hören oder Fühlen mit den im Folgenden beschriebenen Sinneselementen. Spüren Sie in sich hinein, welche Maßnahme dieses „Sinnes-Coachings" das Unbehagen mindert oder gar positive Emotionsqualitäten auslöst.

1. Visuelle Möglichkeiten
- Farbe der Buchstaben: einfarbig oder gar bunt
- Form der Buchstaben: z.B. geschwungene Schreibschrift
- Größe des Wortes, z.B. winzig klein geschrieben
- Position im Raum: auf dem Fußboden liegend oder in der linken oder rechten Ecke, weit weg am Horizont
- „Wortschmuck": Die Buchstaben haben Gesichter, sind aus Blümchen oder bunten Bonbons gelegt

2. Auditive Möglichkeiten
⇢ Eine bestimmte Stimme spricht das Wort, z.B.: „Speedy Gonzales", die schnellste Maus von Mexiko
⇢ Ein Kinderchor singt das Wort.
⇢ Es wird innerlich einfach nur ganz leise gesprochen, als hätte man den Lautstärkeregler ganz nach unten reguliert.

3. Gefühls-Qualitäten
⇢ Das Wort erscheint in unterschiedlichen Materialien: als Wolke, als Pudding, in Holz geschnitzt; wie ein Gebirgsbach auf der Wiese, dessen Flussbett das Wort bildet usw.

Lassen Sie sich inspirieren und entwickeln Sie weitere sinnesspezifische Darstellungen Ihrer Schlüsselwörter, die ein Stresswort in ein „Magic Word" verwandeln. Wenn Sie nur zwei bis drei zentrale wichtige Wörter aus Ihrer Stress-Trigger-Liste mit dieser Methode in Magic Words verwandeln, erleben Sie bereits eine deutliche emotionale Befreiung im Umgang mit dem Gesamtthema, da der Magic-Words-Effekt sich schnell auf ein gesamtes Themenerlebnis generalisieren kann.

IV. Die Prozess-Schritte der wingwave-Intervention

In diesem Kapitel fassen wir für Sie die wichtigsten Schritte der wingwave-Intervention zusammen. Die Darstellung beinhaltet das ursprüngliche EMDR-Format, erweitert durch die Elemente der wingwave-Methode, insbesondere durch den Myostatik-Test. So können Sie Ihre Vorstellung von einer wingwave-Sitzung weiter vertiefen und erleben gleichzeitig eine gute Einleitung in das Selbstcoaching mit dieser Methode. Etliche Feinheiten was die Durchführung betrifft haben Sie bereits in den vorhergehenden Kapiteln erfahren, in denen wir einen EMDR-Ablauf mit unserem Klienten Karsten und ein wingwave-Coaching mit den Coachees Eva und Dennis vorgestellt haben. Wenn Sie sich also für konkrete Details der Durchführung interessieren, können Sie sich nochmals diese Schilderungen durchlesen. Zur Sitzungsfrequenz und -Dauer lässt sich sagen: In der Regel treffen sich Coach und Coachee pro Thema für ca. zwei bis fünf Coachingstunden. In diesem Zeitrahmen darf der Coachee einen deutlichen Coaching-Effekt erwarten. Ist dies nicht der Fall, sollte das Coaching mit wingwave nicht fortgesetzt werden.

Die zwölf Phasen der wingwave-Intervention

1. Phase: Die inhaltliche Vorbereitung

Der Coachee wird ausführlich auf die wingwave-Intervention vorbereitet. Dabei erfährt er auch etwas über die Grundannahme der Methode, dass nämlich unangenehme Emotionen als resistentes Stress-Imprinting im Nervensystem unverarbeitet „hängenbleiben" können. wingwave bringt einen natürlichen körpereigenen Verarbeitungsprozess zum Laufen, der hilft, nicht nur kognitiv, sondern auch in der gefühlten Emotionsqualität „über die Sache hinwegzukommen". Wir erläutern, welche Phänomene – z.B. das „Küchenjungen-Phänomen" – beim „Processing" auftreten können. Für den Ablauf der inneren Erlebnisse suchen wir gemeinsam nach einer Metapher, wie z.B.: „Alles läuft wie im Kino ab, aber Sie sitzen dabei sicher in Ihrem Polstersessel."

Vor allem erwähnen wir die „Tunnel-Metapher": „Fürchtet ein Mensch sich vor Tunneln, wünscht er sich, dass der Lokomotivführer extra Gas im Tunnel gibt, um schnell heraus und wieder ins Licht zu kommen. Er würde nicht mitten im Tunnel die Notbremse ziehen." So machen wir deutlich, dass der Coach besonders dann weiterwinken wird, wenn sich ein unangenehmes Gefühl, bevor es abfließen kann, wie eine Welle aufbaut. In diesem Zusammenhang erwähnen wir auch noch das „Küchenjungen-Phänomen": Der Küchenjunge bekommt noch seine Ohrfeige, wenn der böse Zauber aufgehoben wird. Im Ressourcen-Coaching informieren wir darüber, dass mit wingwave auch positive Emotionen und Allgemeinzustände noch verstärkt und stabilisiert werden können.

Schon an dieser Stelle kann getestet werden, wie die Intervention genau durchgeführt werden soll: Wie weit von den Augen entfernt wird gewunken, welche Begleitumstände sind angenehm? Möchte der Coachee beispielsweise seine Brille abnehmen oder aufbehalten? Wie weiter vorn erwähnt, können auch bilaterale Stimulationen wie auditive Reize oder abwechselndes „Tippen" an Händen, Schultern oder den Knien ausprobiert und vereinbart werden. Weiterhin gehört zum praktischen Aufbau, also zum „Setting", noch die Einrichtung der beiden Stühle: Coach und Klient sitzen einander versetzt gegenüber, als wären die Stühle zwei Schiffe, die auf einem Fluss kurz davor sind, aneinander vorbeizufahren.

2. Phase: Die Verabredung von nonverbalen Zeichen

Coach und Klient verabreden zwei nonverbale Zeichen. Es kann im Prozess vorkommen, dass dem Coachee in seinem emotionalen Involviert-Sein die „Worte fehlen" und Finger- und Handzeichen leichter fallen als das Sprechen. Das Stoppzeichen zeigt an, dass der Klient eine Unterbrechung der Intervention wünscht, mit dem „Weitermachen-Zeichen" signalisiert er, dass er jetzt noch schnell ein Fortfahren des „Winkens" wünscht, um über eine emotionale Hürde hinwegzukommen. Gut vorbereitete Klienten nutzen das Stoppsignal übrigens im Sinne der „Tunnel-Metapher" äußerst selten. Coaches beschwören auch keine Probleme, sondern arbeiten mit Formulierungen wie: „Es könnte sein, dass Sie plötzlich niesen müssen oder einen Schluck Wasser trinken wollen. Dann zeigen Sie mir ein ‚Stopp'". Wir sagen keinesfalls: „Zeigen Sie das Stoppzeichen, wenn es Ihnen ganz, ganz schlimm ergeht und Sie es nicht aushalten können." Damit beschwören wir nur unnötige Vorbehalte herauf.

Weiterhin wählt der Klient einen „sicheren Ort". Hiermit ist die Erinnerung an einen Ort oder eine Situation gemeint, wo der Klient sich einmal sehr wohl, sicher und kraftvoll gefühlt hat. Der Coach lässt sich diesen Ort konkret und sinnesspezifisch beschreiben: Wie sieht es dort aus, was hört man da, wie fühlt sich die Erinnerung an? Gibt es vielleicht sogar einen Geruch oder einen Geschmack, der an diesen sicheren Ort erinnert? Mit diesen Informationen können Coach und Klient gemeinsam im Prozess immer wieder dafür sorgen, dass der Klient sich mental auch im laufenden Interventions-Prozess an diesen sicheren Ort begeben und dort Energie tanken kann. Wir selbst bevorzugen hier als zusätzliche Sicherheit noch die körperliche Verankerung, wie beispielsweise durch einen Händedruck oder einen bunten Glasstein, den der Klient schnell selbst in die Hand nehmen kann.

3. Phase: Den Muskel-Feedback-Kompass einrichten

Bevor man inhaltlich in den Prozess einsteigt, kalibrieren sich Coach und Coachee im Muskeltest. Bei Bedarf wird noch das Grundkraftniveau des Coachee mit dem Klopfen der Thymusdrüse oder durch Wassertrinken gestärkt. Testet der Coachee nur stark und reagiert auf keinen künstlichen Stressreiz wie „falscher Name", „Bauchnabel-Ärgern" oder „Batterieuhr in die Hand nehmen", muss der Coachee noch „entblockiert" werden. Dies geschieht durch ein langsames „Eröffnungswinken" oben, mittig und mit dem gesenkten Blick. Danach reagiert der Coachee in der Regel schwingungsfähig auf den Test. Erst nach dieser Vorbereitung erfolgt der nächste Schritt, die Fokussierung des Themas.

Hierfür wird genau bestimmt, auf welche Erinnerung oder Vorstellung der Coachee beim Winken seine innere Wahrnehmung fokussieren soll. Entweder ist es das unangenehmste Bild, der unangenehmste gehörte Satz beim Erinnern eines Stresserlebnisses oder es ist eine beunruhigende Vorstellung hinsichtlich eines zukünftigen Ereignisses. Beim Ressourcen-Coaching denkt der Klient vielleicht an ein Projekt, für das er oder sie gute Ideen braucht. Beim Sport-Coaching versetzt sich der Klient beispielsweise in einen Bewegungsablauf, den er perfektionieren oder beschleunigen möchte. Für Ressourcen-Coaching finden Sie in Kapitel VII noch einige Beispiele.

Dann bestimmen wir mit dem Myostatik-Test, ob die genannte vorgestellte Szene überhaupt einen Stress auslöst. Sollte dies nicht der Fall sein, wird weiter getestet. Beispielsweise sagt ein Coachee mit Arbeitsstörungen: „Ich denke an meinen cholerischen Chef" – und der Test fällt stark aus. Der Chef ist zwar eine unangenehme Person, aber er ist nicht der Auslöser für die Arbeitsstörung. Nun wird weiter nach einem Stress-Trigger gesucht: „Es ist der Anblick des überfüllten Schreibtisches." Erst wenn hier beispielsweise der Ringtest aufgeht, haben Coach und Coachee den punktgenauen emotionalen Einstieg in das Thema gefunden.

4. Phase: Eine blockierende Ich-Kognition finden

Hier sucht der Klient nach einem sogenannten Ich-Satz, der sein emotionales Erleben bezüglich des Themas spiegelt, wie z.B.: „Ich bin am Boden zerstört", „Ich bin hilflos" oder auch: „Ich bin wie ausgeschaltet" usw. Hier ist oft die gezielte Hilfe des Coaches wichtig, um genau den Satz zu finden, der die emotionale Qualität des gewählten Themas auf den Punkt bringt. Der Satz sollte allerdings keine sachliche Beschreibung sein wie: „Ich wurde betrogen", wenn man auf einen Hochstapler hereingefallen ist. Diese Aussage beschreibt nur die Fakten, keine emotionale Interpretation. Eine solche wäre in diesem Fall: „Ich bin naiv und dumm" – was einer stressenden, quälenden oder bedrückenden subjektiven Selbstwertung entspricht.

5. Phase: Eine positive Ich-Kognition bestimmen

Hier wird die Frage gestellt: „Was würden Sie eigentlich lieber über sich selbst bezüglich dieses Themas bzw. im inneren Umgang mit diesem Thema glauben?" Man versucht einen Satz zu finden, der ein gutes Gegengewicht zum blockierenden Satz darstellt, wie z.B.: „Ich habe Power", „Ich kann es schaffen" oder: „Ich stehe über den Dingen." Vor der Intervention sieht sich der Klient natürlich innerlich weit entfernt von der Gefühlsqualität, die dem positiven Satz entspricht, nach dem Motto: „Schöner Satz, wäre schön, wenn ich's glauben könnte." Daher wird der Satz auch getestet: „Denken Sie an die Vorstellung und sagen Sie dazu: ‚Ich kann es schaffen'." In der Regel fällt der Test schwach aus. In Ergänzung zum Test kommt noch eine kognitive Einschätzung: „Nehmen wir an, man könnte die subjektive Glaubwürdigkeit von Sätzen mit einer Skala messen. Die Skala geht von 1 bis 7, wobei 7 heißt: ‚Stimmt hundertprozentig, trifft genau zu', 1 hingegen bedeutet: ‚Völlig unglaubwürdig'.

Wie würden Sie jetzt im Hinblick auf das fokussierte Thema den positiven Satz auf der Skala zuordnen?" Die meisten Klienten nennen hier Werte zwischen 1 und 3, da der Satz noch sehr weit von den emotionalen Erlebnisinhalten entfernt ist.

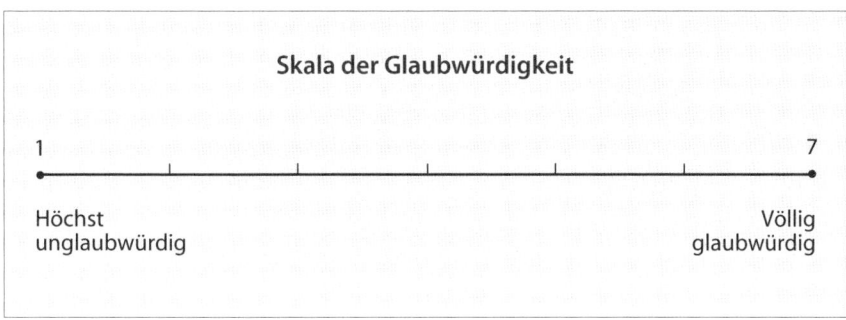

Abb. 16: Glaubwürdigkeits-Skala

6. Phase: Die Emotion oder den Soma-Stress benennen

Hiermit ist das Gefühl gemeint, das die psychophysiologische Gesamtverfassung des Klienten im Gedanken an sein Thema spiegelt. Benennt der Coachee eine Emotion, überprüfen wir mit dem Test: „Es ist Angst." Hält der Test, müssen wir weiter suchen: „Es ist Scham." Vielleicht geht hier der Muskelring auf. Nun weiß man, dass der Prozess sich zunächst auf „Scham" konzentrieren sollte. Es folgen noch einmal die subjektiv als negativ empfundenen Emotionen aus unserem Aussagenbaum:

Liste der unangenehmen Emotionsqualitäten
- Wut, Ärger, Empörung, Genervt-Sein
- Angst, Beunruhigung, Panik
- Trauer, Verlustschmerz
- Hilflosigkeit, Ohnmacht, Ausgeliefert-Sein
- Schock
- Nicht-Fühlen
- Überraschung, Verwirrung, „falscher Film"
- Schuld, Verantwortung
- Scham, Kränkung, Beleidigung, Entwürdigung, Beschmutzt-Sein
- Ekel, Hass, Abscheu, Widerwille, „Grusel"

Manchmal testen alle negativen Emotionen stark. Dann prüfen wir eine weitere Aussage: „Es ist emotionaler Stress." Wenn der Test hält, geht es folgendermaßen weiter: „Es ist körperlicher Stress." Beim schwachen Test orientieren wir uns an der Liste „Soma-Stress" im Aussagenbaum: Schmerz, Müdigkeit usw.

Geht es um eine mitmenschliche Situation, werden in dieser Phase im Sinne des Phänomens „Spiegelneurone" auch Wahrnehmungspositionen getestet: „Es ist Ihr Ärger" und: „Es ist der Ärger Ihres Kunden".

Beim Ressourcen-Coaching werden Emotionen oder psychophysiologische Gesamtzustände benannt, welche die Klienten schon an sich wahrnehmen, die sie als Ziel aber noch verstärken möchten. Da wir uns hier auf der positiven Seite der Skala befinden, stellt der starke Test unseren Muskel-Feedback-Kompass dar: „Ich brauche Gelassenheit." Beim starken Test wird tatsächlich eine gute Portion zusätzliche Gelassenheit benötigt.

Liste der angenehmen Emotionsqualitäten
- Lust
- Freude, Spaß
- Liebe
- Power
- grenzenlose Freiheit („Born to be wild")
- Zufriedenheit, innere Ruhe, Gelassenheit, Geduld
- Hoffnung, Zuversicht
- Stolz, Selbstwertgefühl
- Geborgenheit, die „liebe Gewohnheit"
- Wollen/Durchhalten: „Kolumbus-Phänomen"

7. Phase: Das Ausmaß der subjektiven Berührtheit bestimmen

In dieser Phase arbeiten wir beim Coaching mit einer bipolaren Skala. Sie reicht vom Wert -10 über 0 bis zum Wert +10. Der Wert 0 bedeutet: „Ich fühle mich neutral." Beim Wert -10 hieße die Zuordnung: „Es ist die schlimmste vorstellbare subjektive Beeinträchtigung." Die Minus-Seite der Skala benötigt man natürlich zur Veranschaulichung des subjektiven Unbehagens. Bei +10 heißt es dann entsprechend: „Schöner, besser oder angenehmer geht's nicht mehr." In dieser Skala wird nicht gemessen, wie stark die Gefühle damals, beim erinnerten Ereignis waren. Vielmehr geben die Coaching-Kunden an, wie intensiv sie sich jetzt im Moment von der Erinnerung berührt fühlen.

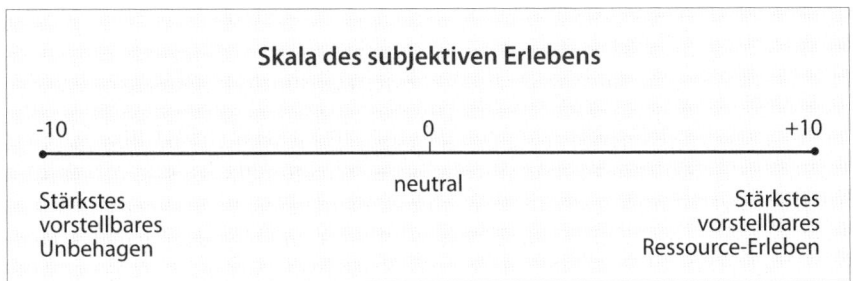

Abb. 17: Skala des subjektiven Erlebens

Die Positiv-Seite der Skala, also die Wellness-Skala, wird oft im Ressourcen-Coaching genutzt. Sie wird aber auch im Rahmen der Verarbeitung von Performance-Stress-Imprintings von den Klienten in Anspruch genommen. Denn viele fühlen sich nach einer gelungenen wingwave-Intervention nicht nur neutral, sondern erleichtert, befreit, „wie neu". Diese angenehmen Effekte werden dann der Wellness-Skala zugeordnet.

8. Phase: Bodyscan – das „Körperecho" der Emotion wahrnehmen

Dieser auch „Bodyscan" genannte Vorgang ist ebenfalls für ein erfolgreiches Selbstcoaching wichtig. Hier wird der Körper sozusagen Zelle für Zelle durchgespürt mit der Fragestellung: „Wo genau spüren Sie das Unbehagen im körperlichen Erleben?" Antworten könnten sein: eine Spannung im Nacken, ein Engegefühl im Hals, Herzklopfen, ein Druck auf dem Brustkorb oder im Magen. Bei positiven Gefühlen lässt man ebenfalls den Körperfokus bestimmen. Gibt der Klient mehrere Bereiche an, fragt der Coach weiter: „Welcher Bereich meldet sich am intensivsten?" Oder auch: „Von welchem Bereich geht das Gefühl aus?" Mit dem Myostatik-Test finden wir mit der Schwach-Testung den sensibelsten Bereich heraus. Manchmal legt der Klient beim Testen auch die Hand auf die genannten Körperbereiche. Wir selbst lassen im Sinne präziser NLP-Filter – der sogenannten Submodalitäten – noch genauer differenzieren: Ist das „Körperecho" vom Fühlen her ...
- leicht oder intensiv?
- kühl oder warm?
- Zentriert sich das Gefühl z.B. wie ein „Knoten", bzw. empfindet man es als „geballt"? Oder hat es eher Fläche?
- Hat das Gefühl Bewegung oder ist es ganz ruhig?
- Wenn es in Bewegung ist: Ist sie fließend oder strahlend?
- In Wellen, in einem Rhythmus oder gleichmäßig?
- Welche Richtung nimmt die Bewegung: vorwärts, rückwärts?

- Hinauf oder herab, kreisend?
- Wenn kreisend: Wie herum?
- Hat es noch eine besondere Qualität ‚wie z.B. „kribbelnd" oder „pieksend"?

Diese genauen Feststellungen vom Körperecho sind deshalb so wichtig, da sie sich während der Intervention und vor allem auch beim Selbstcoaching immer wieder als schnelles Erfolgsbarometer erweisen. Man kann nach jedem Interventions-Set dann ganz gezielt sagen und wahrnehmen: „Das Gefühl wird langsamer, leichter, löst sich auf" usw. Bei einer positiven Empfindung kann die Wahrnehmung auch sein: „Das Gefühl wird stärker, intensiver usw."

9. Phase: Die Intervention

Hier fokussiert der Klient das Bild und/oder Stimmen, Klänge, Geräusche der in Phase 2 bestimmten inneren Repräsentation seines Themas. Er denkt nochmals an die negative Kognition aus Phase 4. Nun wird gewunken: Ein Set umfasst vielleicht 20 Hin- und Herbewegungen; eine Hin- und Herbewegung pro Sekunde. Wir selbst winken meistens bei einem Set so lange, bis der Klient eine parasympathische Reaktion zeigt: Ein Durchatmen, eine Lockerung von verspannten Muskelgruppen, auch ein deutliches Schlucken sind körperliche Zeichen von physiologischer „Entstressung". Insgesamt werden so viele Sets durchgeführt, bis der Klient auf der Skala des subjektiven Unbehagens mindestens bei dem Wert von -2 ankommt, -1 ist noch besser. Erst bei diesen niedrigen Werten ist sicher, dass sich die neurologischen Stressspuren ausreichend beruhigt haben. Im Plus-Bereich der Skala, also im Ausmaß des erreichten subjektiven Wohlbehagens, sind der Intervention natürlich keine Grenzen gesetzt. Hier zeigen die Coachees oft das „Weitermachen-Zeichen", weil sie jetzt die Intervention als besonders angenehm empfinden.

Insgesamt winken wir abwechselnd auf allen Blickhöhen, um möglichst viele Neurone und Sinneskanäle beim wingwave mit einzubeziehen. Aus dem NLP wissen wir, dass die Blickhöhe eines Menschen auch anzeigt, ob er gerade in Bildern, Tönen und Wörtern oder eher gefühlsbetont denkt. In der Abbildung unten sehen Sie das bekannte NLP-Schema der Augenbewegungsmuster und ihrer Zugangshinweise. Der nach oben gerichtete Blick geht mit inneren Bildern einher, der eher waagerechte mit auditiven inneren Erlebnissen, der gesenkte Blick ist ein Zeichen von innerem Fühlen. Wenn Coaches die Wink-Bewegungen in fließendem Wechsel auf allen Ebenen durchführen, spricht man vom „Eye Movement Integrator": Der Prozess integriert alle Sinnesmodalitäten in die positive Veränderung. Dieses Vorgehen repräsentiert unter anderem ein wichtiges NLP-Modul im wingwave-Methoden-Set.

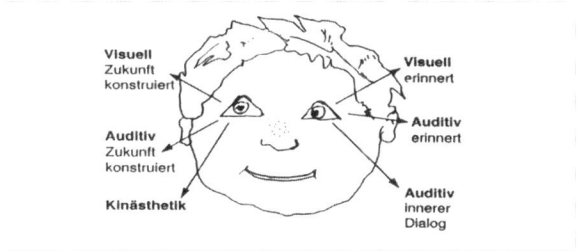

Abb. 18: Augenbewegungsmuster

Während dieses Ablaufs kann der Prozess manchmal in Sekundenschnelle Richtung und Qualität ändern. Im wingwave testen wir engmaschig immer wieder den aktuellen Stand des Geschehens. Beispielsweise wechseln die Emotionsqualitäten sehr rasch, wie folgendes Beispiel zu einem Biografie-Stress-Thema zeigt:

Zum Thema Präsentationsangst führte uns der Aussagebaum zu einem Schulerlebnis des Coachee, dem sogenannten „Mathe-Spiel": Alle Kinder stehen, der Lehrer nennt Aufgaben. Weiß ein Schüler das Ergebnis, kann er sich setzen. Das ist schön für jene, die gleich sitzen und schlimm für die Schüler, die bis zum Schluss stehen bleiben. Bei unserem Coaching-Kunden hatte dieses Spiel ein Performance-Stress-Imprinting hinterlassen. Wann immer er stand und andere saßen, sagte sein Unbewusstes: „Das ist das Schlimmste, was passieren kann!" Im Business stehen erfolgreiche Mensch allerdings oft, während andere sitzen. Und das war das Problem, welches weggewunken werden musste.

Abb. 19: Mathe-Spiel

Es kann auch ohne das systematische Testen entlang des Aussagenbaums immer wieder passieren, dass in rascher Folge neue Bilder und Biografie-Stress-Themen auftauchen. Dies wird stets zur Kenntnis genommen, sofort „bewunken" und dann auf Stabilität getestet. Zwischendurch führt der Coach immer wieder zum ursprünglich fokussierten Thema zurück und fragt die subjektiv erlebte Veränderung ab: „Wie ist es jetzt?" Der Coach erinnert allerdings nicht: „Spüren Sie immer noch die Enge im Hals?", denn dadurch würde an einen Punkt erinnert, der im Prozess schon der Vergangenheit angehört. Wir formulieren die Befindlichkeits-Checks stets offen und inhaltsneutral.

10. Phase: Die Verankerung

Fühlt sich der Klient jetzt frei, entlastet oder gar mental gestärkt, kehrt man konkret zum Ausgangsbild zurück. Nun wird getestet, wie glaubwürdig die in Phase 5 bestimmte positive Kognition beim Gedanken an das Ausgangsbild erscheint. Meistens wird dann ein hoher Wert auf der Glaubwürdigkeitsskala angegeben, 6 oder gar der Höchstwert 7. Der Coachee denkt dann an die Ausgangsszene und sagt dazu die positive Kognition in Verbindung mit dem Test. Es zeigt sich, dass er in der Regel das Erlebnis oder die Vorstellung verkraften und gleichzeitig fest an den positiven Satz glauben kann. Es wird wieder langsam gewunken, um die Verankerung zwischen der inneren Präsentation des behandelten Themas und der positiven Kognition bestmöglich zu stabilisieren.

11. Phase: Bodyscan und Abschlusstest

Hier testet der Klient nochmals genau, wie jetzt jede einzelne Körperzelle auf die innere Repräsentation des fokussierten Themas reagiert. Ist noch eine kleine Spannung, ein Druck, ein Unbehagen als Körperecho vorhanden, wird zur Sicherheit nochmals gewunken. Am wichtigsten ist die Testung der Aussage: „Wir sind jetzt fertig." Bei schwachem Test bietet der Coach die Gegenaussage an: „Wir sollten weitermachen." Bei starker Testung erforschen Coach und Coachee die Fortsetzung: „Wir weben noch weitere Ressourcen ein" oder: „Da ist noch ein Thema hinter dem Thema". Testet diese Aussage schwach, ist in der Tat noch ein Thema hinter dem Thema. Denn das Testergebnis bedeutet – wie schon beschrieben – nicht „Ja" oder „Nein", sondern: „Wir sind auf einen Stress gestoßen" oder: „Hier ist alles stabil". Muss mit einem „Thema hinter dem Thema" weiter gecoacht werden, richtet sich der Prozess wieder nach dem Aussagenbaum: „Das Thema liegt im Erwachsenenleben/in der Jugend/in der Kindheit" usw. Der abschließende Bodyscan und der Abschlusstest haben zum Ziel, das bestmögliche Ergebnis an körperlichem Wohlbehagen und emotionaler Stabilität im Umgang mit dem Coaching-Thema zu erreichen.

So sieht dann das bestmögliche Ergebnis in einer Messung mit dem Porta-Bioscreen-Gerät aus: Die folgende Abbildung zeigt eine Messung, die während einer wingwave-Intervention zur Regulierung von emotionalem Business-Stress vorgenommen wurde. Man sieht deutlich, dass zu Beginn des Prozesses die rechte (rote [obere] Kurve) und die linke Hemisphäre (blaue [untere] Kurve) nur wenig miteinander koordinierte Ausschläge zeigen. Gehen die Zacken der roten Kurve nach oben, zeigen die blauen Zacken nach unten. Gegen Ende der Intervention beginnen die Kurven sich in ihrem Erregungsniveau (Arousal) anzunähern und koordinieren in den Ausschlägen nahezu spiegelbildlich.

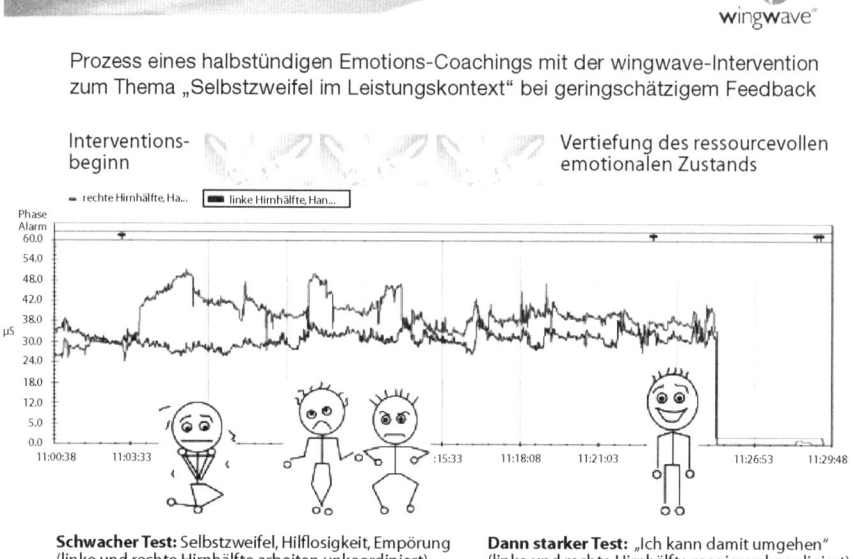

Abb. 20: „Selbstzweifel im Leistungskontext"

12. Phase: Die Überbrückung in die Zukunft

Hier informieren wir die Coachees noch über die Nachwirkungen der Intervention:
- Man könnte sich müde und angenehm erschöpft fühlen und sollte dann – so weit möglich – einem etwaigen Ruhebedürfnis auch nachgehen.
- Es können Tagtraumphänomene auftreten, da sich jetzt die neuen Informationen im Nervensystem „herumsprechen". Dieses Träumen oder Gedankenschweifen ist also ein gutes Zeichen für eine gelungene Integration des bearbeiteten Themas. Alltags-Trancen sind übrigens grundsätzlich gesunde Phänomene. Sie sorgen nämlich dafür, dass auch tagsüber die „Akkus" unseres Gehirns wieder aufgeladen werden.

Manchmal tauchen auch noch weitere Erinnerungen oder intensive Träume auf, die assoziativ im Zusammenhang mit dem bearbeiteten Thema stehen. Diese können auch wieder mit entsprechenden Emotionen verbunden sein und somit auch einmal zum „Küchenjungen-Phänomen" führen. Gut informierte Coachees können immer souverän mit diesen mentalen Erscheinungen umgehen. Die neu aufgetauchten Erinnerungen oder auch Träume werden aufgeschrieben und dann in der nächsten Sitzung auf die bewährte Art verarbeitet.

Hinweis für Coaches: **Die Zusammenfassung der 12 Phasen**

1. Inhaltliche Vorbereitung
2. Verabredung von nonverbalen Zeichen
3. Muskel-Feedback-Kompass einrichten
4. Eine blockierende Ich-Kognition finden
5. Eine positive Ich-Kognition bestimmen
6. Emotion oder den Soma-Stress benennen und testen
7. Das Ausmaß der subjektiven Berührtheit bestimmen
8. Bodyscan: das „Körperecho" der Emotion wahrnehmen und testen
9. Die Intervention
10. Verankerung
11. Bodyscan und Abschlusstest
12. Überbrückung in die Zukunft

Bei manchen Coaching-Kunden kann das Formulieren der Kognitionen etwas zäh ablaufen. Dieser Part der Intervention geht über Sätze und Sprache und wird im Sinneserleben dem „auditiven Kanal" zugeordnet. Menschen mit einer Stärke oder Vorliebe für visuelle Prozesse können manchmal nicht viel mit diesem auditiven Fokus anfangen. Daher sollte man nicht allzu sehr auf dem Part mit den Kognitionen bestehen, denn das könnte eher vom eigentlichen Vorhaben ablenken. Testen, fokussierte Wahrnehmung und die eigentliche Intervention führen dann zu gleich guten Ergebnissen.

V. Verändern durch Verstehen: Know-how-Coaching

In diesem Kapitel vermitteln wir noch weiteres Hintergrundwissen über die Wirkungsweise von wingwave-Coaching. Diese Informationen sind nützlich, um sich selbst und die Methode besser zu verstehen. Häufig stehen Menschen nämlich positiven Veränderungen im Wege, weil ihnen wertvolle Informationen über ihre mentale Situation und über den Lösungsweg zum Ziel fehlen. Und dass das Erreichen von Zielen in den meisten Fällen nicht so sehr mit „Wollen", sondern mehr mit „Wissen", also mit Know-how zu tun hat, haben wir bereits an anderer Stelle anhand des „Hubschrauber-Beispiels" gezeigt.

„Know-how" ist ganz besonders wichtig, um die eigenen Reaktionen besser verstehen und einordnen zu können. Fehlt es an diesem Know-how, wird die Wissenslücke nämlich durch Glauben ersetzt. Wir sprechen hier lieber von „Beliefs", um den Begriff gegen den religiösen Glauben abzugrenzen. Beliefs sind feste, meist unbewusste Vorannahmen über das Funktionieren der Welt und somit auch der eigenen Person. Beliefs werden nur selten bis gar nicht überprüft, da sie subjektiv als wahr gelten. Sie entfalten eine bedeutsame mentale Macht. Es gibt erfolgsfördernde, aber auch einschränkende Beliefs, die sogenannte „Grenze im Kopf".

Sie finden im Folgenden Ausführungen zum Thema Beliefs, die gerade für den Rahmen eines ressourcenfördernden Coachings von Bedeutung sind, denn besonders für Menschen im Bereich der Spitzenleistung spielen Beliefs eine wichtige Rolle. Die Vermittlung von ressourcenförderndem Know-how ist übrigens auch ein wichtiger Bestandteil des Belief-Coachings, das wir in Kapitel VIII noch vorstellen werden. Diese Form des Coachings ist für Menschen wichtig, die in ihren Wirkungsfeldern nicht nur für eine kurze Zeit, sondern auch langfristig leistungsfähig sein und bleiben wollen.

Die nun folgenden Informationen sind übrigens auch zur Ressourcenpflege wichtig, unabhängig von EMDR, wingwave und anderen Coaching-Verfahren. Die Themen in diesem Kapitel sind als Sammlung zu verstehen; sie haben nicht immer einen direkten Bezug zueinander.

Dürfen positive Veränderungen so schnell erfolgen?

Viele unserer Klienten erleben die befreiende Wirkung von wingwave-Coaching oft mit einem ungläubigen Kopfschütteln: „So schnell wirkt das? Das kann ich einfach nicht glauben." Der Glaube widerspricht also der gerade eben erlebten positiven Erfahrung. Ohne je darüber nachzudenken haben nämlich viele Menschen den Belief, dass man auf etwas Großes nur mit Großem einwirken kann: „Mein Problem ist so groß, dass das bisschen Winken zu ‚klein' ist, um helfen zu können." Auch Schlimmes kann nur mit etwas sehr Unangenehmem bekämpft werden. All das sind sogenannte „Eins-zu-eins-Lösungen" und so glauben Menschen spontan, dass eine bittere und zudem grüne (!) Medizin besonders gut wirkt. Viele Rückenschmerzpatienten sind oft auch enttäuscht, wenn der Arzt Krankengymnastik statt einer „richtigen" Operation verschreibt: „Das tut so weh, das kann doch nicht von etwas ‚Turnen' weggehen."

Über allem steht eigentlich ein sehr archetypischer Belief: Glück, Erfolg und Gesundheit brauchen immer ein adäquates Opfer. Je schmerzlicher und aufwendiger dieses Opfer ist – so meint man unbewusst –, desto höher steigt die Garantie auf Belohnung oder Erlösung. Entscheidend ist nicht die Frage, ob es sich bei dem Opfer – bzw. dem Einsatz – um eine sinnvolle Maßnahme zur Erreichung des Zieles handelt, sondern ob es ein „großes" Opfer ist. Und „groß" heißt: anstrengend, schmerzlich, möglichst kompliziert und langwierig. In vielen Unternehmen existiert beispielsweise der unbewusste Belief, dass ein Meeting umso bessere Ergebnisse erzielt, je länger es dauert. Auch wenn die Fakten real dagegen sprechen, hat man zumindest das Gefühl, Großes geleistet zu haben – weil man ja schließlich bis spät in die Nacht ausgehalten hat.

Archetypisch ist dieser Belief, weil wir ihn schon bei den Urzeitmenschen antreffen. Kaum hatte der Mensch sein Gehirn, fing er mit dem Opfern an. Wir meinen hier sinnloses Opfern, in Abgrenzung zur spirituellen Dankbarkeit für Geschenke des Lebens. Das Motiv für das Opfern liegt auf der Hand. Unsere denkenden Vorfahren litten natürlich unter der Unberechenbarkeit der Natur, von der sie ja so abhängig waren. Und nichts ist der menschlichen Natur mehr zuwider als Abhängigkeit und Hilflosigkeit. Da kam schnell der Gedanke auf, mit einer höheren, unsichtbaren Instanz, die für das Wetter zuständig ist, ein Geschäft zu machen und auf diesem Weg Einfluss und Kontrolle über die Naturphänomene zu gewinnen. „Wenn ich mein schönstes Schaf gebe, wird es bestimmt regnen", war die Idee. Vielleicht hat das dann auch ein- oder zweimal geklappt. Aber beim dritten Mal blieb der Regen trotz Schaf-Opfer sicher aus.

Nun neigt der Mensch aber dazu, seinen Beliefs treu zu bleiben. Man hätte an dieser Stelle ja noch die Freiheit, zu sagen: „Was für eine unsinnige Idee ich doch hatte. Was hat das Töten eines Schafes mit dem Wetter zu tun?" Nein, stattdessen heißt es lieber: „Wahrscheinlich hätte ich zwei Schafe opfern sollen!" Hauptsache, der Belief bleibt erhalten. Und so ist es bei einigen Völkern sogar bis zu Menschenopfern gekommen. Die Währung in diesem Geschäft heißt Verlust und Schmerz. Man vertraut darauf, dass irgendein höheres Wesen diese „Bezahlung" ordentlich in ein Büchlein einträgt und dann den „Gewinn" ausschüttet, in Form von gutem Wetter, Gesundheit, Glück oder Erfolg. Aus diesem Grund mögen viele Menschen auch heute noch nicht so gern laut sagen, dass es ihnen gut geht oder dass sie am Ende gar glücklich sind. Sie haben einfach eine archetypische Angst davor, dass irgendein höheres Wesen dann schnell in der „Schicksalsbuchhaltung" nachsieht, ob denn für dieses Positive auch schon bezahlt wurde. Unsere Sprichworte sprechen hier Bände: „Freue dich nicht zu früh – das dicke Ende kommt bestimmt", heißt es oder: „Man soll den Tag nicht vor dem Abend loben". Diese in Sprichworten verpackten Beliefs verstellen oft den Blick auf funktionierende und naheliegende Lösungen und verhindern deren Umsetzung.

Vor diesem Belief-Hintergrund erscheinen viele gute Lösungen als „zu einfach" oder „zu leicht". Es wird nicht sachlich und ergebnisorientiert, sondern abergläubisch gedacht. Wir wollen damit nicht sagen, dass man für Erfolge im Leben nicht arbeiten muss. Wichtig ist nur, die Energie auf funktionierende und nicht auf „besonders dolle" Maßnahmen zu richten. Entsprechend orientieren wir uns im wingwave-Coaching an der systemischen Schmetterlings-Metapher: „Manchmal reicht der Flügelschlag eines Schmetterlings, um auf der anderen Seite der Erde das Wetter zu ändern." Das heißt: kleines Winken, bzw. minimaler Input – maximale Wirkung. Mit diesen Gedanken eröffnen wir unseren Klienten die Möglichkeit, diese einfach wirkende Methode nicht nur zu erleben, sondern sie auch glauben zu können.

Doch auch ohne den Glauben an „Eins-zu-eins-Lösungen" widerspricht das wingwave-Erlebnis oft den bisher im Leben gemachten Erfahrungen über Veränderungen. „Es kann doch nicht sein, dass ich wochenlang versucht habe, mit diesem Thema klarzukommen und dass nun dieses bisschen Winken alles ändert?!" Auch an dieser Stelle ist dann die „Flügelschlag-Metapher" hilfreich, um das Veränderungsphänomen im Sinne von „Know-how" nicht nur auf der Erlebnis-, sondern auch auf der Belief-Ebene integrieren zu können.

Wie wirkt sich „Spitzenleistungs-Stress" auf die Wahrnehmungsverarbeitung aus?

Viele unserer Coaching-Klienten haben ein weiteres Belief-Problem: Sie können sich oft nicht vorstellen, warum sie auf scheinbare „Kleinigkeiten" so sensibel reagieren und bringen diese Selbsterfahrung nicht mit ihrem Selbstbild als Spitzenleister in Einklang. Sie erinnern sich: Eines von Karstens Problemen war, dass er sich selbst für eine „Mimose" hielt. Vielen Coaching-Klienten müssen wir ausführlich erklären, warum sie ganz besonders dafür prädestiniert sind, sensibel auf ihre Umwelt zu reagieren. Gleich mit vier besonders ungünstigen Beliefs stehen sie sich selbst im Wege und können ihre Stresssituation deshalb nicht richtig einschätzen.

Der *erste einschränkende Belief* wird oft so formuliert: „Meine Arbeit kann mich nicht stressen, da sie mir so viel Spaß macht, weil sie so wichtig oder so interessant ist." Diese Annahme wird zusätzlich genährt, weil Stresstheorien zwischen Dysstress und Eustress unterscheiden – wovon viele gehört oder gelesen haben. Bei Dysstress ist die Tätigkeit mit unangenehmen Emotionen wie Angst verbunden, Eustress hingegen zeichnet sich durch begeistertes, freudiges oder gar euphorisches Handeln aus. Lange Zeit war man der Meinung, dass nur Dystress dem Körper schadet, Eustress hingegen nicht. Inzwischen weiß die Stressmedizin, dass beide Formen von Stress unsere „Batterien" gleichermaßen leeren, wie beispielsweise auch der Gehirnforscher Gerhard Hüther ausdrücklich betont. Auch bei Eustress muss sich jeder gesunde Mensch regenerieren. Zur Regeneration gehören neben regelmäßigem Essen und Trinken körperliche und seelische Entspannung sowie ausreichend Schlaf. Wir selbst schätzen die Gefahr der Überforderung bei Eustress sogar höher ein als bei Dystress. Die Erklärung hierfür ist einfach: Jedem Menschen fällt es schwer, Begeisterung, Interesse oder gar Leidenschaft sinnvoll zu dosieren. Hier besteht die viel größere Gefahr, dass innerlich die „Pferde mit einem durchgehen" als bei einer Tätigkeit, die man langweilig oder gar schrecklich findet.

Zu diesem ersten Irrtum gesellt sich bei Spitzenleistern schnell noch ein *zweiter ungünstiger Belief:* „Spitzenleistung härtet auf Dauer ab." „Ich komme in der Woche seit Jahren auf höchstens fünf Stunden Schlaf – da habe ich mich aber inzwischen dran gewöhnt", äußern sich beispielsweise oft unsere Coaching-Kunden. Der Mensch kann sich an vieles gewöhnen – beispielsweise auch an eine Gefängniszelle. Das muss aber noch lange nicht heißen, dass eine solche Gewohnheit sich positiv auf Körper, Geist und Seele auswirkt. Unser Körper kann jede Form von Stress sehr gut vertragen, solange dieser regelmäßig – am besten täglich – wieder durch Regenerierung abgebaut wird und der Körper zu seinen ausgeglichenen Funktionen zurückfindet. Wird dieses „Auftanken" regelmäßig unterlassen oder fällt es zu kurz aus, kann der Stress-Stoffwechsel aus dem Ruder laufen. Die Stresshormone werden jetzt nicht mehr bei Bedarf und auf einen Anlass hin produziert, sondern entgleiten in eine von äußeren Ereignissen losgelöste Dauerproduktion. Ist es so weit gekommen, kann man nicht mehr ausspannen, sondern fühlt sich ständig wie „innerlich aufgezogen". Diese permanente Stressaktivierung führt nun dazu, dass man sich immer wieder Aufgaben und Beschäftigung sucht, um die innere „Hochtourigkeit" in Handlungen zu entladen. Damit ist der Stress-Teufelskreis perfekt und der Körper kann nicht mehr auf Normalfunktion zurückschalten.

Dazu passend lautet ein *dritter problematischer Belief:* „Das kann ich doch alles im nächsten Urlaub nachholen" oder gar: „... wenn ich mal im Ruhestand bin". Der menschliche Körper besteht aus biologischem lebendigem Material. Jede Zelle muss täglich auftanken. Stellen Sie sich nun einmal folgende Situation vor: Sie bekommen zum Geburtstag eine schöne Topfpflanze geschenkt mit dem Hinweis, dass diese täglich etwas Wasser benötigt. Daraufhin denken Sie heimlich bei sich: „So ein Aufwand! Ich werde der Pflanze einmal im Monat zehn Liter Wasser geben, das kommt doch auf das Gleiche raus." Jeder unserer Coachees muss bei diesem Beispiel spontan schmunzeln. „Es ist schon bemerkenswert, dass ich meinem Körper eine Strategie zumute, die eine Topfpflanze nicht überleben würde." So oder ähnlich äußern sich dann die meisten Menschen beim Nachdenken über diese Metapher.

Der *vierte der irrationalen Stress-Beliefs* ist der im Kapitel zuvor geschilderte Opfer-Glaube. Man glaubt, für das gesundheitliche oder persönliche Opfer automatisch entlohnt zu werden, nicht nur in Form von Geld, sondern auch durch Erfolg und Anerkennung. Und da ja alles für eine „gute Sache" ist, führt der unbewusste Opfer-Glaube zu der irrationalen Überzeugung: „Mir wird schon nichts passieren" oder gar: „Der Zweck heiligt die Mittel". Irrtümlich hält man sich für geschützt oder gar unverwundbar, obwohl man stressmedizinisch gesehen ständig im heiklen Bereich agiert. Heikel ist nämlich das chronisch überhöhte Arousal, welches sich bei vielen Spitzenleistern – auch und gerade durch Eustress – schleichend über Monate und Jahre hin einstellt.

Unter „Arousal" versteht man das allgemeine Aktivierungsniveau im Nervensystem. Umgangssprachlich sagt man ja auch, dass jemand „unter Strom" steht. Hat dieser „Strom" ein mittleres ausgeglichenes Niveau, fühlen wir eine angenehme Mischung von Wachsein und Gelassenheit. Ist das Arousal zu niedrig, wirkt ein Mensch depressiv und antriebsarm. Denken Sie an den Trafo einer Spielzeugeisenbahn: Ist er zu niedrig aufgedreht, fahren die Züge viel zu langsam, ist er zu hoch aufgedreht, fliegen die Züge aus dem Gleis. Entsprechend kann das allgemeine Arousal eines Menschen chronisch niedrig oder zu hoch sein. Bei einem übertrieben hohen Arousal wirkt ein Mensch „angespannt", „wie auf 180", „unter Strom" oder gar „reizbar", was in Managerkreisen oft mit „dynamisch sein" verwechselt wird. Dieses Arousal geht übrigens vom limbischen System aus, also jenem Teil unseres Gehirns, der für die Entstehung unserer Emotionen zuständig ist. Das jeweilige Arousal eines Menschen entscheidet darüber, wie Reize und Erlebnisse aus der Umwelt aufgenommen werden. Vergegenwärtigen Sie sich dieses Reaktionsphänomen mit folgendem Beispiel.

Situation 1: Ein Mann schlendert als Gast durch ein Haus, das ihm sehr gut gefällt. Er betrachtet die Bilder, die Möbel, den Blick aus dem Fenster. Plötzlich huscht eine kleine Katze an seinen Füßen vorbei. Er erschrickt sich etwas, lacht aber dann kurz auf und denkt sich: „Ach, das war ja nur eine Katze." Sofort fühlt er sich wieder ausgeglichen und setzt seinen Rundgang fort.

Situation 2: Ein paar Stunden später geht wieder ein Mann durch dasselbe Haus. Auch er betrachtet die Bilder und die Möbel, aber dieser Mann ist ein Einbrecher. Seine Nerven sind „zum Zerreißen gespannt", er hat also ein ziemlich hohes Arousal. Plötzlich huscht wieder die kleine Katze an seinen Füßen vorbei. Er schreit auf, lässt alles liegen und stehen, stürmt aus dem Haus und erzählt herum, er hätte einen riesigen Tiger gesehen.

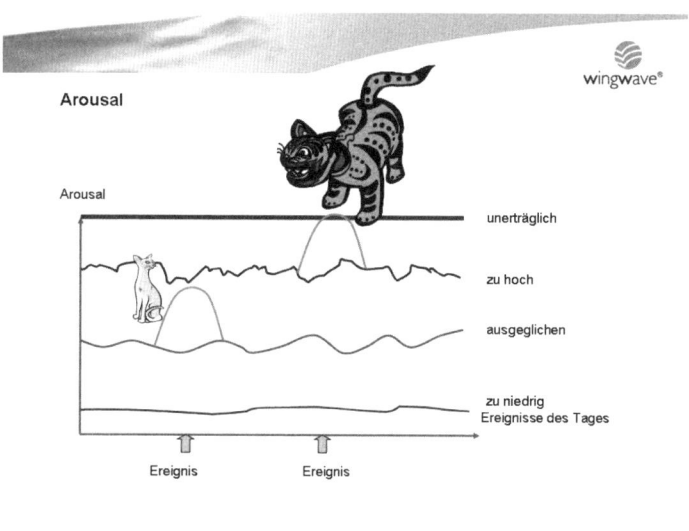

Abb. 21: Arousal

Erinnern Sie sich hier bitte nochmals an Karstens Schilderungen. Bevor er die Enttäuschung mit dem jungen Kollegen Sönke erlebte, hatte die Agentur gerade eine große Präsentation gewonnen. Vorausgegangen war eine sehr arbeitsaufwendige und „stressige" Zeit mit etlichen Überstunden. Karstens Arousal war immer noch entsprechend hoch, als Sönke ihn mit der Kündigung konfrontierte. Auch dies ist mit ein Grund dafür, dass Karsten sich so empfindlich davon getroffen fühlte. Ein resistentes Stress-Imprinting entsteht im Spitzenleistungsbereich demnach nicht nur durch das Ereignis selbst, sondern ist mitbedingt durch die Verfassung, in der wir mit ihm konfrontiert werden. Ein hohes Arousal wirkt wie ein mentales Vergrößerungsglas auf die Ereignisse und Reize um uns herum. Karsten allerdings empfand es als Widerspruch, dass er sich bei so viel Erfolg plötzlich durch ein eigentlich alltägliches Ereignis wie eine Kündigung aus der Bahn geworfen fühlte. Diese Fehleinschätzung basiert nun wiederum auf dem irrtümlichen Belief, dass Eustress keine Stresswirkung habe.

In unseren Coachings arbeiten wir daher mit vielen Klienten auf zwei Ebenen. Zum einen fokussieren wir das eigentliche Ereignis oder Thema, das mit in die Sitzung gebracht wird. Wenn sich herausstellt, dass unser Gegenüber durch eine ungünstige Belief-Struktur gefährdet ist, immer wieder ein chronisch überhöhtes Arousal zu entwickeln, wirken wir zusätzlich indirekt auf die Wahrnehmungsverarbeitung ein. Die spezielle Herangehensweise schildern wir in Kapitel VIII zum Thema „Belief-Coaching".

Ausreichender und erholsamer Schlaf ist übrigens mit das beste Selbstcoaching gegen die Entstehung eines überhöhten Arousals. Vor allem der Traumschlaf sorgt dafür, dass unsere emotionalen Speicher wieder aufgeladen werden und das limbische System sich auf angenehme Weise beruhigt. Nicht umsonst heißt es: „Schlaf eine Nacht darüber, morgen sieht alles ganz anders aus." Natürlich gibt es Beispiele von Menschen, die nur mit sehr wenig Schlaf auskommen. Doch über 90 Prozent aller Menschen benötigen durchschnittlich sieben bis acht Stunden Nachtschlaf, um vollständig zu regenerieren. Dabei kann man vereinfacht sagen, dass die ersten drei bis vier Stunden Schlaf der rein körperlichen Erholung dienen. Erst die letzten drei bis vier Stunden päppeln die Seele wieder auf. Dann kommt es nämlich vermehrt zum „flachen" REM-Schlaf – mit den vielen Traumphasen. Fällt diese Phase zu oft aus oder findet nur verkürzt statt, hat das eine ungenügende emotionale Verarbeitung der täglichen Ereignisse und somit ein zu hohes Arousal zur Folge. Wachen Sie beispielsweise oft nach drei bis vier Stunden Schlaf auf und können dann nicht mehr einschlafen, kann das schon ein Hinweis auf ein zu hoch angestiegenes chronisches Arousal sein. Auch hier kann eine entsprechende Selbstcoaching-Methode dabei helfen, schnell wieder einzuschlafen und so die Durchschlafstörung zu überwinden. In Kapitel VII schildern wir diese ausführlicher.

Sozialschmerz und soziale Kälte: Das Trauma mit den Mitmenschen

Zu den häufigsten Stress-Imprintings, die im Coaching zum Thema gemacht werden, gehören Enttäuschungen im Zwischenmenschlichen, egal ob sie sich mit den Vorgesetzten, den Kollegen, einem Kunden, einem Freund oder Lebenspartner, einem Publikum oder einem Trainer ereignet haben. Beispielsweise arbeiteten wir neulich mit Benno, einem jungen Spitzensportler, für den regelrecht eine Welt zusammenbrach, als sein Trainer ihn plötzlich „völlig links liegen ließ", weil er in einem Wettkampf schlecht abgeschnitten hatte. „Vorher hat er sich über Wochen ganz intensiv um mich gekümmert und jetzt bin ich plötzlich wie Luft für ihn." Der junge Mann sah wirklich aus wie jemand, der „die Welt nicht mehr versteht". Sein eigentliches Problem spiegelte sich in dem Satz wider: „Ich dachte, der mag mich wirklich."

Hinter diesem Satz verbirgt sich ein umfassendes Belief-System zum Thema „zwischenmenschliche Beziehungen". Ein solches Belief-System bildet bei jedem Menschen so etwas wie ein Fundament, auf dem seine Beziehungen zu anderen Menschen stehen. Wird nun dieses Belief-System verletzt, erfährt das Fundament eine Erschütterung, und eine „„Welt bricht zusammen".

Immer wieder hat man sich gefragt, warum etliche Menschen ein schweres Trauma wie eine Gewalttat oder einen Unfall überwinden können, ohne eine posttraumatische Belastungsstörung zu entwickeln. Sie sind zwar geschockt, aber dieser Schock baut sich im Laufe der Wochen und Monate kontinuierlich ab.

Noch vor zehn Jahren dachte man, dass Menschen, die eine PTBS entwickeln, schon vor dem traumatischen Ereignis psychisch labil seien. Heute weiß man aber, dass ein Trauma auch die psychisch stabilsten Menschen „umhauen" kann. Eine ungünstige Voraussetzung ist – wie zuvor beschrieben – ein in die Situation mit hineingebrachtes zu hohes Arousal; beispielsweise hat man die Tage zuvor zu wenig Schlaf gehabt. Eine andere ungünstige Bedingung ist jedoch die Reaktion der Mitmenschen in der Situation des Verletzt-Seins: Trösten und unterstützen diese oder geben sie noch zusätzlich einen Tritt, wenn man schon am Boden liegt? Da gibt es das Beispiel des jungen Mädchens, das vergewaltigt wurde. Sagen jetzt noch die Eltern: „Na, das ist ja kein Wunder bei den unmöglich engen Röcken, die du immer trägst", ist das Einsetzen einer chronischen Traumatisierung leider garantiert. Akut erschütterte oder geschockte Menschen benötigen die emotionale Unterstützung der Menschen, denen sie vertrauen, fast so dringend wie die Luft zum Atmen. Das gilt nicht nur für nahestehende Vertraute wie Eltern, Lebenspartner oder Freunde. Das unbewusste Vertrauen bringt man auch Menschen entgegen, die aufgrund ihrer Rolle zu

Vertrauenspersonen werden: dem Arzt, dem Polizisten, der Krankenschwester und natürlich auch der Führungskraft. Da Menschen in diesen Berufen oft gar nicht wissen, wie bedeutsam die Wortwahl in Gegenwart eines akut traumatisierten Menschen ist, besteht hier noch ein großer Schulungsbedarf. Wir haben bereits erwähnt, dass soziale Verletzungen dieser Art in den Gehirnscan-Bildern deutliche Befunde im Schmerzzentrum anzeigen. Ausgrenzung, Ablehnung und Ignoranz durch die Mitmenschen tun demnach körperlich weh, denn das Gehirn ist ein wesentlicher Bestandteil des Körpers. Daher nennt man diese mitmenschlichen Verletzungen heute auch „social pain" – auf deutsch „Sozialschmerz".

Benno hatte in den letzten Jahren seine ganze Freizeit in die sportliche Karriere investiert. Auch er hatte das Gefühl, dass sich das irgendwann einmal „rechnen" würde. Vor allem war er der Meinung, dass die anderen seinen Einsatz registrieren würden, nach dem Motto: „Nach all dem, was ich getan habe ..." Unbewusst war für ihn Solidarität im Mannschaftsteam eine grundlegende Voraussetzung, um sich so weit auf diesen Sport einlassen zu können. Das implizierte, dass die anderen, beispielsweise der Trainer, auch – oder gerade – zu einem halten würden, wenn man einmal „Pech" hat. Er aber wurde fallen gelassen wie eine heiße Kartoffel. Am meisten zu schaffen machte Benno die Tatsache, dass er selbst gerade von diesem Trainer eine solche Reaktion nie erwartet hätte. „Ich habe ihn fast wie einen Vaterersatz erlebt."

Sozialschmerz setzt vor allem ein, wenn man damit konfrontiert ist, dass das innere „Werte- und Belief-Modell", also die innere Welt, offensichtlich nicht mit dem Werte- und Belief-Modell des Gegenüber harmoniert. Ein inneres Modell der Welt gibt einem die Sicherheit, sich in der Welt „da draußen" zurechtfinden zu können. Man lebt mit dem Belief, dass dieses Modell ausreicht, um die Reaktionen seiner Mitmenschen voraussehen und sich damit auf diese verlassen zu können. Ist dies nicht der Fall, fühlt man sich „kalt erwischt" und zutiefst verunsichert. „Aber das kann er doch nicht einfach so tun", heißt es dann. „Das darf doch nicht wahr sein. Warum begreift er nicht, dass ..." Das Modell der Welt erweist sich als unsichere Täuschung und führt zur Ent-Täuschung. Haben Sie beispielsweise einen ewig neidischen Konkurrenten, würde es Sie überhaupt nicht erschüttern, von ihm unfair behandelt zu werden. Sie würden sich sicher sehr ärgern, aber Ihre innere Welt bliebe heil, denn Sie haben hier ja nichts anderes erwartet. Karsten wurde von Sönkes Kündigung deshalb „umgehauen", weil er gerade von ihm einen solchen Schritt am wenigsten erwartet hätte. Hier fehlte die sprichwörtliche „innere Wappnung", die fehlende Chance, sich rechtzeitig „einstellen" zu können.

Gelassenheit in der professionellen Kommunikation stellt sich eigentlich erst dann ein, wenn man nur noch voller Interesse die vielfältigen Reaktionen seiner Mitmenschen registriert, sich aber nicht mehr besonders wundert und von einer Ohnmacht in die andere fällt. Diese Art von Gelassenheit ist beispielsweise im Umgang mit Medien nahezu überlebenswichtig. Ansonsten könnte sich jemand, der aufgrund seiner besonderen Tätigkeit im öffentlichen Rampenlicht steht, sogar ein besonders resistentes Performance Stress-Imprinting einfangen.

Die eigentliche Verletzung sind also gar nicht nur der Ärger oder der Schmerz über das, was einem angetan wurde. Die traumatische Verunsicherung entsteht dadurch, dass man niemals dachte, dass so etwas passieren würde und dass man sich ab jetzt ungeschützt fühlt. Hier passt der bekannte Spruch: „Ich glaube, ich bin im falschen Film." Deshalb überprüfen wir in unseren Coachings auch die Beliefs, die unsere Klienten über zwischenmenschliche Beziehungen im Leistungsbereich mitbringen, wie z.B.: „Das wird man mir danken", oder: „Wenn ich fair bin, sind die anderen es auch". Oder gar: „So etwas passiert mir nicht." Bergen solche unbewussten Annahmen ein hohes Enttäuschungspotenzial, erweitern wir im Coaching diese unbewussten Annahmen, damit ein Coachee auf das große Spektrum menschlicher Reaktionen im Spitzenleistungsfeld besser vorbereitet ist und dadurch auch gelassener wird.

In diesem Zusammenhang vermitteln wir auch Know-how zum Thema „Menschenkenntnis": Wie kann man bewusst eine positive Wellenlänge zu verschiedenen Menschen aufbauen? Wie entstehen Missverständnisse? Was ist eine Übertragung? Warum ist Neid ein natürliches Phänomen, mit dem ein Spitzenleister rechnen muss? Usw. Dieses Know-how wird dann zum schützenden Nervenkostüm, wodurch man selbst im Fluss bleibt. Denn es kann einem Spitzenleister nichts Schlimmeres passieren, als „einzuschnappen" und innerlich „einzupacken." Daher stellen wir später in diesem Kapitel noch das Thema „Kränkungen und Rachegefühle" als Leistungshemmer vor.

Zuvor informieren wir noch über eine weitere Stress-Quelle: Nicht nur wir selbst, sondern auch unsere Mitmenschen sind wütend, gekränkt, erschöpft, traurig – und das kann auf unser Emotionsklima abfärben. Erfahren Sie im nächsten Kapitel interessante Informationen über das Phänomen der „Spiegelneurone".

Hinweis für Coaches: **Einfach nur zuhören und da sein**

Die meisten Coaching-Ausbildungen bieten dem Profi eine Fülle von Interventionen und Anwendungsmöglichkeiten psychologischer Formate: Aufstellungen, die Arbeit mit dem inneren Team, natürlich wingwave-Coaching und vieles mehr.

Nach wie vor wünschen sich auch Coaching-Kunden immer wieder Verständnis und menschliche Verbundenheit – auch und gerade im Kontakt mit dem Coach. Es ist bekannt, dass Führungskräfte oft zu wenige kompetente Gesprächspartner haben. Das liegt nicht daran, dass sie sich nicht austauschen wollen, sie finden zu wenige geeignete Personen. Mitarbeiter sollen durch „Sorgengespräche" nicht beunruhigt werden und die Familie natürlich erst recht nicht. Freunden darf man vielleicht nichts anvertrauen, da Führungskräfte oft auch Geheimnisträger sind.

Also entstehen viele gute Coaching-Stunden nach wie vor durch aktives Zuhören: Der Coachee spricht sich aus, der Coach versucht zu verstehen, fragt nach, hilft beim Gedanken-Sortieren. Sie leisten als Coach oft auch wertvolle Arbeit, wenn Sie dem Coachee nur „ein Ohr leihen." So entsteht eine positive Wellenlänge, die als soziale Wärme empfunden wird, in der Ihr Coachee „auftauen" kann. Erst dann sind aktive Interventionen wirklich sinnvoll.

Die Wirkung der Spiegelneurone: Dein Stress ist mein Stress

Dieses Thema ist von besonderer Bedeutung, weil viele Coachees nicht nur über Blockaden mit den eigenen Emotionen, sondern auch über ihre Schwierigkeiten mit den Emotionen ihrer Kommunikationspartner berichten. Deshalb findet sich auch im wingwave-Aussagenbaum folgender Hinweis für die Kommunikationssituation: „Es sind die eigenen Gefühle"/„Es sind die Gefühle der anderen". „Ich kann meinen Mitarbeiter nicht kritisieren, weil es mir unangenehm ist, ihm weh zu tun", klagt beispielsweise der Abteilungsleiter eines Autokonzerns. „Dabei kann ich Streit aushalten und habe keine Angst davor, nicht gemocht zu werden. Mein Kopf sagt mir, dass ich ihm unbedingt seine Fehler nennen muss. Aber ich spüre, dass es ihn treffen wird. Das ist meine Blockade."

„Warum ich fühle, was du fühlst" lautet der Buchtitel des bereits erwähnten Medizinprofessors und Psychotherapeuten Joachim Bauer zum Thema „Spiegelneurone". Konkreter kann man das Thema dieses Coachee nicht beschreiben, denn Menschen können tatsächlich spüren, was ein anderer fühlt. Der Abteilungsleiter vermag als sensibler Gesprächspartner auf neurobiologischer Basis im eigenen Körper zu fühlen, wie sich das „Getroffen-Sein" des kritisierten Mitarbeiters anfühlen wird. Er scheut also keinesfalls die „Zeit danach", wo das Gegenüber vielleicht beleidigt, abweisend oder vorwurfsvoll reagieren könnte. Damit kann er umgehen, jedoch nicht mit dem „Spiegel der Gefühle" in der eigenen Neurologie, was nun zu seinem Coaching-Thema wird. Genauso mögen Kinder sich manchmal mit einem Problem nicht an die Eltern wenden, da sie spüren, dass es die Eltern aufregen oder sorgen würde. Hier geht es nicht um mangelndes Vertrauen, sondern um die Frage, ob ein anderer Mensch mich „aushalten" kann.

Eine italienische Forschergruppe entdeckte, dass wir Menschen beim Wahrnehmen der Gefühle unseres Gegenübers Gehirnaktivitäten aufweisen, die uns diese Gefühle real miterleben lassen. Wie bereits beschrieben, reagiert bei uns Menschen das Schmerzzentrum, wenn wir uns abgelehnt oder gar verachtet fühlen. Dieser Befund macht deutlich, warum besagter Coachee Hemmungen beim Gedanken an die Konfrontation des Mitarbeiters spürt. Neurologisch real könnte es nämlich passieren, dass das Gegenüber dabei konkret einen körperlich spürbaren Schmerz fühlt, dass der Konfrontierte sich – im wahrsten Sinne des Wortes – „peinlich berührt" fühlt. „Pein" ist ja bekanntlich ein Synonym für das Wort Schmerz, was wieder einmal einen neurolinguistischen Hinweis auf die Weisheit unserer Redewendungen gibt.

Diese Erkenntnisse machen deutlich, wie wichtig Empathie, Rapport und die sprichwörtliche positive Wellenlänge für Therapie, Coaching und Beratung sind. Obwohl dies für alle professionellen Coaches im beruflichen Alltag eine Selbstverständlichkeit darstellt, ist es faszinierend, die wissenschaftliche Bestätigung aus Sicht der Gehirnforschung erläutert zu bekommen. Darüber versteht man auch die Bedeutung des „Emotions-Spiegels" für die Unternehmenskommunikation. Laut Bauer zählt es auch zu den Aufgaben einer Führungskraft, sensibel die „Spiegelungen" zwischen den Mitarbeitern wahrzunehmen und daraus Rückschlüsse über die Qualität der Zusammenarbeit zu schließen. „Ein fröhliches Gesicht im Unternehmen wird oft gedeutet mit ‚dem geht es wohl zu gut' oder gar ‚der ist nicht ausgelastet, dem müssen wir noch mehr Arbeit geben.' Kaum einer denkt: ‚Wie gut, dass ihm die Arbeit Spaß macht'!", kritisierte Bauer. Er gibt zu bedenken, dass die gestresste Mimik allzu vieler Kollegen schnell bewirken kann, dass neue Mitarbeiter allein über das Spiegelphänomen ebenfalls ein subjektives Unbehagen am Arbeitsplatz entwickeln und dass so in einem schleichenden Prozess einer nach dem anderen seine ursprüngliche Motivation und Leistungskraft verliert. „Das sollte eine Führungskraft erkennen und verändern lernen", forderte Joachim Bauer 2006 auf einer Jahresversammlung der wingwave-Coaches.

Bei interkollegialen Supervisions-Treffen überprüfen die wingwave-Coaches ihre eigene Reaktion auf subjektiv unangenehme oder stressende Emotions-Fotos von Menschen in Problemsituationen. Der erwünschte starke Test angesichts des Emotionsstresses eines anderen Menschen bedeutet: „Der Coach kann verkraften, was er wahrnimmt – auch den Gefühlsspiegel in der eigenen Neurologie. Er bleibt im Kontakt mit seinen Kraftquellen und Fähigkeiten – gerade und weil es einem anderen schlecht geht." Diese Reaktion darf man übrigens auch von einem Arzt, einem Rettungsschwimmer oder von erfolgreichen Detektiven, wie beispielsweise „Miss Marple" erwarten.

Fällt der Test allerdings schwach aus, werden die jeweiligen Emotionen wieder im systematischen Feintest festgestellt. Für das eigene Erleben testet man Sätze wie: „Wenn ich diesen Menschen wahrnehme, bin ich traurig, ängstlich, hilflos usw." Hierbei wird jede Emotion einzeln getestet. Für das Erleben des Gegenübers lauten die Test-Aussagen: „Dieser Mensch ist wütend, er hat Schmerzen, ist gekränkt etc." Die Sätze werden vom Coachee oder vom Tester gesprochen. Wichtig ist dabei die sprachliche Genauigkeit, also die Satzaussage in der ersten oder dritten Person. Viele Menschen testen bei diesem wingwave-Spiegel entweder nur in der eigenen Betroffenheit oder nur im Spiegelerleben schwach. Etliche Menschen testen aber auch auf beiden Seiten des Spiegels mit einer Stressreaktion. Interessanterweise handelt es sich bei eigener und gespiegelter Betroffenheit in der schwachen Testung nie um die gleichen Emotionen oder Gefühle. Beispielsweise testete Sabine, eine Handballspielerin, beim Anblick eines verletzten Sportlers schwach auf den Satz: „Dieser Mensch hat Schmerzen." Die eigene schwache Reaktion auf den Gefühlsspiegel war nicht Schmerz, sondern zunächst der Satz: „Der Anblick macht mich hilflos." Nach dem ersten Interventions-Set war die Hilflosigkeitsreaktion überwunden. Dann behandelten wir noch den Satz: „Dieser Sportler hat Schmerzen." Sabine fasste sich an das eigene Knie, als wir diesen Satz bearbeiteten. Dann lachte sie plötzlich und rief: „Der baut doch nur eine Schwalbe!" Damit ist gemeint, dass Sportler den Spiegelneuronen-Stress ihrer Gegenspieler durch übertriebenes Schmerzgebaren oft „anklicken", um deren Kampfgeist zu schwächen.

Somit eröffnet der wingwave-Spiegel auch neue Perspektiven für ein gelungenes Sportcoaching. Bei vielen Coachees ergibt die weitere Testung noch einen „wunden Punkt" in der Lebensgeschichte: Beispielsweise musste man früher auf jüngere Geschwister aufpassen, welche die ganze Zeit Bauchweh hatten und schrien, oder die Eltern konnten mit ihren Emotionen wie Angst oder Trauer nicht umgehen, sodass sie ihrem Kind im Modell-Lernen keine Bewältigungsstrategien vermittelten. So generalisieren diese Personen dann: „Menschen – vor allem große Menschen – brechen schnell zusammen. Ich darf sie also nicht ‚anticken'." Diese Stress-Erinnerungen werden zusätzlich mit wingwave bearbeitet. Bei Sabine war dieses Bearbeiten von verdecktem Biografie-Stress laut Test allerdings nicht erforderlich.

Das Phänomen der Spiegelneurone und die Intervention des „wingwave-Spiegels" spielen demnach bei allen Formen systemischen Coachings eine wichtige Rolle. Schon oft konnten wir testen, dass Menschen mit Erschöpfungszuständen, Schamgefühlen oder Ängsten herumliefen, die ihre Ursache nicht in persönlich durchgemachten Erlebnissen hatten, sondern durch eine emotionale Nähe zu wichtigen Mitmenschen entstanden waren, welche diese somatischen und emotionalen Stresszustände ausgedrückt hatten.

Oft reagieren Menschen sogar entsprechend auf Erzählungen aus der Familiengeschichte vor ihrer Geburt. Das hat nichts mit Reinkarnation zu tun, sondern mit der emotionalen Betroffenheit, die Familienmitglieder beim Erzählen auf ihre Kinder übertragen. In diesem Fall „bewinken" wir auch die Vorstellungen, die sich unsere Coachees zu den erzählten Geschichten aufgebaut haben, was ebenfalls zu befreienden positiven Ergebnissen führen kann. Diesen Ansatz haben wir in unserem Buch „imaginative Familienaufstellung" vertieft. Hier verbinden wir wingwave mit systemischer Familien- und auch Organisationsaufstellung. Diese Formate können sowohl imaginativ als auch in einer Gruppenaufstellung durchgeführt werden – je nachdem, ob Gruppen zur Verfügung stehen oder nicht und ob als Zeitkontingent mehrere oder nur ein bis zwei Stunden zur Verfügung stehen.

Natürlich können auch die positiven Effekte des Spiegelneuronen-Phänomens im Coaching genutzt werden. Aus dem NLP kennen wir die ressourcenaktivierenden Formate des Modell- und Strategielernens. „Es ist eine der wenigen Möglichkeiten, einem anderen Menschen seinen Reichtum zu klauen, ohne dass es ihm schadet", sagte einmal Thies Stahl, unser NLP-Lehrer. Wenn wir beim wingwave-Spiegel positive Modelle nutzen, gehen wir im Format ebenso vor wie bei den zuvor beschriebenen Stress-Themen. Dem Coachee wird wieder ein „Emotions-Katalog" mit zwölf Fotos vorgelegt, die Menschen in verschiedenen Ressource-Physiologien zeigen. Wieder bestimmen wir mit dem Body-Scan und dem O-Ringtest die positive Spiegelung der Ressource-Emotion im Körpererleben, während der Coachee diese positiven Menschen auf den Fotos betrachtet. Auch hier wird die Emotion genau bestimmt: So macht Selbstbewusstsein beispielsweise eine andere Ressource-Physiologie als Freude oder Spaß. Nach dieser Vorbereitung „webt" der Coach mit langsamen Wink-Bewegungen die Ressource-Emotion in die Wahrnehmung des Klienten ein.

Selbstcoaching-Tipp: **Emotions-Modelling**

Sammeln Sie aus Zeitschriften, Büchern oder aus dem Internet Bilder von Personen, Schauspielern oder Figuren, die positive oder ressourcevolle Emotionen ausdrücken: Freude, Ruhe, Mut, Dynamik usw. Orientieren Sie sich auch an Erscheinungen wie Pippi Langstrumpf, Buddha, dem Druiden Majestix aus den Asterix-Comics oder an Einstein.

Arbeiten Sie nun mit der wingwave-CD oder der Butterfly-Methode: Sie betrachten Ihr „Emotions-Modell", spüren in sich die positive Resonanz und dabei führen Sie die Selbst-Intervention durch. Erleben Sie, wie Ihre Spiegelneurone die ressourcevollen Emotionen Ihres Modells empfangen und ein entsprechend positives, gelassenes oder energievolles Gefühl sich in Ihnen ausbreitet.

Warum sind Kränkungen und Rachegefühle die größten Leistungsblockaden?

Nach dem systemischen Ausflug in die Gefühlswelt anderer Menschen – in die Emotionen eines Gegenübers – kehren wir zu den selbst empfundenen Gefühlen unserer Coachees zurück und knüpfen mit unserer Geschichte vom Westernhelden nochmals an das Thema „Enttäuschung durch Mitmenschen" an. Eigentlich basieren die meisten der klassischen Westernfilme auf dem gleichen Plot: Ein einsamer ernst oder gar finster schauender Held reitet ruhelos durch die Gegend, um jemanden zu finden, an dem er sich rächen muss. Solange die Sache nicht vom Tisch ist, kann er mit seinem Leben nichts Vernünftiges anfangen: Er kann sich nicht verlieben, nicht sesshaft werden, kein Haus bauen, geschweige denn einen Baum pflanzen. Diese ewige Story findet immer wieder ein gebanntes Millionenpublikum, das diesen Helden aus tiefstem Herzen versteht, denn jeder von uns trägt so einen ruhelosen Helden, der noch abrechnen muss, in sich. Da gab es den Lehrer, der uns ein Leben als Versager prophezeite; die arrogante Klicke, die uns ausschloss; der Ex-Lover mit seinen herablassenden Bemerkungen. Und nun ist da auch noch der unmögliche Vorgesetzte, der menschlich gesehen eine Katastrophe ist. „Ihr werdet euch noch wundern", heißt dann die Devise. Das kann zweierlei bedeuten:
1. „Von mir bekommt ihr nichts mehr" oder
2. „Ich werde es euch zeigen – jetzt erst recht".

Diese blockierte innere Haltung ist in den letzten Jahren mit einem Fachbegriff belegt worden: „Posttraumatische Verbitterungsstörung". Unter dem Titel „Die Weisheit des Erfolgs" hat Evelin Kroschel vor einigen Jahren zu diesem Thema ein ganzes Buch geschrieben. Deutlich zeigt sie auf, wie Kränkungen Rachegefühle nach sich ziehen und wie so beispielsweise viel wertvolle Leistungskraft in einem Unternehmen verloren geht. Wir möchte an dieser Stelle nur erwähnen, dass man im Spitzenleistungsbereich mit Kränkungs- und Rachegefühlen nicht den anderen „eins auswischt", sondern dass man vor allem seine eigenen Ressourcen blockiert. Diese „Abrechner-Aktivierung" geht leider auf Kosten der persönlichen Ausstrahlung, des Charismas. Denn der Cowboy – und natürlich auch das Cowgirl – zeigt jedem sein finsteres Gesicht und lässt seine Verletzung überall durchschimmern, auch bei denen, die ihm nichts getan haben. Denken Sie hier nur an Karsten, der nach der Enttäuschung mit Sönke anfing, auch auf andere junge Kollegen abweisend zu reagieren. Die Gefahr, „Unschuldige" zu treffen, ist also im Falle eines chronischen Gekränkt-Seins besonders hoch.

Die ganze Energie eines Gekränkten richtet sich auf „Wiedergutmachung" und somit in die Vergangenheit. Das Unbefriedigende daran ist, dass man bei diesen Formen von Verletzung den Täter nur sehr selten wirklich zufriedenstellend zurücktreffen kann. Leider kostet das alles nicht nur viel Zeit, sondern in dieser Warteschleife auf Wiedergutmachung wird die persönliche Entwicklung auf Eis gelegt, wie das Beispiel des Cowboys zeigt. Langfristige Spitzenleistung hat jedoch immer mit Persönlichkeitsentfaltung und nicht mit Persönlichkeitserstarrung – bis zur Klärung des Falls – zu tun. Das ungünstigste an Rachegefühlen ist aber die Bereitschaft, notfalls „über die eigene Leiche" zu gehen. Im zivilen Leben bedeutet das, seine Lebensqualität und Gesundheit zugunsten der Wiedergutmachung bereitwillig aufs Spiel zu setzen. EMDR und wingwave-Coaching können hier eine wertvolle Hilfe sein, um die innere Kränkung zu überwinden, sich aus dem Verletzt-Sein zu befreien und aus dem ruhelosen Reiter zu einem sesshaften Farmer mit reichen Ernteerträgen zu werden. Denn auch wenn das Leben um einen herum tobt, kann und darf doch die innere Welt heil sein und bleiben.

Was ist der Hitchcock-Effekt?

All diese Ausführungen zeigen Ihnen, dass ein PSI rein optisch für einen Laien oft nicht ohne weiteres nachvollziehbar ist. Ein Mensch kann sich getroffen, verletzt, verwundet fühlen, ohne dass er tatsächlich körperlich jemals in Gefahr ist oder war. Da hat ein anderer Mensch einen kleinen Satz gesagt, da stand „nur" ein bestimmter Artikel in der Zeitung und dennoch schlagen die Emotionen Wellen, als sei man in Lebensgefahr geraten. Da mag man sich manchmal sogar wünschen, es sei wenigstens etwas „Echtes" passiert, wie beispielsweise ein Unfall. Bei den nicht offensichtlichen Verletzungen fangen nämlich viele Menschen an, ihren Emotionen und damit sich selbst zu misstrauen. Das Gefühl wird durch die Situation scheinbar nicht gerechtfertigt, man glaubt, dass man sich „anstellt".

Wir sprechen bei dieser Widersprüchlichkeit zwischen äußerem Anlass und subjektivem Erleben zur Veranschaulichung vom „Hitchcock-Effekt". In seinen Psychothrillern inszenierte Hitchcock viel lieber das Grauen im inneren Erleben als im äußeren Umfeld. Beispielsweise findet ein Mensch in einem Zimmer eine Leiche. Erschrocken läuft er davon und alarmiert seine Mitmenschen. Als sie zusammen in das Zimmer zurückkehren, ist die Leiche natürlich verschwunden. Der Horror ist also nicht die Leiche, sondern er besteht in dem Erlebnis, dass der arme Leichenfinder seiner Wahrnehmung nicht trauen kann. „Na ja, du hast ja auch eine aufregende Woche hinter dir", sagen die anderen dann begütigend oder: „Manchmal wirft die Gardine so komische Schatten. Das sieht dann schon mal seltsam aus …" Durch diese Bemerkungen wird alles natürlich nur noch schlimmer. Taucht die Leiche dann wieder auf, freut sich unser armer Kandidat sogar. Das ist wohl eine der wenigen Situationen, in denen ein Mensch erleichtert ist, wenn er eine Leiche findet.

Im Coaching hat man es sehr oft mit diesem Hitchcock-Phänomen zu tun. Wir können nur jeden dazu ermutigen, seine Emotionen ernst zu nehmen, denn mit den relativ neuen Erkenntnissen aus der Psychotraumatologie und Gehirnforschung sind sie meist vollständig erklärbar – nur eben nicht auf den ersten Blick.

Selbstcoaching-Tipp: **Mini-Check für Performance-Stress-Imprintings (PSI)**

Anhand der hier vorgestellten Zusammenfassung über begünstigende Faktoren für die Entstehung von PSI können Sie für sich selbst einschätzen, ob Sie PSI-gefährdet sind. Sollte dies – glücklicherweise – nicht der Fall sein, dient Ihnen diese kleine Liste als nützliche Präventionsmöglichkeit, um PSI gar nicht erst eine Chance zu geben.

1. Sie haben in den letzten Monaten schleichend wegen Dystress oder Eustress ein zu hohes chronisches Arousal entwickelt und erleben deshalb „Spitzen" von außen wie durch ein „mentales Vergrößerungsglas". Plötzlich haben Kleinigkeiten eine zu starke emotionale Wirkung auf Sie.

2. Irgendeine Komponente einer aktuellen Situation – das kann nur ein bestimmter Tonfall in der Stimme eines Gesprächspartners sein – erinnert Sie unbewusst an einen Biografie-Stress aus Ihrer Lebensgeschichte und führt entsprechend zu einem emotionalen Flashback-Phänomen.

3. Ein Mensch oder eine Gruppe von Menschen haben Sie enttäuscht. Dabei handelt es sich um Menschen, von denen Sie diese Art Handlung oder Reaktion nie erwartet hätten. Ihr inneres Bild von der Welt wurde also erschüttert. Sie glauben, Sie sind im falschen Film und denken vielleicht: „Das darf doch nicht wahr sein!"

4. In Ihrem Leben ist soweit eigentlich alles in Ordnung – aber viele oder wichtige Mitmenschen um sie herum sind im Dauerstress, leiden, sind erschöpft oder gar gereizt. Sie spüren, dass Sie in Gefahr sind, sich über die Spiegelneurone „anstecken" zu lassen und finden zu wenig Kraft, um sich zu schützen oder um die anderen Menschen zu erreichen, zu kritisieren oder sie zu ermutigen.

5. Sie leiden wegen eines belastenden Erlebnisses unter PSI und wundern sich, dass die Auswirkungen sich nicht wie gewohnt von allein beruhigen. Wiederum denken Sie: „Das darf doch nicht wahr sein", weil Sie es sonst von sich kennen, dass die Zeit immer „alle Wunden heilt". Sie wissen nicht, dass Ihre mentalen Selbstheilungskräfte neurologisch blockiert sind, weil das Ereignis auf rein körperlicher Ebene Ihre Reizverarbeitungsmechanismen überfordert hat und nun Ihr Zeitgefühl bezüglich dieses Ereignisses nicht mehr wie sonst funktioniert. Das bedeutet aber nicht, dass Sie eine Mimose sind, da so etwas auch den psychisch stabilsten Menschen passieren kann. Bleiben Sie bei Ihrem positiven Selbstbild, setzen Sie sich nicht unter Druck, sondern lassen Sie ganz einfach durch einen wingwave-Coach „den Stachel entfernen." Das ist gesünder, als in eine mentale Kompensation hineinzugeraten, so wie sie im nächsten Kapitel beschrieben wird.

6. Sie haben ein Anforderungsmaß – wir sprechen hier auch von Euphorie-Beliefs – an sich selbst und die Umgebung, das die Grenzen und Schwächen von Menschen in ihrem irdischen Dasein nicht berücksichtigt und sind deshalb besonders gefährdet, immer wieder kränkende oder schmerzende Enttäuschungen zu erleben. Die Folge kann ein „Verbitterungssyndrom" sein.

Wieso ist Kompensation ein Energiefresser?

Stellen Sie sich vor, jemandem schmerzt die Hüfte. Doch anstatt die Schmerzen behandeln zu lassen, gewöhnt er sich eine Schonhaltung an: Er bewegt sich jetzt so, dass die schmerzende Hüfte nicht mehr belastet wird. Er kompensiert also den schmerzenden Bereich mit den Muskelgruppen der gesunden Körperbereiche. Eine Weile klappt das recht gut. Doch nach einiger Zeit reagieren auch die gesunden Bereich auf die ständige Überlastung und beginnen Probleme zu machen.

Auch im psychischen Erleben versucht jeder Mensch, sich in der Balance zu halten. Leidet er bewusst oder unbewusst unter einem resistenten Stress-Imprinting, versucht er – und das ist ein völlig gesunder Impuls –, zu dieser latenten Beeinträchtigung ein Gegengewicht zu finden. Stellen Sie sich posttraumatischen Stress wie einen Tinnitus auf emotionaler Ebene vor: Eine subjektiv als unangenehm eingestufte Emotion wie Angst, Wut, Trauer, Scham oder Ekel veranstaltet in der Gefühlswelt ein „Dauergeräusch". Einen Dauerton kann man nicht durch Stille und Ruhe unwirksam machen. Vielmehr besteht das beste Mittel darin, ihn durch einen noch lauteren Ton zu übertönen und damit subjektiv auszuschalten.

Performance-Stress-Imprintings spielen sich als Daueraktivierung auf einer unbewussten Ebene ab: Man fühlt sich quasi „unterirdisch" unwohl, jedoch ohne immer an ein auslösendes Ereignis denken zu müssen. Bilder und Erinnerungen an Gespräche können sich mal ausblenden, aber das emotionale Drücken oder Pieksen bleibt. Das ist natürlich unangenehm. Nun macht man plötzlich die Entdeckung, dass intensives Arbeiten „lauter" ist als der unangenehme emotionale Misston. Das ist zunächst eine Erleichterung und die Psyche erlebt Arbeiten nun wie eine gute Medizin gegen die unangenehme Dauer-Beeinträchtigung – den „unterirdischen Stress", wie sich ein Coaching-Kunde einmal ausdrückte. Die Arbeit betäubt die seelische Missempfindung. Auf diese Weise wird Arbeit zur Kompensation. Ihre eigentliche Funktion besteht nicht mehr darin, Erfolg und Freude zu erlangen oder die Persönlichkeit zur Entfaltung zu bringen, sondern hauptsächlich in ihrer therapeutischen Wirkung. Wird die Arbeit „leiser", setzt also Ruhe ein, hört und fühlt man leider wieder den emotionalen Misston. Also wird schnell wieder „aufgedreht".

Menschen kompensieren aber nicht nur mit Arbeit, sondern auch mit übermäßigem Essen, Trinken, Rauchen, Sport treiben, auf Partys gehen ... Dem „Übertönen" sind keine Grenzen gesetzt. Dabei erfolgt die Auswahl der kompensatorischen Handlung oft sogar nach dem Zufallsprinzip: Jede Tätigkeit, die den chronisch rumorenden Stress angenehm „übertönt", wird vom Nervensystem als Medizin registriert und entsprechend eingesetzt. Deswegen ist es auch müßig, mit Menschen darüber zu diskutieren, warum es ungünstig ist, ein Workaholic zu sein oder zu viel zu essen;

das weiß ihr Unbewusstes ja schon längst. Wie bei einem sehr guten und wirksamen Medikament werden die Nachteile einfach in Kauf genommen. Viel wichtiger ist hier also die Frage, welchen positiven Effekt das Verhalten hat: Es kompensiert und sorgt dafür, dass der Schmerz oder der Stress scheinbar nachlässt. Es sorgt für Ausgleich.

Obwohl Kompensation also eine positive Absicht hat, sind die Folgen ein hoher Energieverschleiß. Einerseits leidet des Nervensystem schon unter dem inneren „Dornröschenschloss" mit der unangenehm pieksenden Dornenhecke und muss den von dort ausgehenden Dauerstress ertragen. Dann muss es noch ein aufwendiges Verhaltenssystem organisieren, damit man den Kontakt mit der inneren Dornenhecke vermeidet, um dort nicht hängen zu bleiben. Es ist so, als würde ein Auto permanent mit angezogener Handbremse unter Vollgas gefahren werden.

Mit dieser Metapher motivieren wir Klienten, Ihre „wunden Punkte" zum Heilen bringen zu wollen. Denn viele sagen tatsächlich: „Hätte ich damals diese Katastrophe nicht erlebt, wäre ich heute nicht so erfolgreich." Natürlich stellt sich gerade bei Kompensation oft ein sehr großer Erfolg ein. Doch wir können versichern, dass alle unsere Coaching-Kunden auch nach einem wingwave-Coaching sowohl ihr Leistungsniveau als auch ihre Motivation halten konnten. In allen Fällen wandelte sich jedoch die kompensatorische „Weg-von-Motivation" in eine „Hin-zu-Motivation", was von allen als großer Gewinn für eine positive Lebensqualität empfunden wurde. „Es fühlt sich einfach gesünder an!", fasste beispielsweise Karsten diesen Effekt in einem Satz zusammen. Das Nervensystem muss nicht mehr gleichzeitig sich selbst aktivieren und bremsen, sondern kann alle Energie angenehm fließend in das tägliche Wirken geben. So entsteht ein angenehmes Flow-Erlebnis im Leistungskontext, welches sich auch in ersten wissenschaftlichen Untersuchungen über wingwave-Coaching als positiver Trend nachweisen lässt.

VI. wingwave auf dem Prüfstand der Wissenschaft

Auftrittsstress in Auftrittsfreude umwandeln?

von Marie Luise Dierks*

Vorbemerkung von Cora Besser-Siegmund & Harry Siegmund

Da wir in den weiteren Ausführungen das Thema „wingwave- und Ressourcen-Coaching" vorstellen, ist dieser Artikel von Marie-Luise Dierks eine interessante Einführung in den Zusammenhang zwischen wingwave-Coaching und der anhaltenden Zunahme von positiven Emotionen bei den Coachees:

Für viele Menschen ist das Reden vor kleinen und größeren Gruppen mit hohem Stress und unangenehmen Gefühlen verbunden. Die Belastungen sind vielfältig und reichen von leichten Beklemmungen über ein wenig Herzklopfen, schlaflose Nächte vor dem Vortrag, Magen- und Darmprobleme, Schweißausbrüche bis zu Zittern und Unruhe. In geringem Ausmaß kennen das vermutlich alle Menschen, die vor einer wichtigen Auftrittssituation stehen. Ja diese Symptome, landläufig als Lampenfieber bezeichnet, helfen auch dabei, alle Energiereserven zu mobilisieren und den öffentlichen Auftritt gut zu absolvieren. Bei manchen Menschen allerdings nehmen die Ängste so starke Ausmaße an, dass sie regelrecht krank werden oder die Situationen ganz meiden – nicht selten mit negativen Folgen für die berufliche Entwicklung.

Hier können Verhaltenstrainings, aber auch psychologisch-therapeutische Maßnahmen helfen. In Verhaltenstrainings werden die beängstigenden Situationen mehrfach durchlaufen, mit dem Ziel, eine Gewöhnung und damit mehr Sicherheit für folgende Auftritte zu bewirken. Hinzu kommen hilfreiche Tipps für den Umgang mit den Symptomen, häufig werden Präsentationstechniken vermittelt und Videoanalysen eingesetzt.

---

*   Professorin an der Medizinischen Hochschule Hannover für den Bereich „Public Health"

Eine andere Möglichkeit, mit Lampenfieber und Ängsten vor öffentlichen Auftritten umzugehen, ist die Beschäftigung mit den (kleinen) Traumen und Ängsten, die den Auftrittsängsten zugrunde liegen und die Bewältigung dieser Ängste mithilfe von Interventionen aus dem Bereich der Psychologie, Psychotherapie oder aus dem Coaching.

Gegenstand der im Folgenden kurz vorgestellten Studie war, ob die wingwave-Methode mit ihrem Fokus auf einer schnellen Identifikation stressverursachender Auslöser in der Vergangenheit, Gegenwart oder der Zukunftserwartung und der schnellen Bearbeitung der Ängste auf der Basis bilateraler Hemisphärenstimulation geeignet ist, Auftrittsstress zu reduzieren.

Die Studie

Von 2006 bis 2008 führten wir die Untersuchung in Zusammenarbeit mit dem Besser-Siegmund-Institut durch. Ziel war es, den Stellenwert der wingwave-Methode im Vergleich zu anderen Interventionen bei Auftrittsängsten zu überprüfen. Als Effektmasse wurden die individuelle Einschätzung der Angstsymptome unmittelbar vor Präsentationen und im Zeitverlauf sowie physiologische Parameter wie Blutdruck und Herzfrequenz definiert.

Die Teilnehmer an der Studie litten alle unter Auftrittsangst und hatten sich aufgrund von Zeitungsannoncen für eine Intervention angemeldet, ohne über die Art dieser Intervention informiert zu sein. Die Intervention variierte, für alle Gruppen gleich waren die Rahmenbedingungen: Alle Studienteilnehmer mussten nach kurzer Vorbereitung vor einem unbekannten Publikum (ca. zwölf Personen) zunächst „ungecoacht" eine fünfminütige Rede zu einem allgemeinen, ihnen zugewiesenen Thema halten. Sie erhielten dann eine Coaching- bzw. Trainingsmaßnahme und präsentierten einen Tag später nach gleichem Muster wie am Vortrag wieder eine Rede vor unbekanntem Publikum.

Das Design und die Teilnehmerinnen und Teilnehmer

Es wurden drei Gruppen miteinander verglichen:

1. Gruppe „wingwave +": Die Teilnehmer dieser Gruppe (n=11) erhielten im Rahmen eines eintägigen Verhaltenstrainings (Videoaufnahmen und -analysen, Übungen, Präsentationsregeln) eine einstündige wingwave-Intervention: „wingwave +".

2. Gruppe „wingwave pur": Die Teilnehmer dieser Gruppe (n=10) erhielten als Maßnahme zwei Stunden wingwave-Coaching und kein zusätzliches Verhaltenstraining.

3. Kontrollgruppe: Die Personen dieser Gruppe (n=10) erhielten ein eintägiges Verhaltenstraining zum Thema Auftritts- und Präsentationssicherheit (Videoaufnahmen und -analysen, Übungen, Präsentationsregeln)

Die Studienteilnehmer, 22 Frauen und neun Männer im Alter zwischen 21 und 56 Jahren, überwiegend mit einem hohen Bildungsabschluss, waren vor Beginn der Intervention nicht über die Art des Trainings bzw. der Maßnahmen informiert worden. Die Zuordnung zu der Kontrollgruppe und der Gruppe „wingwave +" erfolgte nach dem Zufallsprinzip. Die Gruppe „wingwave pur" wurde nach Auswertung der Ergebnisse der ersten beiden Gruppen zusätzlich aufgelegt, mit der Hypothese, dass Struktur und die Inhalte des Verhaltenstrainings wie Video-Feedback und Tipps zur Körpersprache selbst Stress auslösende Parameter darstellen könnten – zumindest kurz vor einem Auftritt.

Zu Beginn der Studie gaben die Teilnehmer mithilfe eines standardisierten Erhebungsinstrumentes Auskunft über ihre generellen Ängste vor Präsentationen (Lampenfieberskala). Unmittelbar vor den Kurzvorträgen wurden das aktuelle physische und psychische Befinden (Auftrittsstress-Skala) erfasst. Dabei bewerteten die Vortragenden z.B. das Ausmaß ihrer Aufregung, ihres Herzklopfens, ihrer Angst, ihrer Unruhe, aber auch ihrer freudigen Erwartung oder ihrer Sicherheit auf einer Skala von 0 = gar nicht vorhanden bis 6 = sehr stark vorhanden. Die beiden Fragebögen wurden eigens für die Studie entwickelt. Bei allen Teilnehmern wurden zudem vor, während und nach jeder Präsentation der Blutdruck und die Herzfrequenz gemessen, und zwar unter Einsatz einer speziellen Technik, die eine kontinuierliche Messung über einen längeren Zeitraum erlaubt.

Ergebnisse

Hinsichtlich des Blutdrucks und der Herzfrequenz zeigten die drei Untersuchungsgruppen im Vorher-Nachher-Vergleich so gut wie keine Unterschiede. Sowohl bei der ersten als auch bei der zweiten Rede hatten die meisten Probanden aus allen Gruppen eine deutliche Erhöhung des Blutdrucks und des Herzschlags. Dieses Phänomen zeigte sich auch bei den Menschen, die sich subjektiv beim zweiten Durchgang mit ihrer Rede psychisch besser fühlten. Vermutlich kann auch „positives Aufgeregt-Sein" mit erhöhtem Blutdruck einhergehen; hinzu kommt die körperliche und auch psychische Anstrengung bzw. Konzentration, die für eine Erhöhung der Körperfunktion verantwortlich gemacht werden kann – ein Aspekt, der weiter untersucht werden sollte.

In allen drei Untersuchungsgruppen waren die negativen Gefühle und körperlichen Symptome wie Herzklopfen, Schweißausbruch oder Zittern unmittelbar vor der Präsentation beim zweiten Durchgang, also nach der Intervention, zurückgegangen. Tendenziell war diese Reduktion bei den Teilnehmern der beiden Gruppen mit wingwave höher als bei den Teilnehmern des „klassischen" Präsentationstrainings. Statistisch signifikante Unterschiede zeigten sich zwischen der „wingwave-pur-Gruppe" und der Kontrollgruppe – hier bei der Reduktion der Aufregung vor dem Vortrag und in weniger Herzklopfen.

Interessant sind vor allem die Unterschiede bei den positiven Emotionen im Vergleich zwischen den drei Gruppen. Die Kontrollgruppe war zu Beginn der Intervention sogar positiver als die beiden anderen Gruppen, hat aber im Verlauf des Verhaltenstrainings an „freudiger Erwartung" und „Spaß" verloren, während bei beiden Interventionsgruppen eine Zunahme der positiven Emotionen zu verzeichnen ist. Vor allem die Gruppe „wingwave pur" erlebte gesteigerte positive Emotionen, wie Entschlossenheit, freudige Erwartung und Spaß im Rede-Kontext. Die Unterschiede zwischen dieser Gruppe und der Kontrollgruppe sind statistisch signifikant.

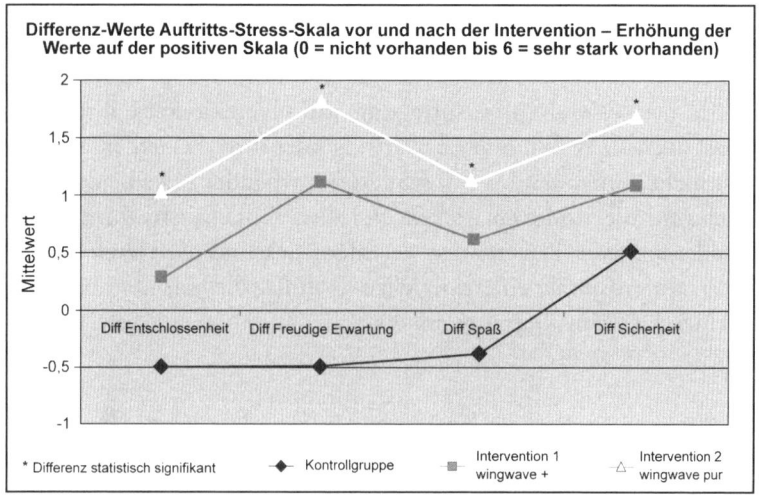

Abb. 22

Die positiven Effekte bleiben auch nach dem unmittelbaren Coaching bzw. dem Verhaltenstraining bestehen. Die Befragung vier Monate nach der Intervention zeigt, dass sich die generelle Angst der Menschen, vor bestimmten Auditorien eine Rede zu halten, bei allen drei Gruppen reduziert hat. Betrachtet man insbesondere die im beruflichen Alltag relevanten Zielgruppen – Kollegen, Vorgesetzte, Geschäftspartner und Fremde –, liegt das Lampenfieber-Niveau vor der Intervention (über alle drei Gruppen betrachtet) im Mittel bei 4,6 auf einer Skala von 0 = kein Lampenfieber bis 6 = sehr starkes Lampenfieber; nach der Intervention im Mittel bei 3,5. Besonders profitiert die Gruppe „wingwave pur" mit einer mittleren Reduktion des Lampenfiebers von knapp 2 Punkten. Die Differenz zwischen dieser Gruppe und der Kontrollgruppe ist bei Berücksichtigung der Auditorien „Geschäftspartner" und „Fremde" statistisch signifikant.

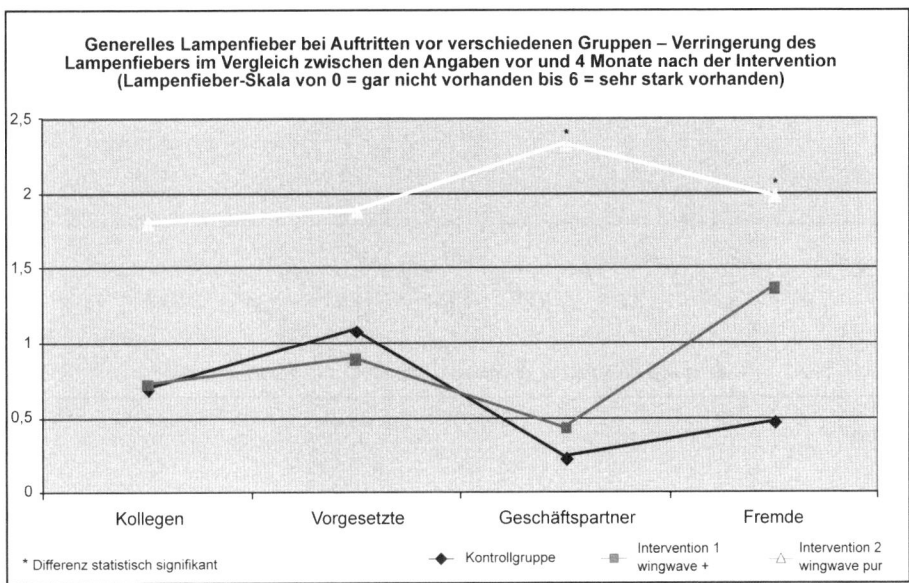

Abb. 23

Interessant ist die Frage, ob die stärkere Intensität des wingwave-Coachings (zwei Stunden) im Vergleich zu der einstündigen Intervention in der Gruppe „wingwave +" einen Einfluss auf das tendenziell bessere Abschneiden der Gruppe „wingwave pur" hat oder ob beispielsweise tatsächlich die Elemente des Verhaltenstrainings zwar hilfreich sind, aber selbst wiederum zu Stressauslösern anderer Art werden.

Diese Fragen und eine Generalisierbarkeit der Ergebnisse sind vor dem Hintergrund der kleinen Fallzahlen und der nicht weiter kontrollierten Einflussfaktoren auf die Bewertungen (z.B. soziale Erwünschtheit, Gewöhnungseffekte) und des explorativen Charakters der Studie nicht abschließend zu beantworten. Zur Festigung der Ergebnisse sind weitere Untersuchungen erforderlich.

Dennoch: Die Ergebnisse sind für den weiteren Einsatz der wingwave-Methode zur Stressreduktion bei öffentlichen Auftritten recht ermutigend, insbesondere die Tatsache, dass sich die persönliche Sicherheit in einem Vortrag und die Freude an dieser Herausforderung deutlich steigern ließen.

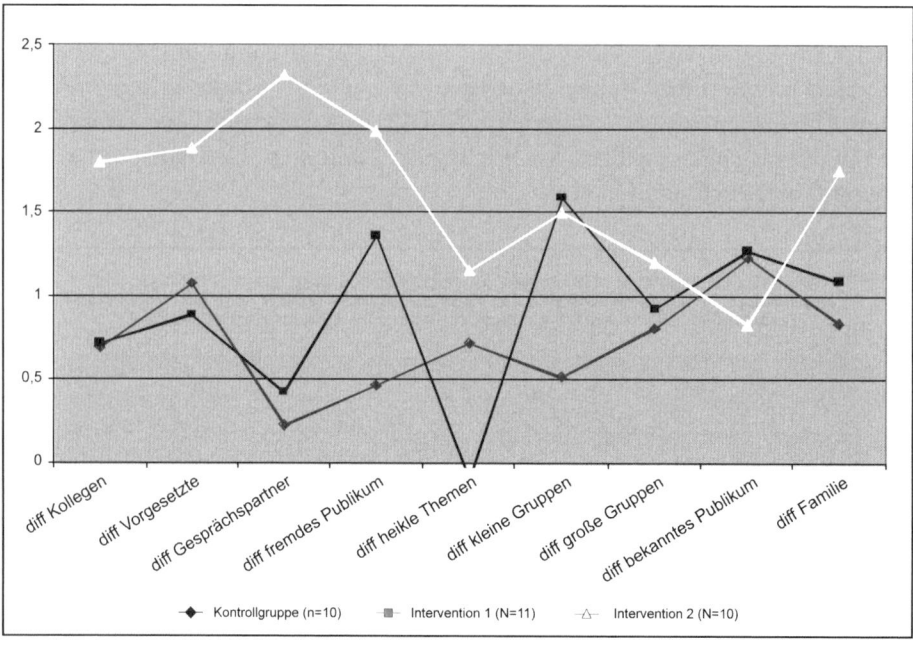

Abb. 24

VII. Ressourcen-Selbstcoaching, mit und ohne wingwave-CD

Die Studie in Zusammenarbeit mit der Medizinischen Hochschule Hannover zeigt auf, welchen besonderen Wert wingwave-Coaching für die langfristige Bereitstellung von positiven Emotionen haben kann. In diesem Kapitel stellen wir nun Formate vor, mit denen Coaches den bisher beschriebenen wingwave-Prozess als gezieltes Ressourcen-Coaching einsetzen. Dieses Ressourcen-Coaching eignet sich auch sehr gut als Selbstmanagement-Methode. Damit Sie die hier vorgestellten Methoden für sich selbst ausprobieren können, geben wir zum Einstieg gleich eine Beschreibung für das Vorgehen im Selbstcoaching.

Ein Ressourcen-Coaching bezieht sich immer auf bereits vorhandene mentale Kraftquellen im Menschen. Das reine Trainieren von Fähigkeiten kann es allerdings nicht ersetzen. Ein Sportler beispielsweise muss seine allgemeine Fitness und vor allem die besonderen Bewegungsabläufe seiner Sportart regelmäßig trainieren. Ressourcen-Coaching kann aber darauf einwirken, in welcher mentalen Aktivierung jede Art von Leistung erfolgt. Es kann dafür sorgen, dass besagter Sportler auch während einer „Durststrecke" positiv motiviert bleibt, dass er in entscheidenden Situationen von angenehmer Kraft statt von Angst durchströmt wird, dass sich die Reaktionsgeschwindigkeit und die Kreativität auf Spitzenniveau halten und dass das Nervensystem eine hohe Lernbereitschaft erlangt und behält.

In einigen Kapiteln fassen wir nach der Darstellung des jeweiligen Coaching-Themas nochmals die wichtigsten Schritte für ein Selbstcoaching zusammen. Manchmal sind diese Zusammenfassungen kurz gehalten. Hier konzentrieren wir uns auf die wesentliche Strategie, die der Intervention ihr spezielles Profil gibt. Dieses Kapitel kann übrigens nur einige der vielfältigen Kombinationsmöglichkeiten von wingwave vorstellen und auch nur eine Auswahl von NLP-Elementen und bietet somit nur einen kleinen ersten Einblick. Es gibt noch wesentlich mehr Interventionen, wie beispielsweise das Arbeiten mit der Timeline oder imaginative Aufstellungsarbeit, wie wir sie in unserem Buch „Imaginative Familienaufstellung" beschreiben. Die folgenden Seiten sind also eher als „Appetithappen" zu verstehen.

Drei Selbstcoaching-Techniken

Eingangs möchten wir gleich erwähnen, wo Selbstcoaching mit den hier vorgestellten Methoden keinesfalls eingesetzt werden sollte: beim Aufarbeiten von resistenten Stress-Imprintings und beim Belief-Coaching, das in Kapitel VIII vorgestellt wird. Bei einem PSI vermag sich kaum ein Mensch von sich selbst so weit zu distanzieren, dass er oder sie Coach und Betroffene/r gleichzeitig sein kann. Ein solcher Selbstversuch könnte sogar dazu führen, dass man sich in der Dornenhecke seines inneren Dornröschenschlosses verheddert und so inneren Stress antriggert anstatt ihn zu beruhigen und zu integrieren. Wir möchten also hier vor einem Selbstcoaching-Versuch ausdrücklich warnen und dringend empfehlen, sich bei solchen Themen immer einem professionellen Coach anzuvertrauen.

Belief-Coaching ist zwar nicht so heikel, als Selbstcoaching jedoch oft uneffektiv. Es ist nämlich nicht so einfach, seinen unbewussten inneren Kognitionen selbst auf die Schliche zu kommen – schließlich sind sie ja unbewusst. Ein Außenstehender kann sich da viel eher einen Überblick über Ihre ungünstigen Gedankenmuster verschaffen, mit denen Sie sich Ihr Leben unabsichtlich erschweren oder komplizieren. Auch hier führt also die Zusammenarbeit mit einem Coach zu schnelleren und besseren Ergebnissen. Aber auch für Themen, die für ein Selbstcoaching geeignet sind, empfehlen wir eine praktische Einarbeitung durch einen entsprechend ausgebildeten wingwave-Coach.

Im Folgenden lernen Sie drei Möglichkeiten der Selbst-Intervention für Selbstcoaching-Themen kennen. Probieren Sie bitte aus, welche dieser Techniken für Sie am angenehmsten oder effektivsten sind. Bei allen dreien geht es um die Aktivierung einer sogenannten bilateralen Hemisphärenstimulation. Oder einfach ausgedrückt: Man kann beide Gehirnhälften motivieren, hinsichtlich des anvisierten Themas optimal zusammenzuarbeiten.

1. Selbst initiierte Augenbewegungen

Einige unserer Klienten kommen sehr gut damit zurecht, die Augenbewegungen selbst zu initiieren. Dabei sucht man sich rechts und links im jeweiligen Blickfeld optische Fixpunkte, wie etwa ein Fenster oder eine Vase. Zwischen diesen Fixpunkten lässt man den Blick wie einen Scheibenwischer hin- und herwandern.

2. wingwave-Musik

Die meisten unserer Klienten bevorzugen im Selbstcoaching den Einsatz der speziell von uns entwickelten wingwave-Musik. Für den bilateralen Stimulationseffekt wird sie über Kopfhörer gehört. In diesem Buch finden Sie auf der beiliegenden CD einen wingwave-Song. Sollten Sie weiter mit dem CD-Training arbeiten wollen, können Sie für Ihr persönliches wingwave-Selbstcoaching noch weitere CDs erwerben (Bezugsquelle s. Anhang). Wie Sie schon wissen, wird ein musikalisches Thema im „Winke-Takt" mit wechselnden Grundtönen – am linken und am rechten Ohr – untermalt. Während des Hörens durchläuft man dann seine Selbstcoaching-Themen. Sie haben bereits über den Musiker Leo lesen können, der mit dieser Technik arbeitete, um seine texterische Kreativität zu aktivieren. Sie eignet sich auch sehr gut, um zur inneren Ruhe zurückzufinden. Weiterhin kann man die Musik auch bei einer körperlichen Aktivität – wie beispielsweise beim Joggen – hören.

3. Butterfly-Technik

Als dritte Methode empfehlen wir die bereits vorgestellte „Butterfly-Technik". Sie können sie sehr gut im Liegen oder im bequemen Sitzen anwenden. Kreuzen Sie die Unterarme über dem Brustkorb, sodass Ihre Hände beide Schultern berühren. Nun können Sie mit beiden Handflächen die Schultern durch leichtes abwechselndes Klopfen im „Winke-Takt" berühren und so den gewünschten neuronalen Stimulationseffekt erzielen.

Wir möchten mit Ihnen die Verabredung treffen, für alle „Hin- und Her-Techniken" ab jetzt „Processing" als Oberbegriff zu verwenden. Der Begriff „bilaterale Hemisphärenstimulation" ist für den allgemeinen Sprachgebrauch einfach zu unkomfortabel. In der praktischen Anwendung heißt es dann beispielsweise: „Jetzt wird das Processing durchgeführt." Dabei steht frei, ob es sich um Augenbewegungen, auditive Stimulation oder um die Butterfly-Technik handelt. Der Begriff repräsentiert die Information, dass die jeweiligen bilateralen Stimulationen eine beschleunigte Verarbeitung und Integration eines mentalen Themas bzw. einer Erinnerung bewirken. Mit dem Begriff „Set" ist dann – wie bereits beschrieben – ein einzelner von mehreren Bewegungsdurchgängen gemeint.

Kraftquellen bewusst aktivieren

Jeder Mensch hat in seinem Leben schon viele kraftvolle, glückliche oder zufriedene Momente erlebt. Die positive Gefühlsqualität hat ihren Ursprung jedoch nicht nur in der von außen einwirkenden Situation. Vielmehr ist es eine Fähigkeit in uns, die Wahrnehmungen in positive Gefühle und Emotionen verwandelt. Diese positiven Kräfte gehen uns in bestimmten Situationen nicht etwa verloren, wie man manchmal befürchten könnte, sondern man kommt nicht an sie heran – was einen erheblichen Unterschied ausmacht. Kraftquellen kann jeder Mensch in sich abrufen; niemand muss passiv darauf warten, dass eine äußere Situation sie auslöst, wie folgendes Beispiel zeigt.

Unser Klient Peter interessiert sich brennend für einen neuen Job. Er wird schließlich zu einem Assessment-Center eingeladen. „Mir ist doch ziemlich mulmig zumute, weil ich nicht richtig weiß, was da auf mich zukommt", äußert Peter seine Befürchtungen. Wir bitten ihn, eine Situation in seinem Leben zu suchen, in der er auch nicht wusste, was auf ihn zukommen würde, in der ihm angesichts dieser Unsicherheit jedoch nicht mulmig zumute war. Wir werden schnell fündig: Peter ist ein begeisterter Fußballspieler. Vor einem Fußballspiel kann er sich auch nicht gezielt auf jeden Spielzug vorbereiten, da jedes Spiel anders verläuft. Trotzdem freut er sich sogar auf die vielen Überraschungen. „Irgendwie weiß ich genau, dass ich allen Unberechenbarkeiten gewachsen bin."

Zunächst fordern wir Peter auf, sich einen Finger oder Zeh auszusuchen, mit dem er gut wackeln kann. Dieses Wackeln soll später zum motorischen „Erfolgsschalter" für ein willentliches Aufrufen von positiven Gesamtzuständen werden. Peter entscheidet sich für den rechten kleinen Finger. Dann bitten wir ihn, an ein besonders aufregendes Spiel zu denken, das ihm Spaß gemacht hat und in dem er über ein schnelles und flexibles Reaktionsvermögen verfügte. Ab dieser Stelle können Sie wieder Phasen der bereits bekannten wingwave-Intervention erkennen. „Suchen Sie sich in Gedanken bitte einen intensiven Spielmoment heraus, den Sie in besonders guter Erinnerung haben, von dem Sie wissen, dass Sie da so richtig in Ihrem Element waren." Peter nickt. „Nun suchen Sie nach einem positiven Ich-Satz, der Ihre Selbstwahrnehmung treffend ausdrückt." Die Antwort kommt spontan: „Ich schaffe das." Als Emotion nennt Peter dann den Begriff „Power". Das ist zwar keine klassische Emotion, aber für Peter ist es das Wort, das seinen psychophysiologischen Gesamtzustand am besten beschreibt. „Nehmen Sie jetzt das Powergefühl wahr, das die Erinnerung in Ihnen auslöst. Wie intensiv ist es auch jetzt im Moment – beim Denken an das Spiel – vorhanden?" Peter gibt den Wert bei +5 Punkten auf der Wellness-Seite der Befindlichkeitsskala an. Wir testen noch den Satz: „Diese Power ist die richtige Energie für das Assessment-Center." Der Test fällt stark aus. Bei einem schwachen Test hätten wir weitere Ressourcen suchen und testen müssen, aber hier finden wir spontan die „richtige Zutat".

An dieser Stelle fragt man also nicht: „Wie stark haben Sie diesen Zustand damals empfunden?" Man erfragt vielmehr, wie stark die positive Befindlichkeit durch die reine Erinnerung hier und heute aufgerufen wird. Danach erfolgt wieder der intensive Bodyscan auf der Suche nach dem Körperecho: „Wo genau im Körper befindet sich die Erinnerung an dieses „Power-Erlebnis?" Manchmal unterstützen wir den Bodyscan noch mit folgender Frage: „Stellen Sie sich vor, ich wäre ein Marsmensch oder Mr. Spock und kenne mich mit Gefühlen überhaupt nicht aus. Ich will nun ganz genau beschrieben haben: ‚Wie macht sich eine Begeisterung oder ein Powergefühl körperlich bemerkbar? Kribbeln dann die Ohren oder kriegt man einen heißen großen Zeh?'"

Diese Vorstellung inspiriert viele Klienten zu ganz genauem Hinfühlen beim Bodyscan. „Mein Brustkorb fühlt sich leicht an, als wäre er von einer Energie durchströmt. Zusätzlich habe ich ein besonders gutes, angenehm kühles Gefühl um die Augen herum – wie man sich fühlt, wenn man hellwach und präsent ist." Nach diesem Bodyscan führen wir das Processing durch. In Peters Fall ist es das klassische langsame Genuss-Winken. Schon nach dem ersten Set verstärkt sich das Gefühl spürbar. Man macht dann so lange weiter, bis der gute Gesamtzustand keine Steigerung mehr erfährt. Zum Schluss hat sich Peters subjektiver Powerzustand beim Denken an die Spielszenen auf + 8 gesteigert. Peter macht nochmals den Bodyscan. Jetzt aber wackelt er beim Nachfühlen des positiven Körperechos mit dem rechten kleinen Finger. Gleichzeitig denkt er an den Satz: „Ich schaffe das." So wird der positive innere Gesamtzustand an die Bewegung des „Erfolgsschalters" geankert.

Nach dieser Vorbereitung bitten wir Peter, an das bevorstehende Assessment-Center zu denken und gleichzeitig bei der Vorstellung mit dem kleinen Finger zu wackeln. „Ich spüre sofort dieses angenehme Strömen im Brustkorb", sagt er spontan. „Das mulmige Gefühl ist völlig weg." Wir verankern diese positive Entwicklung mit mehreren Sets langsamer REM-Phasen. Peters gutes Gefühl entwickelt sich mit dieser Intervention auf der „Wellness-Skala" bis zu Punkt +5.

Einige Tage später setzt Peter in der realen Situation immer wieder seinen Erfolgsschalter ein, wackelt also ab und zu unauffällig mit dem kleinen Finger. Während des ganzen Assessment-Centers fühlt er sich in der Ressource und kann sich auf jede noch so überraschende Situation sofort einstellen. Er wird schließlich ausgewählt und bekommt die gewünschte Position. „Interessant ist, dass ich mich morgens sogar auf das Auswahlverfahren gefreut habe", berichtet er später. Diese Aussage erinnert an die Forschungsergebnisse zum Thema „Positive Emotionen durch wingwave-Coaching".

Das eben geschilderte Gefühlsmanagement ist ein pro-aktiver vorbereitender Ansatz. Sie entscheiden, in welcher Verfassung Sie in eine bestimmte Situation hineingehen möchten und lösen vor Beginn Ihres Auftritts eine positive Verfassung in sich aus. Sie warten nicht ab, was die Situation mit ihnen macht, sondern Sie machen etwas mit der Situation. Vor allem im Bereich der zwischenmenschlichen Kommunikation bewirkt der Einsatz dieser Methode bereits in den ersten Sekunden einer Begegnung, dass Sie eine positive persönliche Ausstrahlung auf Ihre Umgebung haben.

Sie können übrigens mehrere Ressource-Zustände an Ihrem persönlichen Erfolgsschalter „sammeln". Ihr Unbewusstes ist klug genug, im entsprechenden Kontext die genau passenden Ressourcen zu aktivieren.

> *Selbstcoaching-Tipp:* **Kraftquellen bewusst aktivieren**
>
> Vorbereitung: Entscheiden Sie sich für Ihre Selbstcoaching-Technik – Augenbewegungen, Butterfly-Klopfen oder wingwave-CD. Die wingwave-CD können Sie gleich ab Punkt 1. hören.
>
> 1. Denken Sie an eine zukünftige Situation, in der Sie Ihre positiven Ressourcen brauchen.
> 2. Bestimmen Sie einen „Erfolgsschalter": Finger, Daumen, großer Zeh usw.
> 3. Denken Sie nun an eine vergangene Situation, in der Sie genau die Ressourcen hatten, welche Sie sich für die zukünftige Situation wünschen: Gelassenheit, Begeisterung, Mut, Wachsamkeit, Reaktionsschnelligkeit, Humor, Distanz usw. Es ist vollkommen egal, in welcher konkreten Situation das war. Entscheidend ist nicht, was Sie gemacht haben, sondern wie, also mit welcher inneren Aktivierung Sie die Situation gemeistert oder erlebt haben.
> 4. Suchen Sie den besten Moment heraus, den Sie ab jetzt fokussieren.
> 5. Bestimmen Sie einen positiven Ich-Satz, der Ihre Wahrnehmung von sich selbst auch heute treffend beschreibt.
> 6. Benennen Sie die Emotion, die auf den Gesamtzustand zutrifft: Freude, Zufriedenheit, Begeisterung usw.
> 7. Ordnen Sie dieser positiven Gesamtbefindlichkeit auf der Wellness-Skala einen Wert zwischen 0 und + 10 zu.
> 8. Machen Sie einen Bodyscan, um das positive Körperecho auf die angenehme Erinnerung hin zu fokussieren.
> 9. Führen Sie das Processing durch, bis das Wellness-Erlebnis nicht mehr zu steigern ist.
> 10. Spüren Sie das gute Gefühl, denken Sie an den positiven Ich-Satz und wackeln Sie jetzt zum Verankern mit dem „Erfolgsschalter".
> 11. Denken Sie an die zukünftige Situation und benutzen Sie dabei Ihren Erfolgsschalter. Auf diese Weise kann Ihr Unbewusstes schon jetzt das zukünftige Ereignis mit einer inneren Kraftquelle in Verbindung bringen.
> 12. Verankern Sie das positive Erlebnis durch einige weitere Sets, wackeln Sie dabei weiterhin mit dem Erfolgsschalter.
> 13. Wenn Sie die Situation „live" erleben, setzen Sie gezielt Ihren Erfolgsschalter ein.

Positive Selbstmotivation

NLP-erfahrene Leser haben vielleicht schon bemerkt, dass bei den hier vorgestellten Interventionen der auditive Sinneskanal – also das Hören – als Erlebnisspektrum etwas unterrepräsentiert ist. Dabei gehört die Berücksichtigung aller Sinneskanäle in der inneren und äußeren Wahrnehmungsverarbeitung zu einem erfolgreichen Coaching-Prozess dazu, denn natürlich kann man mit der Methode nicht nur visuelle Repräsentationen wie erinnerte Bilder, sondern auch auditive innere Wahrnehmungen positiv verändern. Hierzu gehört beispielsweise der intrapersonelle Dialog, den jede Person ständig mit sich führt. Diese Selbstansprache bewirkt oft unbewusst wortwörtlich die „Stimmung", in der sich ein Mensch befindet.

Vergegenwärtigen Sie sich einmal, dass Sie bereits wenige Sekunden nach dem Aufwachen im Denken Ihre Sprache benutzen: „Oh, wie spät ist es? Bin ich rechtzeitig wach? Kann ich vielleicht noch etwas liegen bleiben?" Nach ein paar Minuten wird die innere Ansprache schon etwas strenger: „Los, hoch jetzt!" Auf diese Weise moderieren wir innerlich den ganzen Tag unsere Erlebnisse und unsere Handlungen. Diese Selbstkommunikation ist ein unverzichtbares Selbstmanagement, das jeder Mensch für sich einsetzt. Vor allem findet auch die Selbstmotivation über dieses Prinzip statt. Nicht nur Bilder und Visionen beflügeln uns zu Leistungen, sondern auch die innere Stimme. Diese muss ganz besonders viel leisten, wenn es beispielsweise auf dem Weg zum Ziel einmal eine anstrengende Phase zu überwinden gilt.

Eigentlich sollte man sich in Phasen des Durchhaltens selbst ein optimaler Coach sein, um die erforderlichen Energien zu mobilisieren. Genau hier hapert es aber bei den meisten unserer Coaching-Kunden. Sie versuchen es natürlich manchmal mit Power-Sätzen wie: „Du schaffst es" oder: „Ich bin erfolgreich", aber der reine Satz an sich bringt noch nicht den zündenden Effekt. Werden diese Sätze innerlich panisch und hastig gekreischt, hat das eher eine erschreckende als eine motivierende Wirkung. Das gleiche gilt für einen drohenden Befehlston oder vorwurfsvolles Jammern. Zu allem Überfluss verschärft sich meistens der unangenehme Ton der inneren Stimme in hektischen Momenten und treibt das Stress-Arousal weiter in die Höhe.

Der Ton Ihrer inneren Stimme hat auf Sie genau die gleiche Wirkung, als würde jemand von außen zu Ihnen sprechen. Hektische, schimpfende oder panisch-schnelle Stimmen ziehen einen herunter, egal wie aufbauend der reine Satzinhalt gemeint sein mag. Sie wirken also demotivierend. Deshalb ist es sehr wichtig, den inneren Tonfall in die richtige „Musik" zu verwandeln, gemäß dem Sprichwort: „Der Ton macht die Musik." Dann kann eine positive innere Stimmlage gerade in anstrengenden Zeiten einen aufbauenden oder gar mitreißenden Effekt haben.

Wenn Sie wahrnehmen, dass Ihnen Ihre inneren Gedanken in Form von Sätzen und innerem Sprechen durch den Kopf rasen, dröhnen oder jammern, nutzen Sie Ihre Processing-Methode. Sie werden feststellen, dass die auditiven Gedanken schnell angenehmer werden. Die innere Stimme fängt an, ruhig, besonnen oder angenehm kraftvoll zu werden – je nachdem, was auf Sie besonders motivierend wirkt. Wie bereits beschrieben ist das Erstaunliche an den EMDR- und wingwave-Effekten, dass sich beim Processing unbewusst und automatisch genau die Lösung findet, die für Sie persönlich den positivsten Effekt hat. Beim NLP haben wir immer gesagt: „Bitte beschreiben Sie, wie eine Stimme zu Ihnen reden müsste, damit Sie sich optimal motiviert fühlen." Genau dieser Schritt wird im wingwave-Coaching überflüssig, da sich hier die besten Ergebnisse ohne Nachfragen und Vorschläge des Coaches während des Processings meist ganz von allein ergeben.

Wenn Sie dieses Selbstcoaching öfter anwenden, werden Sie immer öfter auch in stressigen Situationen eine positive Eigenmotivation einsetzen. Nutzen Sie diese Methode vor allem, wenn Sie unangenehme Überraschungen erleben und Sätze denken wie: „Oh wie schrecklich" oder ein panisches: „Was mach ich nur, was mach ich nur?!". Verwandeln Sie Ihre innere Stimme mit der Methode rasch in einen kraftvollen Energiespender und Sie werden sich schnell motiviert fühlen und eine kreative Lösung für die jeweilige Situation zu finden.

Übrigens können Sie auch diese Form der positiven Selbstmotivation bei sich ankern. Wann immer es Ihnen gelingt, die innere Stimme besonders sympathisch und motivierend klingen zu lassen, fassen Sie sich einfach an eines Ihrer Ohrläppchen. Haben Sie das öfter gemacht, löst später der kurze Griff ans Ohrläppchen blitzschnell die motivierende Stimme und damit eine gute konstruktive Stimmung in Ihnen aus.

Selbstcoaching-Tipp: **Die positive innere Ansprache**

Vorbereitung: Wählen Sie Ihre Processing-Technik. CD-Anwender lassen die wingwave-Musik vorerst noch ausgeschaltet.

1. Überprüfen Sie einmal bewusst: Welche Qualität hat Ihre innere Stimme, wenn Sie in einer Spitzenleistungssituation oder in einem Stressmoment Ihre Gedanken denken? Erinnern Sie eine solche Situation oder warten Sie ab, bis eine solche demnächst kommt und führen Sie dann den „Stimmen-TÜV" live durch.

2. Wenn Sie sich nicht sicher sind, dass diese innere Stimme in ihrer speziellen Tonalität Ihnen optimale Kraft schenkt, bestimmen Sie, was an ihr eher demotivierend wirkt:
   - Ist sie laut und hektisch?
   - Ist sie zu schnell?
   - Ist sie schimpfend und drohend?
   - Ist sie spöttisch und herablassend?
   - Ist sie eindringlich flüsternd?
   - Ist sie jammernd?

3. CD-Anwender setzen jetzt bitte die Kopfhörer auf. Leser mit den anderen Techniken bereiten sich auf das Butterfly-Klopfen oder die Augenbewegungen vor. Nun lassen Sie diese Stimme vor dem inneren Ohr erklingen. Führen Sie Ihr Processing so lange durch, bis sich die innere Stimme wandelt und auf eine für Sie stärkende Weise sympathisch und motivierend wirkt:
   - ruhig und gelassen
   - spielerisch und humorvoll
   - dynamisch und mitreißend
   - freundschaftlich und empathisch
   - kraftvoll und überzeugend

4. Ankern Sie den Effekt an Ihrem Ohrläppchen und nutzen Sie diesen Anker, wann immer Sie einen kraftvollen Motivationsschub benötigen.

Selbstbild-Coaching: Die persönliche Ausstrahlung leuchten lassen

Natürlich hängt die persönliche Ausstrahlung eines Menschen von vielerlei Faktoren ab. Zu den wichtigsten zählt das Selbstbild, das ein Mensch von sich entwickelt hat. Es ist eine verbreitete Weisheit, dass wir auf unser Mitmenschen umso positiver wirken, desto mehr wir mit unserem Selbstbild einverstanden sind. Viele Menschen haben aber ein zwiespältiges Verhältnis zur eigenen Erscheinung. Oft registriert man an sich selbst Makel, die den anderen gar nicht auffallen. Vielleicht hat man ja tatsächlich heute einen Pickel, aber die anderen sehen ihn nicht so leuchtend in Großaufnahme wie man selbst morgens beim Blick in den Spiegel.

Sie selbst achten bei einem Gegenüber auch nicht mit der Lupe auf Details. Entscheidend ist doch eher der sogenannte Gesamteindruck, den eine Person bei Ihnen hinterlässt. Der setzt sich zum einen zusammen aus statischen Puzzlesteinen wie Kleidung, Größe, Frisur. Doch der eigentliche Zauber der persönlichen Ausstrahlung entsteht durch bewegliche Elemente: Mimik, Muskeltonus, Durchblutung der Haut, Größe der Pupillen, Atmung, Stimme, die Art zu lachen, Gesten und Haltung. Diese persönlichen Merkmale kann man sich in keinem Geschäft der Welt kaufen, denn sie entstehen im Gehirn. Ihre innere Verfassung ist der Dirigent dieses beweglichen nonverbalen Ausdrucks. Wenn Sie Ihr Selbstbild sympathisch finden, drücken Sie genau diese Einstellung zu sich selbst auch in Ihren nonverbalen Signalen aus: Sie strahlen Selbstvertrauen aus und wirken so automatisch selbstbewusst. Dies geschieht bereits in den ersten Sekunden einer zwischenmenschlichen Begegnung und setzt Zeichen für die zukünftige Atmosphäre des Kontakts.

Was aber genau ist ein Selbstbild? Es ist ein Bild, das Sie von sich selbst im Kopf haben – genau, wie Sie sich ein „Bild von einem Menschen" machen. Dazu nimmt man aber nicht irgendein Bild. Es gibt Menschen wie Partner oder Kollegen, die hat man schon tausendmal gesehen und hat Hunderte von Erinnerungen im Kopf. Aus diesem mentalen Archiv sucht man aber nur ganz wenige Bilder für das „Bild des Menschen" heraus. Schätze ich jemanden besonders, so sehe ich ihn in einer Haltung vor mir, die seine Kompetenz ausdrückt. Vielleicht habe ich diesen Menschen schon einmal verschnupft und mit einer roten Nase gesehen, aber dieses Bild sortiere ich innerlich woanders hin, da es nicht repräsentativ für meine Einschätzung ist.

Ebenso wenig wird sich Ihre Umgebung beim „Bild-Machen" von Ihrer Person an dem einen Pickel orientieren, den Sie voller Schrecken morgens im Badezimmerspiegel entdeckt haben. Vielmehr wird man sich ein Bild von Ihnen merken, das den Gesamteindruck wiedergibt, den Sie auf Ihre Mitmenschen gemacht haben. Sie selbst sollten für Ihr Selbstbild ein Bild von sich suchen, das Ihrer Meinung nach besonders gut Ihre Fähigkeiten und liebenswerten Eigenschaften wiedergibt. Schauen

Sie sich dazu gern eine Reihe von Fotos an, wenn Sie nicht spontan ein solch positives Bild der eigenen Person abrufen können. Suchen Sie sich eines heraus, wo Sie im Ich-Satz bestätigen können: „So mag ich mich" oder: „So bin ich gut getroffen". Besitzen Sie kein derartiges Foto, suchen Sie einen sehr guten Portrait-Fotografen auf, um eine Reihe von „positiven Selbstbildern" zu erstellen. Für Ihr mentales „Erfolgs-Outfit" ist diese Investition ebenso wichtig wie ein Business-Kostüm oder ein Maßanzug.

Übung

Nehmen Sie das positive Bild oder die guten Fotos ganz bewusst wahr. Nun schließen Sie die Augen und betrachten Ihr Selbstbild auf einer „Mental-Leinwand". Registrieren Sie, welche Emotion das Bild in Kombination mit dem Satz „Ich mag mich" bei Ihnen auslöst: Stolz, Freude, Zufriedenheit? Geben Sie diesem Gefühl einen Wert auf der Wellness-Skala. Fahren Sie fort mit dem Bodyscan: „Wo im Körper spüre ich das positive Körperecho auf dieses Bild und diesen Satz?" Beginnen Sie mit dem Processing. Erleben Sie, wie das positive Gefühl immer intensiver wird. Führen Sie so viele Sets durch, bis das gute Gefühl nicht mehr zu steigern ist. Nun legen Sie die flache Hand oben an Ihren Brustkorb. Damit haben Sie das positive Selbstbild zusammen mit dem angenehmen Körperecho geankert. Eine kurze Berührung an dieser Stelle ruft dann sekundenschnell die dazugehörigen nonverbalen Muster in Ihrem Ausdruck auf und wirkt somit sofort auf Ihre Umgebung.

Diese Übung kann für die Steigerung Ihrer nonverbalen positiven Ausstrahlung schon gute Effekte haben. Manchmal kann es aber auch wichtig sein, mit Bildern von sich zu arbeiten, die einem nicht so gut gefallen. Hier wird dann natürlich das subjektive Unbehagen „weggewunken" oder mit Ihrer persönlichen Technik neutralisiert. So sollten Sie aber nur vorgehen, wenn Sie keine wirklich gravierenden Probleme mit Ihrem Selbstbild haben. Ist letzteres der Fall, gehört dieses Thema in die Behandlung durch einen Coach oder Therapeuten. Arbeiten Sie im Selbstcoaching deshalb lieber gezielt mit den Positiv-Bildern. Es müssen übrigens auch nicht immer gestochene Ganzkörperfotos sein. Auch gelungene Porträts erfüllen den Sinn der Übung.

Für den Personalreferenten Klaus war es sehr wichtig, mit einem problematischen Selbstbild zu arbeiten. Er mochte sich selbst nicht im Anzug leiden. „Ich finde diese Kleidung furchtbar, darin komme ich mir immer wie eine Marionette vor." Er nutzte auch im Job jede Gelegenheit, etwas Farbiges oder Lockeres anzuziehen: „Das bin ich einfach – das andere nicht." Diese Ablehnung eines bestimmten Erscheinungsbildes der eigenen Person war natürlich höchst problematisch, da er vor allem wichtige berufliche Situationen stets im Anzug überstehen muss. Er sah ein, dass diese „Anzugs-Allergie" durchaus im entscheidenden Moment auf Kosten seiner Ausstrahlung gehen könnte. Daher arbeiteten wir mit diesem Thema.

Beim Bodyscan angesichts des Anzug-Selbstbilds beschrieb er dann ein Gefühl von Unbeweglichkeit und Steifheit im Nacken-Schultern-Bereich. Dieses Gefühl verwandelte sich beim Processing schnell in eine angenehme Körperempfindung, was sich sofort sichtbar und positiv in seiner Mimik spiegelte. „Ich fühle mich jetzt angenehm selbstsicher im Anzug. Es ist wirklich eine Befreiung und Bereicherung", sagte er einige Wochen nach dieser Intervention.

Selbstcoaching-Tipp: **Mein positives Selbstbild**

Da wir die Übung im Text schon ausführlich beschrieben haben, geben wir hier nur eine kurze Zusammenfassung wieder.

1. Suchen Sie sich ein oder zwei positive Fotos von sich heraus.
2. Setzen Sie die Kopfhörer auf und starten Sie die wingwave-CD oder Sie bereiten sich innerlich auf ein anderes Processing vor.
3. Machen Sie den Bodyscan: Wo spüren Sie die angenehmste Resonanz dieser Selbstbilder? Legen Sie die Hand auf den Brustkorb, wenn Sie das angenehme Körperecho fokussiert haben.
4. Fahren Sie so lange mit dem Processing fort, bis Sie die angenehmste Wirkung erreicht haben.
5. In späteren Situationen legen Sie als Anker an das positive Selbstbild-Erlebnis einfach kurz die Hand auf den Brustkorb.

Ziele visualisieren

Viele unserer Klienten arbeiten auf konkrete Ziele hin: Sie wollen auf einer wichtigen Messe ausstellen, ein Produkt oder gar die eigene Person erfolgreich auf dem Markt oder in der Öffentlichkeit platzieren, eine bestimmte Position erlangen oder einen sportlichen Sieg erringen. Aus vielen Mentaltraining-Ansätzen ist ja bereits bekannt, dass man sich seine Ziele möglichst bildlich vorstellen und in den schönsten Farben ausmalen sollte. Auf diese Weise entwickeln diese Zukunftsperspektiven die Kraft eines mentalen Magneten, zu dem man sich hingezogen fühlt. Es entsteht eine Sehnsucht nach dem Ziel, die jede Anstrengung rechtfertigt. Die Wirkung ist dann eine sich selbst erfüllende Prophezeiung. Viele Untersuchungen haben gezeigt, dass Menschen mit positiven Zielvorstellungen eher ihre Ziele erreichen als Personen, die keine oder zu schwache Zukunftsbilder ausgearbeitet haben. Aus NLP-Sicht ist es dabei natürlich wichtig, Ziele möglichst nicht nur dreidimensional zu visualisieren, sondern sie auch zu hören, zu fühlen, zu riechen und zu schmecken.

Genauso hatte sich auch Sabine ein Ziel im inneren Erleben aufgebaut: Als Journalistin arbeitet sie für eine Frauenzeitschrift und ihr Traum ist, eines Tages Ressortleiterin – möglichst noch für das Gebiet Mode – zu werden. „Ich sehe immer mein eigenes Büro vor dem geistigen Auge, das ich dann ganz für mich allein habe." Wir fragen nach, wie genau sie sich dieses Zielbild vorstellt. Schnell wird deutlich, dass sie nur den Büroraum vor sich sieht. Die eigene Person kommt darin gar nicht vor.

Sehr oft sehen Menschen beim Visualisieren – sinngemäß ausgedrückt – nur den Pokal vor sich, ohne ihn zu halten. Beim Ziele-Coaching ist es jedoch ganz besonders wichtig, die eigene Person zu visualisieren, die das Ziel erreicht hat. Wir bitten unsere Coachees deshalb, immer ein lebhaftes Bild vom erfolgreichen Zukunfts-Ich aufzubauen, das sich in einem visualisierten mentalen Zukunftsfilm riesig darüber freut, am Ziel angekommen zu sein und dabei auch glücklich und gesund wirkt.

Genau das ist zunächst bei Sabine nicht der Fall. Als wir sie bitten, sich selbst im eigenen Ressortleiter-Büro zu sehen, findet sie: „Ich sehe da ziemlich gehetzt aus." Dieses Bild fokussiert sie dann vor dem Processing. Wir winken so lange, bis die Zukunfts-Sabine richtig gut aussieht: locker, dabei aber aufrecht und Autorität ausstrahlend. Als „Erfolgsbarometer" wählt man hier den Gefühlszustand des Gegenwarts-Ichs beim Wahrnehmen des Zukunfts-Ichs. Als Sabine mit dieser Vision von sich selbst richtig zufrieden ist, hat sie auf der Wellness-Skala sieben Punkte erreicht. Erst jetzt bitten wir sie, in Gedanken einmal mit dem Zukunfts-Ich zu verschmelzen und assoziiert zu erleben, wie sich die Zukunft anfühlt. Nach diesem Zukunftstest kehrt sie dann wieder in die Gegenwart zurück und sieht ihr Zukunfts-Ich wieder von außen, wobei wir sie bitten, die rechte Hand zu heben und abwechselnd auf die erfolgreiche Ressortleiterin und auf diese Hand zu sehen.

Die eigene Hand ist ein sehr guter Anker für die „Erinnerung an die Zukunft". Wann immer man in seine Zukunft investiert, ist dies mit einer Tätigkeit verbunden, bei der die Hand im Blickfeld ist: Die Hand hält das Telefon, die Computer-Maus oder einen Stift. Sie drückt einer anderen Person die Hand und hebt beim Geschäftsessen das Glas. „Das wirkt tatsächlich", sagt Sabine später. „Ich saß bei meinem Chefredakteur, schaute zufällig auf meine rechte Hand und hatte gleich mein Zukunfts-Ich vor dem geistigen Auge. Ich richtete mich sofort auf und bekam eine ganz andere Stimme." Ob es allein daran lag, wird man nie wissen. Auf jeden Fall hat Sabine heute ihren Traum-Job. Anlässlich ihrer Beförderung sagte der Chefredakteur, sie hätte in den letzten Monaten viel mehr „Biss" bekommen.

Selbstcoaching-Tipp: Mein erfolgreiches Zukunfts-Ich

Vorbereitung: Hören Sie die CD oder bereiten Sie sich auf Ihre Processing-Methode vor.

1. Denken Sie an ein wichtiges berufliches Ziel.
2. Visualisieren Sie eine erfolgreiche Zielsituation, in der Ihr Zukunfts-Ich die Hauptrolle spielt.
3. Führen Sie das Processing durch, bis es Ihrem Zukunfts-Ich richtig gut geht.
4. Jetzt machen Sie die „Zukunfts-Probefahrt": Verschmelzen Sie in der Vorstellung mit Ihrem erfolgreichen Zukunfts-Ich. Danach lösen Sie sich wieder und kehren in die Gegenwart zurück.
5. Heben Sie die rechte Hand und betrachten Sie abwechselnd oder sogar gleichzeitig das Zukunfts-Ich und diese Hand. Wann immer ab jetzt Ihr Blick auf Ihre Hand fällt, wissen Sie auch in der Gegenwart, wofür Sie sich so anstrengen und spüren eine positive Zielenergie.
6. Ankern Sie an die Hand in späteren Übungen gleich mehrere Zukunft-Ichs, z.B. auch die Visualisierung von einem hohen und glücklichen Alter.

Ziele-Coaching „in vivo"

Der Begriff „in vivo" stammt aus der Verhaltenstherapie. Hier legt man großen Wert darauf, ein angestrebtes Verhalten oder Empfinden nicht nur im Geiste – also „in sensu" – zu bearbeiten und zu trainieren, sondern die Ergebnisse aus dem Mentaltraining möglichst auch in die entsprechende „Live-Situation" zu transportieren. Dieses Vorgehen stellt sicher, dass das Gehirn später in der entsprechenden Situation möglichst viele „sinnliche Stichwörter" für die Bahnung von ressourcevollem Erleben und Verhalten bekommt.

In Sabines Fall konnten wir natürlich schlecht mit ihr in eines der Ressortchef-Zimmer gehen, um dort unsere Coaching-Intervention durchzuführen. Dennoch ergab sich eine gute Lösung. Als Sabine eines Abends einmal länger als alle Kollegen arbeitete, setzte sie sich einfach in das leere Büro eines Ressortleiters hinein. Sie spürte den Stuhl, nahm den Blick auf Schreibtisch und Zimmer wahr, fasste einmal das Telefon an. Dieses Erlebnis brachte sie zur nächsten Coaching-Sitzung mit. Sie fokussierte dieses Erlebnis, spürte das angenehme Körperecho und wir führten das Processing so lange durch, bis sie auf der Wellness-Skala + 8 Punkte mit diesem erinnerten Erlebnis gesammelt hatte.

Haben unsere Klienten ein wichtiges Gespräch vor sich, bitten wir sie, zur nächsten Coaching-Sitzung in der Kleidung zu erscheinen, die sie zu diesem Anlass tragen werden. Einige bringen Akten von ihrem „Stress-Projekt" oder das Foto eines ungeliebten Vorgesetzten oder Kollegen mit. Ergibt sich die Gelegenheit, gehen wir so weit wie möglich in das In-vivo-Training mit hinein. So konnten wir z.B. mit einem unserer Kunden in einen großen Festsaal gehen, in dem er einige Tage später vor großem Publikum eine Rede halten sollte. Hier führten wir beim Anblick der vielen Stühle das Processing durch und waren somit der späteren Live-Situation natürlich sehr nahe. Beim In-vivo-Training sind also der Kreativität keine Grenzen gesetzt.

Selbstcoaching-Tipp: **Erfolg durch Live-Momente**

Sie haben bereits das wingwave-Ressourcen-Coaching kennengelernt. Verknüpfen Sie diesen Ansatz jetzt einfach mit einem „In-vivo-Selbstcoaching", indem Sie für das „Einweben" des ressourcevollen Zustands in ein bedeutsames Erlebnis möglichst viele sinnesspezifische Eindrücke aufsuchen, sammeln oder nachstellen. Hierfür einige Beispiele:

- Besorgen Sie sich Fotos von wichtigen Gesprächspartnern.
- Ziehen Sie die Kleidung an, die Sie in Ihren wichtigen Leistungsmomenten tragen werden.
- Fassen Sie bestimmte Utensilien an, die zum Leistungskontext dazugehören: Telefon, Golfschläger, Mikrofon usw.
- Nehmen Sie die Körperhaltung ein, die zum Leistungsmoment dazugehört.
- Suchen Sie – wenn möglich – die Räume oder Gebäude auf, in denen Sie „performen" werden oder besorgen Sie sich gute Bilder von den „Auftrittsorten".

Kreativitätssteigerung erleben

Für Menschen im Spitzenleistungsfeld sind kreative Ideen und innovatives Denken besonders wichtig. Ständig müssen neue Produkte und Marketingstrategien entwickelt werden und immer wieder ändert sich das Umfeld, in dem die Leistung stattfindet. Das erfordert zusätzlich eine große Flexibilität im Denken. Gerade in schwierigen oder festgefahrenen Situationen sind dann geniale Lösungen besonders gefragt. Und weil die Konkurrenz auch nicht schläft, gilt es, die zündende Idee oder gar die entscheidende Erfindung als Erster zu haben. Selbst wenn das gelingt, können die meisten unserer Coaching-Klienten sich immer noch nicht auf ihren Lorbeeren ausruhen. Vor allem Künstler, Menschen in Medien- oder Modeberufen und auch viele Sportler – denken Sie nur an den Entwurf von Modekollektionen oder sportlichen Küren – müssen täglich aus ihren kreativen Quellen schöpfen, um langfristig am Ball zu bleiben.

Apropos „kreative Quelle": Dieser Begriff ist natürlich eine Metapher. Und mit Metaphern arbeiten wir mit Vorliebe, wenn unsere Coaching-Kunden Ihre allgemeine Kreativität steigern oder wiedererlangen möchten. Interessanterweise kann nämlich jeder Mensch eine Kreativitätsblockade tatsächlich mit einer Metapher beschreiben. Es gilt nur, aufmerksam für die Wortwahl der Klienten zu sein. Dann erfährt man nicht nur, um welche Metapher es sich handelt, sondern auch, auf welchem Sinneskanal sie innerlich repräsentiert wird. Dazu die folgenden Beispiele:

Visuelle Metaphern:

„Irgendwie ist das alles noch nicht ausgereift."
Dazu bietet sich die Assoziation von unreifen Früchten an.

„Meine Ideen sind versiegt."
Hier stellt sich man sich tatsächlich eine Quelle vor, die nicht mehr sprudelt.

„Mir fällt nichts mehr ein."
Bei diesem Bild fallen die Ideen offensichtlich von oben herab, wie Blüten, Sterntaler, bunter Regen oder Bälle. Besonders dieses Beispiel zeigt: Wir steigen immer mit dem Klienten in die von ihm durch einen Satz angebotene Metapher ein und malen diese gemeinsam aus.

Auditive Metaphern

„Mir fehlt die zündende Idee."
Oder: „Irgendwie ist das alles nicht der richtige Knaller."
Auch hier entwickelte der Coachee durch genaues Nachfragen konkretere Hinweise: Stellt er sich die „zündende Idee" eher wie die auditive Kulisse eines Feuerwerks vor oder wie das Starten eines Sportwagens?

Gefühlsmetaphern und Motorikmetaphern

„Sonst sprudelte ich immer über vor Ideen."
„Ich komme da nicht weiter."
„Ich bin blockiert."
„Irgendwie ist das alles zu lahm."
Bei diesen Beschreibungen ist es beispielsweise wichtig, die Lokalisation des Hindernisses zu erörtern: Beim Blockiert-Sein könnte eine Hürde im Weg stehen; das Hindernis ist also außerhalb des Körpers. Beim Lahm-Sein fehlt der nötige innere Muskeltonus.

Olfaktorische und gustatorische Metaphern

Diese werden zwar nicht so oft benutzt, aber wenn sie auftauchen, ist es sehr effektiv, sie zu bearbeiten.
„Irgendwie ist das alles zu fade."
„Da fehlt das Salz in der Suppe."

Natürlich könnten einige dieser Beispiele auch Sinnes-Mischformen sein. So könnte sich die eine Person den „zündenden Funken" auditiv, die nächste könnte ihn sich visuell vorstellen. Ebenso erlebt der eine Mensch die „sprudelnde Idee" als Wärmestrom im Körper, der nächste sieht einen Springbrunnen vor dem geistigen Auge. Wichtig ist eben, den Klienten in seiner Vorstellungskraft so weit zu coachen, dass er seine Metapher sinnesspezifisch und inhaltlich konkret beschreiben kann.

Ist die Metapher beschrieben, fokussiert der Coachee in der inneren Vorstellung sein jeweiliges Problem: Man schaut auf die versiegte Quelle oder das trockene Flussbett, hört das leiernde Geräusch eines nicht startenden Motors, spürt die Lahmheit in den Muskeln bzw. das äußerliche Hindernis oder nimmt einen langweiligen Geschmack im Mund wahr. Gleichzeitig denkt der Coaching-Kunde an seinen eingebrachten Metaphern-Satz, wie z.B.: „Ich komme nicht weiter". Hierzu wird dann das Processing durchgeführt. Fast immer entwickeln sich die Metaphern schnell in eine positive Richtung. Plötzlich sieht man ein Feuerwerk vor dem geistigen Auge oder spürt die belebte Muskulatur, sodass „es wieder geht".

Selbstcoaching-Tipp: **Kreativitätssteigerung**

Bereiten Sie Ihre Processing-Methode vor. CD-Anwender setzen die Kopfhörer auf und beginnen mit dem Hören der wingwave-Musik.

1. Beschreiben Sie Ihr Kreativitätsproblem innerlich mit Worten. Stellen Sie fest, welchen Sinneskanal oder welche Sinneskanäle Sie vorzugsweise sprachlich benutzen.
2. Entwickeln Sie aus Ihren Sätzen Metaphern.
3. Fokussieren Sie den „Jetzt-Zustand" Ihrer Metapher, z.B. „unreife Früchte".
4. Führen Sie Ihr Processing durch, bis „die Früchte reif sind", bis sich also die gewählte Kreativitäts-Metapher zu einem „Happy End" entwickelt hat.

Hinweis: Diese Übung ist für die allgemeine Kreativitätssteigerung gedacht. Selbstverständlich können Sie aber auch an einen bestimmten Aufgabeninhalt denken, für den Sie gute Ideen brauchen, beispielsweise an einen Artikel, den Sie schreiben müssen. Fokussieren Sie Ihr Thema und setzen Sie bei der Ideensuche immer wieder Ihre Processingmethode ein. Diese Strategie benutzt übrigens auch der bereits mehrfach erwähnte Musiker Leo beim Texten und Komponieren.

Innere Grenzen überwinden

Es gibt ein sehr interessantes Goldfisch-Experiment. Setzt man einen solchen Fisch in ein Aquarium, schwimmt er großzügig sein Terrain ab. Teilt man das Aquarium mit einer durchsichtigen Scheibe, hat er natürlich nur noch halb so viel Platz und schwimmt dort im Kreis. Nun kann man das Becken nochmals mit einer Trennwand teilen, also vierteln, und der Goldfisch hat jetzt nur noch sehr wenig Bewegungsspielraum. Wenn nun die Trennwände wieder entfernt werden, könnte man doch annehmen, dass unser Goldfisch sich freut, wenn er seinen großen Bewegungsraum zurückerhält. Aber das tut er nicht. Er schwimmt einfach weiter in seinem kleinen Viertelchen und probiert nie wieder aus, seinen Wirkungskreis zu erweitern. Die Trennwand ist jetzt ein Teil seines Gehirns geworden.

Natürlich sollte man das Gehirn eines Goldfischs nicht ohne weiteres mit dem eines Menschen vergleichen. Dennoch haben beide Gehirne eines gemeinsam: neuronale Autobahnen. Diese entstehen immer dann, wenn Tätigkeiten oder Gedankenmuster über einen längeren Zeitraum regelmäßig durchgeführt bzw. benutzt werden. Gemeint sind die neuronalen Verschaltungen zwischen den Gehirnzellen, mit denen unsere Gewohnheiten in unserem Kopf repräsentiert sind. Der Gehirnforscher Gerhard Hüther arbeitet in seinem Buch „Die Biologie der Angst" hier mit einem einleuchtenden Bild: Stellen Sie sich vor, Sie stünden in einer Landschaft auf einem Hügel und betrachteten von dort aus die Verbindungen zwischen den Häusern, Dörfern und Städten. Da gibt es schmale Pfade, etwas breitere Feldwege, asphaltierte Dorfstraßen, komfortable Bundesstraßen und die mehrspurigen Autobahnen. Für den Straßenbenutzer bieten natürlich die breiten Autobahnen den größten Fahrkomfort: Man fährt schnell und immer geradeaus.

Machen Sie hierzu einmal ein Experiment: Falten Sie einfach Ihre Hände für ein paar Sekunden. Dann falten Sie die Hände bewusst anders herum, sodass der Daumen, der sonst immer zuunterst ist, jetzt zuoberst liegt. Prüfen Sie nun Ihr ganzheitliches Körpergefühl – also Ihr Körperecho – bei dieser ungewohnten Art des Händefaltens. Die meisten Menschen beschreiben ihr Körperecho als „komisch" bis hin zu unangenehm. Dieses unangenehme Gefühl entsteht, weil man beim ungewohnten Händefalten einen neuronalen Feldweg benutzt. Beim „richtigen" Händefalten hingegen fährt man auf einer neuronalen Autobahn. Doch obwohl man sich beim gewohnten Händefalten besser fühlt, heißt das noch lange nicht, dass das ungewohnte Händefalten eine schlechtere Methode des Händefaltens ist. Genau betrachtet ist sie gleich gut.

Es ist also ganz natürlich, dass sich ein neuer ungewohnter Bereich „komisch" anfühlt, denn unser Gehirn hat hierfür noch keine komfortablen neuronalen Autobahnen angelegt. Und der Aufbau von neuen Verbindungen kostet das Gehirn mehr Energie als die Benutzung von schon etablierten Verknüpfungen. Mit bildgebenden Verfahren kann man nämlich den Kalorienverbrauch des Gehirns messen. Und hier zeigt sich, dass beispielsweise beim reinen Lernen und Üben sehr viel mehr Kalorien verbraucht werden als beim Abrufen von schon angelegten Fähigkeiten. Sie haben selbst hundertfach die Erfahrung gemacht, dass in „Fleisch und Blut" übergegangene Handlungen und Denkmuster sich einfach anfühlen – egal, wie kompliziert sie ursprünglich einmal für Sie gewesen sein mögen. Der Akrobat im Zirkus erlebt seinen Salto im Gegensatz zu uns deshalb als leicht, weil er ihn von bestens ausgebauten neuronalen Autobahnen abruft.

Übertragen Sie diese Erfahrung einmal auf jedes neue Terrain, das Ihnen in Ihrem Leben offen steht. Sind Sie nicht auch schon einmal zögerlich an ein Thema herangegangen, weil Sie dabei ein „komisches" Gefühl hatten? Viele Menschen werten dieses komische Gefühl leider abergläubisch als „ungute Vorahnung" und meinen, ein „komisches Gefühl" sei Grund genug, eine neue Sache nicht ausprobieren zu müssen. Man versucht das fehlende Gefühl der vertrauten Erfahrung durch möglichst viele theoretische Informationen zu ersetzen. Doch keine noch so gute Theoriesammlung erspart den Ausflug auf die andere Seite des Aquariums und somit die Konfrontation mit einem ungewohnten Erlebnis, das ein „komisches Gefühl" macht.

Dem 30-jährigen Wolfgang wird von seinem Unternehmen überraschend eine Stelle in Mexiko angeboten. Trotz intensivster Informationseinholung hat er immer noch besagtes „komische Gefühl" bei dem Gedanken, zwei Jahre im Ausland zu leben und zu arbeiten. Im Coaching bitten wir ihn, sich auf irgendein vorgestelltes – also konstruiertes – Bild seiner Zukunft in Mexiko zu fokussieren. „Ich sehe nicht die Arbeit, sondern meine Wohnung dort vor dem geistigen Auge", sagt er. Sein Körperecho beschreibt er als „schräg": „Es ist so, als würde irgendetwas in meinem Bauch nicht zusammenpassen, wie zwei Puzzlesteine, die nicht zueinander gehören", schildert er sein Körpererleben. „Und vor dem geistigen Ohr stelle ich mir die unangenehmen Töne einer Geige vor, die gerade gestimmt wird."

Nach nur zwei Winke-Sets verändert sich das zuvor „schräge" Gefühl auf der Wellness-Skala in Vorfreude. „Früher wusste ich vor Weihnachten ja auch nicht, was die Bescherung bringen wird – und ich habe mich trotzdem gefreut", sagt er.

Die Trennwand im Kopf ist durchbrochen. Dennoch ändert diese Intervention nichts an Wolfgangs umsichtiger Vorbereitung für den Mexiko-Aufenthalt. Die Methode macht also weder bedenkenlos oder waghalsig. Sie öffnet die Sinne und die emotionale Empfänglichkeit für die positiven Möglichkeiten neuer Situationen und verhindert, dass man nur noch auf Autobahnen fährt. Denn so mancher Feldweg führt auch zu einem verborgenen Schloss, das man auf der Autobahn nie gefunden hätte. wingwave-Coaching bedeutet in diesem Fall, einen Flügel im Gebäude der inneren und äußeren Lebensmöglichkeiten zu betreten, der bisher verschlossen schien.

> *Selbstcoaching-Tipp:* **Innere Grenzen überwinden**
>
> Vorbereitung: Hören Sie die wingwave-CD oder bereiten Sie Ihre persönliche Processing-Methode vor.
> 1. Denken Sie – gern auch nur spielerisch – an einen neuen Lebensraum, den Sie bisher noch nicht erobert haben: eine neue Position, ein neues Verfahren, ein neuer beruflicher oder privater Partner, Umzug, Familiengründung, ein neues Hobby usw.
> 2. Fokussieren Sie ein vorgestelltes inneres Bild zu dieser theoretischen Lebensmöglichkeit.
> 3. Überprüfen Sie: Was sind Ihre bisherigen Einwände gegen diese mögliche Zukunftsperspektive?
> 4. Bleibt außer den sachlichen Argumenten noch ein „komisches Gefühl" übrig, erforschen Sie dessen Körperecho. Reagieren Sie vielleicht auf Gedanken wie „Kenn ich nicht", „Ist ungewohnt" oder „Habe ich noch nie gemacht"?
> 5. Ist dies der Fall, führen Sie ein Processing zum „komischen Gefühl" durch und lassen Sie sich davon überraschen, wie sich Ihr inneres Erleben in Vorfreude auf neue Impulse verwandelt.
>
> *Hinweise:*
> - Falten Sie beim Processing die Hände „falsch" herum. Sollten Sie die Butterfly-Technik benutzen, kreuzen Sie die Arme „falsch" herum. Dies ist ein Anker an die Erfahrung, dass fremde Möglichkeiten ebenso gut oder gar besser sein können als vertraute.
> - Manchmal steht man sich bei Innovationen auch mit dem Belief im Wege, dass es immer gilt, das „Richtige" zu tun. Die Kehrseite der Medaille ist die Angst davor, sich für das „Falsche" zu entscheiden. Es ist jedoch nur ein Belief, dass Bewegungen im Leben stets den Stempel „falsch" oder „richtig" bekommen müssen. Manchmal gibt es zehn „richtige Wege", die man ausbauen kann und keinen einzigen „falschen". Lesen Sie mehr zu diesem Aspekt in Kapitel VIII, „Belief-Coaching".

Persönlichkeitscoaching mit Imaginationsstrategien

Beim Thema Imagination gibt es wirklich grenzenlose Möglichkeiten, denn „to imagine" heißt nichts anderes, als „sich etwas vorstellen". Dabei geht es um innere Bilder und Repräsentationen von Dingen, die man bisher real noch nicht erlebt hat. Das Spektrum reicht vom Ausmalen eines zukünftigen Ereignisses bis hin zu symbolträchtigen Fantasien und Tagträumen. Mit diesen Fantasien spiegeln Menschen gern die Welt ihrer Denkmuster, Emotionen und Persönlichkeitsmerkmale. All diese psychischen Strukturen werden zwar tagtäglich erlebt, aber man kann sie nicht sehen. Also muss man sich eine Vorstellung von ihnen machen.

Eine dieser Vorstellungsmöglichkeiten ist weit verbreitet, und zwar die sogenannte Verkörperung von Persönlichkeitsteilen. Auf diese Imaginationstechnik wollen wir hier besonders eingehen. Allein der Begriff Persönlichkeitsteil ist schon eine Verkörperung, denn weder in unserem Kopf noch in anderen Körperteilen halten sich real kleine Männchen oder Wesen auf. Dennoch wird sprachlich ständig mit diesem Bild umgegangen: „Der steht sich ja selbst im Wege", heißt es oder gar: „Ich muss meinen inneren Schweinehund überwinden". All diese Redewendungen implizieren die Vorstellung, dass wir innerlich nochmals eine kleine Gesellschaft sind. Auch die meisten Psychotherapierichtungen operieren mit diesem Modell. Man denke nur an das klassische Freud'sche Trio „Es", „Ich" und „Über-Ich". Auch im NLP gibt es ausführliche systemorientierte Interventionen in der Arbeit mit Persönlichkeitsteilen. Hier ist immer das Ziel, diese Teile zu einem inneren Team zu entwickeln, frei nach dem Motto: „Gemeinsam bin ich stark."

Nicht nur in der Psychotherapie, sondern auch in Kunst und Kultur stellt man sich Persönlichkeitsteile „verkörpert" vor. Es gibt Theaterstücke, in denen die Schauspieler nicht äußere Menschenrollen spielen, sondern seelische Phänomene, wie etwa „das schlechte Gewissen", „die Freude", „die Tapferkeit" oder den „inneren Angsthasen" verkörpern. Apropos Hase: Auch im Märchen verkörpern meist Tiere menschliche Eigenschaften. Man denke an den „schlauen Fuchs", die „dumme Gans" oder die „weise Eule".

Beklagen sich unsere Klienten über ein ungeliebtes Verhalten oder eine ärgerliche Eigenschaft bei sich selbst, arbeiten wir meistens mit der Imagination von Persönlichkeitsteilen. Haben wir dieses Denkmodell erklärt, bitten wir sie, sich ein Bild von dieser Eigenschaft oder dem Verhalten zu machen. Die Möglichkeiten sind hier grenzenlos: Da gab es schon Jack Nicholson, Cleopatra, eine Hexe, einen Elefanten und tatsächlich einen „Schweinehund" im „Kopfkino" unserer Klienten.

Daniel ist Praktikant in einem Verlag und leidet darunter, dass er sich im Zusammenhang mit einem bestimmten Kollegen immer so aufregt. „Der nervt mich immer mit seinen zynischen Bemerkungen. Ich werde dann knallrot vor Wut und das ist genau das, was er erreichen will. Auch sonst lasse ich mich leider viel zu schnell provozieren." Wir bitten ihn, diese Wut in einer Fantasiegestalt zu verkörpern. „Da muss ich gar nicht lange überlegen", sagt er, „ich sehe ein richtiges Rumpelstilzchen vor mir, das vor Wut nur so herumspringt." Zuerst nimmt Daniel mit der Bodyscan-Technik seine Wut als Körperecho wahr. Er spürt vor allem Spannungen in den Kiefermuskeln. Dabei denkt er nochmals kurz an „das Ekelpaket", wie er sich deutlich ausdrückt. Dann imaginiert er sein Rumpelstilzchen als visuelle Verkörperung seiner Wut. Nun setzt das Processing ein. Dabei wird Rumpelstilzchen immer ruhiger. Zum Schluss sitzt Rumpelstilzchen plötzlich auf dem Ast eines Baumes, isst zufrieden einen Apfel und lässt dabei die Beine baumeln. Daniels Schultern fühlen sich bei diesem Bild gelöst und angenehm warm an.

Als der Kollege ihn das nächste Mal aufziehen will, muss er plötzlich lachen. „Das war nicht aufgesetzt, ich fand die Situation wirklich komisch", erzählt er uns später.

Man kann diese Imaginationstechnik übrigens auch sehr gut bei dem Phänomen der „zwei Seelen in einer Brust" verwenden. Viele Menschen haben in bestimmten Situationen ein „Einerseits – Andererseits" in sich und keine dieser beiden Seiten gewinnt. „Es fühlt sich an wie ein innerer Streit", beschrieb es eine unserer Klientinnen. Die widerstreitenden Gefühle oder Gedanken werden nun ebenfalls als Persönlichkeitsteile imaginiert, die man sich gleichzeitig vorstellt. Diese gleichzeitige Vorstellung sagt auch meistens etwas über die problematische innere Situation aus: Entweder gucken sich die Teile verächtlich an oder sie wollen deutlich nichts miteinander zu tun haben. Führt man jetzt das Processing durch, versöhnen sich die Persönlichkeitsteile. Sie ändern ihr Aussehen, werden freundlich, gehen aufeinander zu oder gleichen sich an. Diese Technik stärkt demnach auch den inneren Teamgeist.

Im NLP wird sehr viel und ausführlich mit der Vorstellung von Persönlichkeitsteilen und der Kraft des „inneren Teams" gearbeitet. Dabei geht es immer um die Integration dieser inneren Kräfte, niemals um einen inneren Kampf. Jeder Sieg über einen Teil wäre gleichzeitig ein Verlust, denn auch der „Verlierer" bleibt ein Teil der Gesamtpersönlichkeit. Mehr über dieses sogenannte systemische Persönlichkeitsmodell können Sie beispielsweise in unserem Buch „Coach Yourself – Persönlichkeitskultur für Führungskräfte" lesen.

Selbstcoaching-Tipp: **Emotions-Management durch die Arbeit mit einem Persönlichkeitsteil**

Bereiten Sie Ihr Processing vor. Dann gehen Sie die folgenden Schritte durch:

1. Denken Sie an eine Situation, in der Sie mit Ihrer emotionalen Reaktion unzufrieden waren: zu ängstlich, zu ärgerlich, zu angespannt, zu frustriert etc.
2. Geben Sie dem Gefühl eine Gestalt. Diese muss fantasievoll sein, z.B. ein Tier, eine Comicfigur, eine Romangestalt, ein Schauspieler, den Sie nur aus der Ferne kennen.
3. Malen Sie sich aus, wie diese Figur Ihren emotionalen Zustand anschaulich verkörpert, beispielsweise liegt der Schweinehund faul im Bett. Spüren Sie das Körperecho der stressenden Emotion, wie das Unbehagen beim Gedanken an das Aufstehen, das der Schweinehund ausdrückt.
4. Nun führen Sie Ihr Processing durch und beobachten Sie in der imaginativen Vorstellung Ihren Persönlichkeitsteil: Plötzlich steht der Schweinehund auf, streckt und reckt sich und geht munter joggen.

Erholsamen Schlaf finden und abschalten können

In Zeiten mit besonders vielen Aufgaben und Herausforderungen hören die Gedanken oft nicht von allein auf zu kreisen. Jeder hat schon einmal erlebt, dass er deswegen „kein Auge zutun" konnte und die Nachtruhe gestört war. Einige Menschen können gar nicht erst einschlafen, andere wachen nachts auf und beschäftigen sich ungewollt weiter mit ihren Tagesthemen. Besonders unangenehm ist dabei das ruhige Liegen – angesichts der vielen Dinge, die es zu tun und zu bedenken gibt. Das passive Liegen und Ruhen verstärkt noch das Gefühl des Ausgeliefertseins angesichts der Gedanken, die rotieren, auf einen zukommen oder gar auf einen einstürmen.

Hier bietet das NLP bereits eine Reihe von Möglichkeiten der Gedankenmodifikation. Eine ganz einfache Mentaltechnik ist beispielsweise die Umkehrbewegung im sogenannten Kopfkino: Rechtsherum kreisende Gedanken bringt man zum linksherum kreisen, auf einen zukommende Gedanken werden in einen Kreisverkehr geleitet. Oder man betrachtet die Gedankenbilder durch einen imaginären lilafarbenen Farbfilter. Auch Zeitlupe oder Zeitraffer sind oft eine Hilfe.

Viele unserer Coachees finden schon durch derart einfache Strategien zu ihrer Ruhe zurück. Dabei ist es sehr wichtig, die Gedanken nicht „weghaben" zu wollen, sondern mit ihnen irgendetwas zu machen. Eine besonders effektive Strategie ist die Übernahme eines aktiven Gedankenerlebnisses, wobei nicht die Gedanken in Bewegung sind, sondern Sie selbst. Dadurch werden die Inhalte statisch und Sie übernehmen durch eine imaginative Gedankenreise eine handelnde Rolle. Unsere Coachees suchen sich dabei ein „Gedankenmobil" aus. Das könnte sein:
- ein Traumauto
- ein Traumschlitten, so wie ihn der Weihnachtsmann fährt
- ein Traumschiff
- ein mentaler fliegender Teppich
- irgendein Lieblingstier, wie ein magischer Elefant oder ein „Gedanken-Adler"
- eine rosa Wolke

Unser Coachee Nico entscheidet sich für ein Traum-Powerboot, mit dem er seine Gedankenwelt mit dem entsprechenden Motorsound durchkreuzen kann. „Denken Sie jetzt einmal an Ihr neues Projekt, so wie Sie es nachts beim Einschlafen immer tun", fordern wir ihn auf. „Jetzt begeben Sie sich in Ihr Powerboot. Nehmen Sie alles dort ganz sinnlich wahr: Wie fühlt sich das Steuer in der Hand an? Nehmen Sie das typische Geräusch wahr, sehen Sie den Bug vor sich. Sagen Sie Bescheid, wenn das Boot anfängt zu fahren." Nico nickt. Zu diesem fahrenden Erlebnis veranlassen wir noch den Bodyscan: „Das ist eine angenehme Vorwärtsbewegung, als würde ich im Rücken einen sanften Schub bekommen", erläutert er sein Körperecho.

Wenn man beim Denken an sein „Gedanken-Mobil" auch nur den kleinsten Hauch von imaginärer Bewegung spürt, fokussiert man sofort wieder seine Gedanken. Auch Nico denkt innerlich wieder an sein Projekt. „Besuchen Sie mit Ihrem Powerboot Ihre Gedankenwelt. Fahren Sie alle Aspekte Ihres Projektes mental ab", fordern wir ihn auf. Gleichzeitig führen wir das Processing durch. Nico wählt die Butterfly-Technik, was den Coach vorübergehend „arbeitslos" macht.

Während der folgenden „Bootsfahrt" entspannt sich Nicos Mimik ganz deutlich. Er sitzt ruhig und entspannt in seinem Sessel. Schon nach kurzer Zeit muss er plötzlich gähnen. „Ich glaube, ich lege gleich an", ist sein Kommentar. „Ich packe jetzt ein, ich habe keine Lust mehr auf diese Gedanken. Eine bessere Abschalthilfe kann man sich nicht denken."

Interessanterweise berichten alle unsere Klienten, die das „Gedankenmobil" ausprobieren, über einen ähnlich beruhigenden Effekt. Das hat wahrscheinlich drei Gründe:
1. Man muss nicht mehr gegen die Gedanken ankämpfen.
2. Das unangenehme Gefühl des Ausgeliefertseins verschwindet.
3. Angenehme Schlaf- und Traumerlebnisse werden von den meisten Menschen ohnehin oft mit Bewegungen wie Schweben, Fliegen oder Fahren assoziiert. Man sagt ja auch, dass jemand „in die Traumwelt hinübergleitet".

Selbstcoaching-Tipp: **Mit dem „Gedankenmobil" in den Schlaf gleiten**

Vorbereitung: Wenn Sie als Processing-Methode die Augenbewegungen einsetzen möchten, führen Sie die Bewegungen natürlich mit geschlossenen Augen durch – schließlich handelt es sich um eine Einschlafhilfe. Die meisten Personen bevorzugen hier die Butterfly-Technik. Wenn Sie mit der wingwave-CD arbeiten, legen Sie sich Ihren MP3- oder CD-Player griffbereit neben Ihr Bett. So können Sie den Beruhigungseffekt der wingwave-Musik auch beim nächtlichen Aufwachen nutzen.

1. Entwerfen Sie für sich ein „Gedankenmobil".
2. Begeben Sie sich in oder auf Ihr Gedankenmobil und setzen Sie es mental in Bewegung.
3. Sowie Sie die kleinste imaginäre Bewegung als Körperecho auf die Vorstellung spüren, setzen Sie mit Ihrer Processing-Technik ein.
4. Fahren Sie mit Ihrem Gedankenmobil Ihre Gedankenwelt gründlich ab. Verdrängen Sie die Gedanken nicht, sondern fahren oder fliegen Sie extra öfter um sie herum. Wichtig ist, dass Ihr Gedankenmobil in Bewegung bleibt.
5. Nach kurzer Zeit spüren Sie schon den beruhigenden Effekt. Sie gleiten in eine Traumwelt oder in ein angenehmes Ruheerlebnis hinein.

Tipps:

⇢ Diese Mentaltechnik eignet sich natürlich auch tagsüber als Abschalthilfe oder Feierabendritual.

⇢ Selbstverständlich können Sie auch die direkte Variante wählen: Sie fokussieren das Körperecho auf die unangenehmen Gedanken und führen das Processing durch. Aber das Gedankenmobil macht mehr Spaß.

VIII. Belief-Coaching: konstruktiver Umgang mit Glaubenssätzen

In Kapitel V, „Verändern durch Verstehen: Know-how-Coaching" konnten Sie schon lesen, wie wir einschränkende Beliefs durch Know-how ersetzen. Doch oft reicht reines Know-how für die Überwindung von ungünstigen Glaubenssätzen nicht aus, erreicht es doch meist nur die grauen Zellen, nicht aber unser Gefühlszentrum. Auch offenkundige Beweise haben nur eine schwache Wirkung, wie das bekannte Spinat-Beispiel sehr schön zeigt: Spinat ist nämlich gar nicht so gesund, wie früher behauptet wurde. Hierzu die Zeitschrift *Medikament und Meinung:* „Ein Tippfehler ist die Ursache des unverdienten Ansehens des Spinats, als starker Eisenträger besonders gesund zu sein. Tatsächlich enthält das Blattgemüse erheblich weniger Eisen als eine Reihe von Hülsenfrüchten. Die Überschätzung des Spinats geht [...] auf den Irrtum einer Sekretärin zurück, die um die Jahrhundertwende [vom 19. zum 20. Jahrhundert] beim Abschreiben eines Untersuchungsberichts beim Eisengehalt des Spinats des Komma um eine Stelle nach rechts versetzt hatte. So wurde Spinat mit 16,0 (statt 1,6 Milligram) je hundert Gramm ausgezeichnet. Der Irrtum wurde zwar von einem misstrauischen deutschen Chemiker 1930 entdeckt und publiziert. Diese Erkenntnis erlangte indessen weniger Publizität als der Ausgangsfehler und vermochte deshalb den Siegeszug des Spinats insbesondere über den Kinderteller nicht zu verhindern."

Und man weiß heute noch mehr: Wird Spinat öfter als einmal erwärmt – was bei den Kleinkindportionen oft gehandhabt wurde und wird –, entwickelt er für ein Kleinkind überaus unverträgliche, ja sogar leicht schädliche Stoffe. Insofern folgten Generationen von Kindern einem sicheren Instinkt, wenn sie Spinat ausspuckten, statt ihn hinunterzuwürgen. Dennoch ließen sich Millionen von Eltern und Großeltern vom Gewürge und von der offensichtlichen Abscheu ihrer Kinder kein bisschen erschüttern oder misstrauisch stimmen, denn: **Spinat ist gesund!**

Wenn wir im Laufe eines Coachings negative schwächende Beliefs in positive Glaubenssätze verwandeln, rennen wir bei den meisten unserer Spitzenleistungs-Kunden offene Türen ein. Wer möchte nicht gern statt „Ich bin geschlagen" mit tiefster emotionaler Überzeugung denken: „Ich schaffe es." Viele Menschen im Hochleistungs-Bereich haben auch ihre „Spinat-Beliefs". Sie glauben an mentale Erfolgsrezepte, die nur kurzfristig „powern", aber langfristig gar nicht so „eisenhaltig" und bekömmlich sind, wie angenommen. Bedenken Sie nochmals, wie die begeisterten Eltern lieber an den gesunden Spinat glaubten als ihre spuckenden Kinder ernst zu nehmen. Dann können Sie sich vorstellen, wie wichtig es ist, bei der Modifikation von „Euphorie-Fallen" – wie wir irrational überzogene Beliefs nennen – möglichst konstruktiv vorzugehen, um auch die emotionale Ebene bei der „Glaubensänderung" zu erreichen. Im Coaching geht es häufig um die Trennung vom Wunderglauben, um die Spitzenleistung langfristig erhalten zu können und um die innere Welt „unerschütterlich" zu machen. Es geht darum, den Trafo auf eine Geschwindigkeit zu stellen, bei der der Erfolgszug nicht aus den Gleisen springt, sondern weiterfährt.

Der Belief-Spiegel: die Ent-Täuschung der Täuschung

Der Arzt Johann kommt zum Coaching, um sich auf einen wichtigen Vortrag für einen internationalen Kongress in Berlin vorzubereiten. „Ich habe zwar schon öfter vor vielen Leuten eine Rede gehalten, aber dieser internationale Kongress ist noch etwas anderes. Außerdem läuft nach dem Vortrag mit Sicherheit eine wilde Diskussion. Da muss ich gut reagieren können." – „Aber Sie wirken doch sehr redegewandt", melden wir ihm zurück. „Trotzdem habe ich wegen des Vortrags schlaflose Nächte", antwortet Johann. „Was befürchten Sie?" fragen wir. „Dass ich irgendetwas sage, das die versammelten Fachleute blöd finden – und dann kann ich das nicht mehr geradebiegen", sagt er. „Und wie wäre das für Sie?" – „Fast unerträglich, mir zieht sich alles zusammen, wenn ich daran denke."

An dieser Stelle könnte man bereits mit der klassischen wingwave-Intervention einsetzen: Johann denkt an einen abfällig den Kopf schüttelnden Zuhörer und dazu wird ein Processing durchgeführt. Im Belief-Coaching gehen wir jedoch noch ein Stück weiter. Wir verwenden hier eine provozierende Fragetechnik, die da heißt: „Der Coach stellt sich dumm." Das Ziel ist, die innersten Befürchtungen so weit auf die Spitze zu treiben, bis sie kippen und wir auf einen unbewussten irrationalen Euphorie-Belief als ursächlichen Stressauslöser stoßen. Allerdings bereiten wir unsere Klienten immer vor: „Ich stelle jetzt eine Reihe von komischen Fragen, wobei ich so tue, als könne ich Sie gar nicht verstehen." Wir haben festgestellt, dass die Wirkung von provozierenden Techniken bei Methoden-Transparenz ebenso effektiv ist, als würde man seine Coachees mit den Provokationen überraschen. Der einzige Unterschied ist, dass bei Transparenz das Vertrauensverhältnis garantiert erhalten bleibt.

Coach: „Sie sagen, das Fachpublikum könnte Ihre Beiträge blöd finden. Selbstverständlich kann das passieren. Was ist daran so schlimm?"
Johann (guckt entgeistert): „Dann darf ich mich bei den Kollegen nicht mehr sehen lassen!"
Coach: „Warum nicht? So ein Gesetz kenne ich nicht. Alle Kongressredner dürfen in Deutschland frei herumlaufen – auch vor Kollegen."
Johann (grinst ein bisschen): „Ja, aber dann denken doch alle: ‚Das ist doch der, der beim Kongress so einen Unsinn geredet hat'."
Coach: „Und was ist daran schlimm?"
Johann: „Ich will nicht, dass die Leute so über mich denken."
Coach: „Was soll man denn über Sie denken?"
Johann: „Natürlich gute Sachen!"
Coach: „Und Sie denken auch immer nur gute Sachen über jeden anderen Menschen?"

Johann: „Natürlich nicht."
Coach: „Aber alle Kollegen auf der ganzen Welt sollen gut über Sie denken, nicht wahr?"

An dieser Stelle brechen wir das Spiel „Der Coach stellt sich dumm" ab, denn jetzt hat sich im Gespräch das entwickelt, was wir den „Belief-Spiegel" nennen. Durch das überspitzte Nachfragen stoßen wir auf eine potenzielle „Einsturzstelle" in Johanns Belief-System. Latent lebte er bisher nach dem Leitspruch: „Ich muss von allen gut gefunden werden." Natürlich freut sich jeder Mensch über Würdigung und Anerkennung, doch das Problem in diesen unbewussten Beliefs ist das „MUSS". Dieses Muss gestattet keinerlei Kritik oder Ablehnung durch die Mitmenschen. Geschieht das doch, „bricht eine Welt zusammen". Diesen „Knacks" und auch die große Angst vor diesem Knacks könnte Johann sich ersparen, wenn er diesen Belief ent-täuschen würde. Wir sprechen übrigens auch von einem „Euphorie-Belief", wenn dieser weder von Menschen noch vom Schicksal erfüllt werden kann.

Johanns Belief täuscht nämlich ein Ziel vor, das kein Mensch jemals erreichen wird. Es ist nicht „menschenmöglich", bei allen anderen Menschen immer gleich gut anzukommen. Jeder Mensch hat seine persönliche Lebensgeschichte, seine persönliche Tagesform, seine individuellen Vorurteile. Natürlich kann es sein, dass jemandem Ihre Nase nicht passt, natürlich sucht vielleicht ein anderer gerade einen Blitzableiter und entdeckt Sie, einen völlig unschuldigen Menschen, als ideales Aggressionsziel. Selbstverständlich erzeugen Sie als erfolgreicher Mensch Neid bei weniger erfolgreichen Zeitgenossen. Denkt man unbewusst, dass dies alles nicht passieren darf, ergeht es einem wie Johann: Er leidet ja unter der Vorstellung, bei den vielen Zuhörern einen eventuellen Eindruck nicht mehr geradebiegen zu können, da er die eben beschriebenen möglicherweise ablehnenden Reaktionen nicht als Normalität, als etwas zum Leben dazugehöriges erlebte.

Es ist durchaus menschenmöglich, bei vielen Menschen einen guten Eindruck zu erwecken – aber eben nicht bei allen. Und eine gesunde emotionale Schwingungsfähigkeit entsteht vor allem dann, wenn aus dem Muss ein Wünschen wird: „Ich wünsche mir, dass mich möglichst viele Menschen mögen und anerkennen." So ein Satz beinhaltet genug Platz für Eigeninitiative, bietet aber auch eine ausreichend hohe Frustrationstoleranz, falls der Wunsch einmal nicht in Erfüllung geht. So führt die „Ent-Täuschung der Täuschung" zu bestmöglicher Stabilität, weil die Welt nun nicht mehr so schnell zusammenbrechen kann. Schließlich gehört unerklärliche und ungewollte Ablehnung durch andere einfach zum Leben dazu, wie Regen oder Wind zum Wetter.

Zum Optimisten werden

Johann hat gegen diese Ausführungen die gleichen Einwände wie viele andere Coaching-Klienten: „Wollen Sie mich zum Pessimisten machen? Nur Pessimisten sind doch Leute, die sich im Denken auf negative Ereignisse einstellen." Johann hat auch von Mentaltrainings gehört, wo man sich Sätze verinnerlichen soll wie: „Du kannst alles schaffen, was du willst" oder gar: „Meine Power ist grenzenlos". „Solche Sätze geben einem doch erst die Kraft, um auch das Unmögliche zu erreichen", sagt er. „Wir haben öfter erlebt, dass irrationale Euphorie-Beliefs zwar Ziele im Kopf aufblühen lassen, aber deren Verwirklichung im Leben eher behindern als begünstigen", ist unsere Antwort. Man kann diese Aussage mit einem einfachen Beispiel veranschaulichen. Angenommen, man bräuchte für die Verwirklichung eines neuen Projekts drei Menschen. Nun ist der Projektleiter aber jemand, der – überspitzt dargestellt – gern denkt: „Ich kann alles schaffen, denn ich habe unbegrenzte Power." Dieser irrationale Euphorie-Belief würde zu Fehlplanungen führen und damit zum Hemmschuh des Projekts werden.

„Alles ist machbar – man braucht nur gute Ideen!", ist beispielsweise der Belief eines erfolgreichen Hamburger Unternehmers. Dieser Belief umfasst einerseits grenzenlose Möglichkeiten, andererseits schließt er eine realistische Gestaltung der „Machbarkeit", der Verwirklichung von Visionen mit ein. Er erlaubt vernünftige Planung und Einfallsreichtum. Denn was nützt „unbegrenzte Power", wenn das Fingerspitzengefühl für das „Ei des Kolumbus" fehlt? Der Satz dieses Unternehmers ist also überhaupt nicht pessimistisch formuliert. Wichtig ist nur, dass er für eine potenzielle Verwirklichung von Ideen ausreichend realistisch bleibt.

In der Rational Emotiven Therapie nach Ellis werden diese inneren Sätze – auch Kognitionen genannt – dahingehend überprüft, ob sie funktional oder dysfunktional sind. Diese etwas trockenen Begriffe bringen die Anforderungen an Erfolgs-Beliefs auf den Punkt: Beliefs sind dann nützlich, wenn sie das Funktionieren, also die Verwirklichung unserer Pläne ermöglichen. Sie sollten im wahrsten Sinne realistisch sein, ganz nach dem Motto: Träume nicht dein Leben, sondern lebe deine Träume. Man sollte seine Beliefs stets mit den Kriterien des sogenannten SMART-Prinzips überprüfen: spezifisch, messbar, attraktiv, realistisch, terminierbar. Nur so werden sie zu effektiven Motivations- und Bahnungsfaktoren bei der gehirngerechten Zieldefinition.

Machen Sie sich in diesem Zusammenhang einmal das berühmte Optimisten-Beispiel mit dem halb gefüllten Wasserglas bewusst. Der Pessimist sieht dieses Glas und sagt enttäuscht: „Oh, das Glas ist ja halb leer." Der Optimist hingegen freut sich: „Toll, das Glas ist ja halb voll!" Aber auch der beste Optimist würde nie sagen:

„Toll, das Glas ist ja bis an den Rand gefüllt", weil das nicht der Realität entspricht. Ein Optimist ist immer auch ein Realist, der seine Ressourcen vollständig adäquat einschätzt. Er ist kein „Schönkucker", der sich etwas vormacht. Ein „Schönkucker" hingegen sieht, dass die Tankuhr auf halb steht, sagt sich: „Toll, ist ja ganz voll,", fährt damit in die Wüste und bleibt zehn Kilometer vor der Oase liegen – wenn er Glück hat. Der Optimist würde den halb vollen Tank akzeptieren, nochmals zur Tankstelle fahren, volltanken und vielleicht noch einen Reservekanister mitnehmen, um sicher die Oase zu erreichen. Genau das ist auch der Unterschied zwischen dysfunktionalen und funktionalen Erfolgs-Beliefs. Werden Sie also lieber zum Optimisten statt zum „Schönkucker".

„Wir sind unverwundbar": die typischen Belief-Fallen von Spitzenleistern

Natürlich hat bisher noch keiner unserer Klienten behauptet, unverwundbar zu sein. Dennoch beschreibt dieses schöne Wort treffend die mentale Atmosphäre von irrationalen und daher auch dysfunktionalen Euphorie-Beliefs vieler Menschen in Leistungssituationen. In diesem Kapitel stellen wir Ihnen nochmals vier dieser meist unbewussten Beliefs vor, welche die Gefahr in sich bergen, dass der jeweilige Mensch „an sich selbst scheitert". Wir beschreiben kurz, warum es sich bei dem Satz um eine Belief-Falle handeln könnte und zeigen mögliche funktionale Beliefs als Alternative.

Alles ist machbar

Außer Risiken der Fehlplanung birgt dieser Belief auch noch die Gefahr in sich, dass man nicht rechtzeitig ein mögliches Verlust-Projekt erkennt und immer weiter in eine unlukrative Sache investiert. Außerdem kann dieser Belief sogar depressiv machen, wenn man an die Grenze des Unmöglichen stößt: Wenn alles machbar ist, spiegelt diese Situation offensichtlich nichts anderes als die persönlichen Schwächen. Die euphorisierende Wirkung dieses Beliefs führt außerdem oft dazu, dass Menschen sich nur noch in riskanten Grenzsituationen wohl bzw. „angekickt" fühlen, um zu erleben, wie ihr Belief in Erfüllung geht. Das kann sogar unbewusst dazu verleiten, Risikosituationen zu provozieren bzw. nicht rechtzeitig zu verhindern. Im Rahmen der Extrem-Sportarten benutzt man diesbezüglich sogar das Wort „Adrenalin-Junkies".

Funktionale Beliefs:
- Wenn es eine Lösung gibt, finde ich sie – oder denjenigen, der sie findet.
- Ich tue das Menschenmögliche.
- Ich gebe mein Bestes.

Diese Beliefs stellen sicher, dass die Person sich auch wertvoll fühlt, wenn sie – ausnahmsweise – einmal keine Wunder bewirkt.

Ohne mich geht es nicht

Ein solcher Belief verhindert sowohl konstruktive Teamarbeit als auch erfolgreiche Delegation, was oft zur Aufrechterhaltung von Spitzenleistungen von großem Wert ist. In vielen Unternehmen verhindert eine solche Haltung auch, dass sich erfahrene Mitarbeiter rechtzeitig ihren Nachwuchs aufbauen.

Funktionale Beliefs:
⇢ Ich kann immer wertvolle Impulse geben.
⇢ Ich bin eine gute Führungskraft.

Diese Beliefs erhalten das Selbstbewusstsein, auch wenn man einmal keine entscheidende Rolle spielt. Beispielsweise kann man den letzten Satz folgendermaßen weiterdenken: „Ich bin eine gute Führungskraft und brauche ein Umfeld, das diese Fähigkeit schätzt." Das wirkt zwar etwas überheblich, stellt jedoch sicher, dass die innere Welt heil bleibt, wenn man einmal nicht mitmischt – aus welchen Gründen auch immer. Natürlich funktioniert dieser Belief nur dann, wenn die Führungsqualitäten real vorhanden sind. Das Glas muss also tatsächlich halb voll sein.

Man wird es mir danken

Beliefs dieser Art programmieren geradezu einen Zusammenbruch der inneren Stabilität. Menschen mit einer solchen Haltung haben in der Regel als festes Fundament für ihre Persönlichkeit ein sehr ethisches Wertesystem. Problematisch wird es, wenn man davon ausgeht, dass alle Mitmenschen dieses Wertesystem teilen: „Selbstverständlich wäre ich selbst ja auch dankbar, wenn ein anderer Mensch sich so für mich einsetzen würde." Man schließt also automatisch von sich auf andere. Viele hoch engagierte Menschen erleiden deswegen ein richtiges Sozial-Trauma, wenn beispielsweise ein Unternehmen, für das sie jahrelang engagiert gearbeitet haben, sich völlig unerwartet nicht dankbar, sondern enttäuschend verhält. Natürlich gibt es undankbare, gefühlskalte, gewissenlose, egomanische, psychopathische, feige oder skrupellose Menschen. Das Glas ist eben nur halb voll und nicht bis zum Rand mit guten Menschen gefüllt.

Vergegenwärtigen Sie sich dieses Thema mit einer Metapher aus dem Reich der großen Meereswesen: Delfine gelten als sozial hoch entwickelte, intelligente, verspielte und freundliche Meeressäuger. Doch bei aller Freundlichkeit würde ein Delfin nie denken, dass alle optisch ähnlichen großen Meeresbewohner ebenfalls Delfine sind. Er weiß sehr wohl, dass es auch Haie gibt und ist darauf bestens eingestellt. Delfine fallen nicht entsetzt in Ohnmacht, wenn ein Hai aufkreuzt. Sie versuchen auch gar nicht erst, im Hai das Gute zu entdecken und mit ihm zu spielen, sondern vertreiben ihn auf der Stelle höchst energisch und erfolgreich aus ihrem Revier, weil sie einkalkulieren, dass der Hai keineswegs ihr Bestes will. Offensichtlich gehört die Existenz von Haien mit in das Unterwasserweltbild eines Delfins und er ist bestens darauf eingestellt. Hat der Delfin sich nun erfolgreich gegen den Hai gewehrt, würde er aber nach dieser Erfahrung nicht plötzlich denken, dass jedes große Wesen mit einer ähnlichen Figur – also auch andere Delfine – Haie sind. Er kann nach wie vor unterscheiden und sich an seinen Gleichgesinnten weiter freuen.

Wir wollen unsere Coaching-Klienten also nicht grundsätzlich misstrauisch machen, sondern – wie schon beschrieben – auch beim Thema „Mitmenschen" für funktionale Beliefs sorgen. Geschieht dies nicht, kann sich das ursprüngliche Problem nämlich noch weiter zuspitzen. Man fängt an zu hadern und will den anderen zeigen, dass sie das nicht „so einfach machen dürfen" oder mal „begreifen sollen, was sie falsch gemacht haben". Das ist so, als würde der Delfin jetzt dem Hai hinterherschwimmen, ihn in eine Unterwasserhöhle drängen und mit ihm so lange diskutieren, bis dieser sich dafür entschuldigt, ein Hai zu sein – während die anderen Delfine schon lange wieder lustig spielen. Über Energieverschwendung durch Wiedergutmachungs-Wünsche haben wir bereits in Kapitel IV zum Thema „Rache" gesprochen.

Funktionale Beliefs
- Menschen sind verschieden.
- Ich kann Menschen nicht ändern – nur mit ihnen auskommen.
- Ich kann einen Menschen nur ändern, wenn er es auch will.
- Es gibt Delfine und Haie. Und auf beide bin ich vorbereitet.
- Gleichgesinnte sind ein Geschenk, aber ich habe kein kosmisches Recht darauf.

Ich muss immer die richtige Lösung finden

Dieser Belief unterstellt unbewusst, dass das Leben ein Sumpf von falschen Lösungen ist, aus dem die richtige Lösung wie eine sichere Insel herausragt. Ein falscher Schritt – und schon wird man vom Sumpf verschluckt. Wenn Menschen mit zwei Möglichkeiten konfrontiert werden, denken sie schnell: „Und wenn ich mich jetzt für das Falsche entscheide?" Unsere Lernprägung im digitalen Denken führt zu der sehr vereinfachten Sichtweise: Ja oder Nein, richtig oder falsch, schwarz oder weiß, 1 oder 0. Doch denken Sie einmal an den Spruch: „Alle Wege führen nach Rom." So könnte es doch auch sein, dass es zehn Möglichkeiten gibt, alle sind auf sicherem Boden und alle sind „richtige Lösungen", wenn man das Beste aus ihnen macht.

Natürlich hat jeder dieser zehn Wege seine eigenen Schwierigkeiten. Beim digitalen Falsch-Richtig-Denken führt jedes Experiment auf neuen Wegen dazu, dass man sich schon bei kleinsten Schwierigkeiten oder Pannen sagt: „Also habe ich doch das falsche gewählt. Das wäre bei der anderen Lösung nicht passiert, da die ja offensichtlich die richtige war." So wird jegliche Kreativität und Tatkraft auch noch mit Hadern blockiert. Stellt sich dann tatsächlich heraus, dass ein anderer Lösungsweg idealer wäre, haben viele Menschen fatalerweise auch noch den Belief, dass man sich nur einmal entscheiden darf und dann nie mehr: „Wer A sagt, muss auch B sagen." Man darf nun also nie mehr nach den anderen neun Lösungen schielen. So werden aus Lösungen Knoten.

Funktionale Beliefs:
- „Alle Wege führen nach Rom."
- Auch bei den größten Erfindungen gab es viele Experimentierreihen.
- Ich mache das Beste daraus.
- Sich auf den Weg machen ist das Ziel.
- Probieren geht über Studieren.
- Es gibt keine Fehler, nur Ergebnisse, die man verwerten muss.
- Wer A sagt, darf beim Probieren auch feststellen, dass es nicht optimal war, A zu sagen.

Wenn wir unsere Coachees bitten, die funktionalen Sätze im Zusammenhang mit dem Myostatik-Test auszusprechen, fällt der Test oft nicht stark genug aus. Wieder besiegt die Emotion den Verstand: Die Euphorie-Sätze fühlen sich einfach viel zu gut an! Hier wird – wie bei der Schokolade oder bei der scheinbar lukrativen Anlage – ein zu gutes Gefühl zum Problem!

Abschied von der Euphorie-Falle

Belief-Coaching erfordert vom Coach einiges Know-how über die psychologische Wirkung von Satzstrukturen. Im Großen und Ganzen gibt es drei Sorten von dysfunktionalen Satzmustern: Tilgung, Verzerrung und Generalisierung. Eine außerordentlich präzise Darstellung zu diesem Thema finden Sie in den ersten NLP-Büchern von Richard Bandler und John Grinder: „Kommunikation und Veränderung" und „Metasprache und Psychotherapie". Für die meisten Leser mögen jedoch die bisherigen Ausführungen reichen, um ein „Fingerspitzengefühl" für die Folgen von dysfunktionalen Beliefs zu bekommen.

Das gemeinsame Überprüfen von Beliefs hinsichtlich ihrer Erfolgs- und Selbstwert-Funktionalität nennt man auch „Disputieren". Wenn wir im Belief-Spiegel die dysfunktionalen Euphorie-Beliefs identifizieren konnten, folgt vor der eigentlichen Intervention noch eine weitere Gesprächssequenz, in der wir uns gemeinsam mit dem Klienten über den gefundenen Belief auseinandersetzen. Beim Disputieren ähneln die Gesprächsinhalte in etwa den gerade unter „Wir sind unverwundbar" vorgestellten. Gemeinsam werden dann funktionale Beliefs entwickelt. Natürlich wird dieser Part überwiegend durch den Verstand gesteuert. Ein emotionaler Abschied von den dysfunktionalen Beliefs erfolgt dann wieder durch die bilaterale Hemisphärenstimulation.

Hier arbeiten wir mit „wingwave rückwärts": „Wir haben jetzt zwar die Dysfunktionalität Ihres Beliefs entdeckt, aber irgendwie hat er Ihnen ja auch ein gutes Gefühl gemacht. Natürlich sorgt der Satz ‚Ich schaffe alles' für ein sehr positives Körperecho." Während des Processings fokussieren die Klienten dieses oft sogar euphorische Körperecho. Und dann geschieht etwas äußerst Interessantes. Normalerweise laufen die Prozesse ja immer ins Wohlgefühl hinein: Subjektives Unbehagen baut sich ab, angenehme Gefühle werden intensiver. Haben wir es aber mit dysfunktionalen Euphorie-Beliefs zu tun, geschieht beim Processing das Gegenteil: Das tolle Gefühl verflüchtigt sich. „Es ist, als wäre ich vorher high gewesen und jetzt von einer Sekunde auf die andere wieder nüchtern", beschrieb ein Klient diesen Effekt. Andere benutzen Begriffe wie „geerdet", „wieder gelandet" oder „nicht mehr unter Strom", „wie aufgewacht", was sich auch im Myostatik-Test abbildet: Plötzlich zeigen die SMART-Beliefs eine starke Wirkung.

Gerade dieser Effekt hat wiederum unseren Respekt vor der individuellen Weisheit eines jeden Menschen angesprochen. Durch bilaterale Hemisphärenstimulation finden Menschen offensichtlich ganz von allein von einem heiklen und aufgeputschten zu einem stabilen und tragenden Gleichgewicht zurück. Sie verabschieden sich im Prozess durch die eigene mentale Integrationsleistung von ihren Euphorie-Fallen.

Die Verinnerlichung von Ich-stärkenden und gesundheitserhaltenden Beliefs

Wie schon beschrieben, werden beim Disputieren gemeinsam mit den Klienten ein oder mehrere neue Beliefs entwickelt, die nach der „Ernüchterungs-Intervention" plötzlich stark testen. Diesen positiven Effekt intensivieren wir oft noch mit der bereits vorgestellten Magic-Words-Methode, die wir zum schnellen Abbau von mentalen Blockaden und für die Etablierung von positiven Schlüsselwörtern und -sätzen entwickelt haben.

Dabei bitten wir unsere Klienten, sich ihren neuen, funktionalen Belief geschrieben vor dem geistigen Auge vorzustellen. Dann intensivieren wir die Repräsentation des Beliefs auf dem „mentalen Bildschirm" wieder mit den sinnesspezifischen Methoden aus dem NLP:
- Größe des Schriftzuges
- Schriftart, wie z.B. gedruckt oder Handschrift
- Farben der Buchstaben
- Farbe des Hintergrunds
- Vielleicht erscheint der Schriftzug sogar dreidimensional, als Neonschrift, aus Holz geschnitzt, wie aus Wolken in den Himmel geschrieben usw.
- Nun bekommt der Satz noch die entsprechende Tonqualität: eine bestimmte Stimme oder Stimmen, die den Satz sagen oder vielleicht sogar singen.
- Vielleicht erfolgt noch eine weitere auditive Unterstützung, wie ein Tusch, zartes Vogelzwitschern oder brausende Orgelklänge.

Mit diesen Sinneseindrücken wird so lange gearbeitet, bis der Satz dem Klienten ein gutes, vor allem stabilisierendes Gefühl gibt. Nun fokussiert er diesen sinnlich gestalteten positiven Belief, nimmt das stabilisierende Körperecho auf diesen Satz hin wahr und das Processing wird wieder so lange durchgeführt, bis das Ergebnis als optimal empfunden wird. Ebenso verfährt man mit weiteren Beliefs, die der Klient noch zur Stärkung seiner inneren Balance verinnerlichen möchte.

IX. Weitere Coaching-Themen

Bis hierher haben wir Ihnen die wichtigsten Ausführungen zum Einsatz von EMDR bzw. wingwave-Verfahren im Coaching vorgestellt. In diesem Kapitel finden Sie jetzt noch einige weiterführende Gedanken zu diesem Thema. Sie werden locker aneinandergereiht vorgestellt, ohne unbedingt einen Bezug untereinander zu haben.

Sport-Coaching

Spitzensportler stehen vor allem im Wettkampf unter erheblichem Leistungsstress. Eigentlich wäre es nach jedem nicht gewonnenen Wettkampf äußerst wichtig, die Enttäuschung über eine Niederlage – denn so empfinden doch die meisten eine solche Situation – möglichst schnell zu integrieren, damit sich nicht am Ende ein allgemeines Stressgedächtnis zu den Stichwörtern „Wettkampf", „Olympiade", „Meisterschaft" usw. aufbaut. Auch das Training kann durch bilaterale Hemisphärenstimulation ideal unterstützt werden: Man fokussiert die ganzen Bewegungsabläufe, sorgt dafür, dass sich der Sportler allen potenziellen Wettkampfgegnern „gewachsen" fühlt, motiviert ihn oder sie für die manchmal monotonen Trainingssequenzen.

Die besten Trainingsergebnisse erzielt man, wenn der Sportler während der Intervention seine Sportkleidung trägt oder seine Geräte in der Hand hält: Boxhandschuhe, Tennisschläger oder Ball. Oder die Intervention findet sogar am Ort des Geschehens statt. Ideal ist die Kombination mit eingespieltem Zuschauerlärm aus dem Lautsprecher. Ganz wichtig ist auch das Coaching des intrapersonellen Dialogs, den der Sportler während der Leistung mit sich selbst führt, wie wir es in Kapitel VII unter „Positive Selbstmotivation" beschrieben haben. Je mehr sinnesspezifische Details aus dem Leistungserlebnis positiv integriert werden, desto ressourcevoller ist später in der Situation selbst die mentale Verfassung und somit das Leistungsvermögen. (Schauen Sie sich hierzu nochmals die Stress-Trigger-Liste zum Thema Sport-Coaching auf Seite 97 an.)

Ein wichtiger Einsatzbereich im Spitzensport ist der Einsatz von wingwave-Coaching nach Sportverletzungen. Immer wieder geschieht es, dass die Sportler trotz komplett ausgeheilter körperlicher Verletzungen nicht zum vollen vorherigen Leistungsvermögen zurückfinden. Hier ist die Verletzung noch im „Schmerzgedächtnis" als Performance-Stress-Imprinting gespeichert, was die Heilung der Verletzung und des erlebten Schmerzes auf der mentalen Ebene blockiert. Wir freuen uns darüber, dass das Thema „wingwave-Coaching im Einsatz nach Sportverletzungen" von der Deutschen Sporthochschule Köln im Rahmen einer Bachelorarbeit beforscht wurde und dass uns hierzu jetzt die ersten positiven Ergebnisse der Studie vorliegen.

Der Einsatz der wingwave-Methode zur psychischen Rehabilitation nach Sportverletzungen

Zusammenfassung einer Bachelorarbeit von Vera Schellewald[*]

Die Arbeit beschäftigt sich mit der wingwave-Methode und ihrer Auswirkung auf die psychische Rehabilitation nach Sportverletzungen. Grundlage der Untersuchung ist die Annahme, dass eine schwere Sportverletzung nicht nur körperliche Schäden hinterlässt, sondern sich auch auf die psychische Verfassung der Betroffenen auswirkt. Oft ist zu beobachten, dass die Sportler trotz ihrer medizinischen Ausheilung noch über mentale Probleme klagen. Ein Erklärungsansatz dafür stellt das Erleben eines Stresszustandes dar, der durch die Ausbildung einer Blockade leistungshemmend wirken kann. Der Einsatz der Kurzzeit-Coaching-Methode wingwave soll dazu beitragen, diese Blockade zu lösen und die Leistungsfähigkeit des Verletzten auf mentaler Ebene wieder herzustellen.

Um einen möglichen Effekt der Coaching-Methode zu untersuchen, wurde ein Versuchsdesign mit einem Vergleich zweier Messzeitpunkte gewählt. Zwischen diesen Punkten erhielt jeder der zwölf Probanden ein einstündiges wingwave-Coaching. Vier ausgewählte Coaches betreuten die Probanden, die Verletzungen unterschiedlicher Art und Schwere erlitten hatten. Die Messinstrumente waren die Skala der subjektiven Erlebnisinhalte nach Besser-Siegmund sowie ein Fragebogen zur Erfassung der subjektiven Bewertung. Sie wurden je einmal vor dem Coaching und direkt danach eingesetzt. Die Skala zeigt das momentane Belastungsempfinden bei der Erinnerung an die Verletzungssituation. Der Fragebogen erfasst den Einfluss leistungshemmender und leistungsfördernder Faktoren.

Die wichtigsten Ergebnisse zeigten eine statistisch hoch signifikante Veränderung zwischen zwei Messpunkten. Damit bestätigten sich die vier aufgestellten Hypothesen. Die belastende Wirkung der Erinnerung an die Verletzungssituation nahm nach dem Einsatz des Coachings ab. Die Ergebnisse der Probanden wurden auch anhand der Verletzungsart verglichen. Hierbei bestätigten die Ergebnisse, dass die wingwave-Methode unabhängig von der Art der Verletzung wirkt. Außerdem ergab der Vergleich von Ergebnissen der unterschiedlichen Coaches, dass die positive Wirkung nicht auf die durchführende Person zurückzuführen ist, sondern auf die Eigenschaften der Methode selbst.

Zusammenfassend lässt sich feststellen, dass die Methode des wingwave-Coaching einen positiven Einfluss auf die mentale Verfassung des Probanden hat. Somit kann ihr Einsatz die psychische Rehabilitation eines Sportlers nach einer Verletzung unterstützen und zur Steigerung des subjektiven Wohlbefindens beitragen.

---

[*] Deutsche Sporthochschule Köln, 2010.

Ein neuer Ansatz zum Umgang mit übermäßigem Genusskonsum

Hierbei handelt es sich zwar nicht um ein klassisches Coaching-Thema, dennoch sprechen uns viele unserer Coaching-Klienten im Laufe der Zusammenarbeit immer wieder darauf an, dass sie eigentlich auch weniger essen oder Alkohol trinken oder mit dem Rauchen aufhören möchten. In der Realität sind diese Themen aber nicht durch eine scharfe Linie von anderen Themen zu trennen, denn Spitzenleistung geht auch immer mit sogenannten „social events" einher, wo eben gegessen, getrunken und geraucht wird. Man denke nur an die vielen Geschäftsessen oder Partys, die teilweise gern oder oft auch ungern absolviert werden.

Auch ist es weitverbreitet, dass Spitzenleister versuchen, ihren Leistungsstress durch sinnliche Genüsse zu kompensieren: „Ich arbeite so viel, da möchte ich mir auch etwas gönnen, das mir Spaß macht." Sicher haben Sie solche Argumente schon von anderen oder gar von sich selbst gehört. Andererseits weiß man aber um die gesundheitsschädigende Wirkung einiger dieser Verhaltensweisen und möchte seinen diesbezüglichen Konsum doch reduzieren. Doch gerade bei diesen Themen driften Verstand und Emotion doch sehr stark auseinander, wobei die Emotion den Verstand allzu oft besiegt.

Auch bei einem solchen Thema arbeiten wir erfolgreich mit der Technik „wingwave rückwärts". Wir lassen unsere Klienten ganz genau beschreiben, warum sie ihr Genussmittel so lieben, egal ob Schokolade, Rotwein oder Zigarren. Da kommen eine Fülle von Antworten: Man fühlt sich geborgen, geliebt; man spürt Stolz, Anerkennung, Lust, Entspannung und Lebensfreude. Wir bitten unsere Klienten dann, genau das Körperecho von Entspannung, Lust oder Geborgenheit zu beschreiben. Es wird also nicht das Körperecho auf das Genussmittel hin gesucht, sondern die Körperantwort auf den positiven emotionalen Zustand. Nun fokussiert der Klient gleichzeitig sein Genussmittel und das positive körperliche Emotions-Echo, während das Processing durchgeführt wird. Die Ergebnisse sind genauso wie beim Coaching von Euphorie-Beliefs: Die Klienten denken an ihr Genussmittel und fühlen sich plötzlich total ernüchtert: „So ein kleines braunes Teil, das sich Schokolade nennt, kann mir doch gar keine Liebe geben. So ein Quatsch!" Es findet eine regelrechte Entzauberung statt.

Natürlich wird durch dieses Vorgehen auch die schöne Wirkung von Werbung entzaubert. Da gibt eine Zigarette ein Gefühl von Freiheit anstatt dass man an einen jämmerlichen Raucherhusten denkt. Mit einer getrockneten, krachenden, salzigen Kartoffelscheibe assoziiert man durch den Slogan „Your friends are here" ein Gefühl von Geborgenheit. Champagner oder eine Zigarre suggerieren, ungeheuer wichtig zu sein. Mit anderen Worten: Die emotionalen Versprechungen dieser Genussmittel sind völlig übertriebene Gefühls-Mogelpackungen. Durch das Processing wird das allzu enge assoziative Netzwerk zwischen Genussmittel und Emotion gelöst, das Gier- oder Suchtgefühl neutralisiert. Diese Ernüchterung wird von all unseren Klienten auch als Befreiung erlebt. Nun stellt sich ein neuer Genuss ein: Sie genießen es, innerlich „Nein" zu den sinnlichen Verführern sagen zu können.

Nach dieser Entzauberung fahren wir immer noch mit einem Selbstbild-Coaching fort: Der Klient visualisiert sein blühendes, kraftvolles und gesundes Zukunfts-Ich, das jetzt frei von einem übertriebenen Verlangen nach Genussmitteln lebt. Dieses Erlebnis ist nun das neue Genussmittel.

Die Bedeutung von Stressimpfung

Viele unserer Klienten, die öfter wingwave-Coaching erlebt haben, berichten über einen generellen Effekt dieser Methode. Sie erleben zunehmend, dass sie sehr oft in Situationen gelassen bleiben, in denen sie sich früher sofort aufgeregt hätten. „Und selbst wenn ich mich ärgere oder eine Ideenblockade habe, hält ein solcher Zustand nur noch ganz kurz an. Ich komme jetzt viel schneller von allein aus diesen inneren Blockierungen heraus", beschrieb die Personalleiterin Karin diesen Effekt. Es scheint so zu sein, als würde das Gehirn Stresserlebnisse als Auslöser für höchstmögliche Kreativität und nicht mehr für neuronale Blockierung automatisieren. Es findet offensichtlich statt, was man in der Verhaltenstherapie „Stressimpfung" nennt.

Somit wäre es eine weitere Motivation, wingwave-Coaching nicht nur auf einen Anlass bezogen zu nutzen, sondern diesen Ansatz auch als neuronales Training für generelle Stressbewältigung zu begreifen. Offensichtlich entwickelt man durch das wiederholte Erleben dieser Methode einen individuellen Engelskreis mit den Erlebnissen, die täglich auf uns einstürmen: Man bleibt in Fluss mit seinen Gefühlen, erstarrt nicht mehr, sondern reagiert lebendig und aktiv.

Emotionen und Langlebigkeit: ein philosophischer Gedanke

Die folgenden Ausführungen sind bitte nur als ein Gedankenspiel aufzufassen, was sich bei uns anlässlich der intensiven und täglichen Beschäftigung mit den Möglichkeiten dieser Coaching-Methode ergeben hat. Natürlich hört es sich etwas größenwahnsinnig an, wenn man sich fragt: „Was wäre, wenn jeder Mensch seine nicht verarbeiteten Stresserlebnisse oder immer wiederkehrenden Gedanken- und Leistungsblockaden systematisch wieder integriert?" Bei jeder Form des Processings zeigt sich uns das anfangs geschilderte „Dornröschenschloss-Phänomen": Emotionale Prozesse, die neuronal irgendwie zum Stehen kamen, werden wieder in einen emotionalen Fluss gebracht. Der Schreck steckt nicht mehr in den Knochen, das „Brett vor dem Kopf" verschwindet, ein Erlebnis „wurmt" nicht mehr.

Wie viel Anstrengung mag es wohl ein Nervensystem kosten, nicht verarbeitete emotionale Blockaden täglich auszubalancieren? Welchen Einfluss hat eine solche ungünstige Aktivierung nicht nur auf die Leistungskraft, sondern auch auf die körperliche Gesundheit? Leben und Lebendigkeit sind nämlich gleichzusetzen mit Bewegung: Das Blut fließt, das Herz schlägt, das Nervensystem reagiert beständig auf neue Reize von außen. In der Psychotherapie spricht man von „Schwingungsfähigkeit", wenn ein Mensch immer wieder flexibel und eben nicht starr auf Erlebnisse von außen reagiert. Nicht-Bewegung und Starrheit sind eigentlich das Gegenteil von Lebendigkeit. Da kommt schon mal der kühne Gedanke auf, dass durch „Schwingungs-Interventionen", die emotionale Starrheit wieder in einen lebendigen Fluss verwandeln, auch Gesundheit und damit vielleicht sogar auch Langlebigkeit gefördert werden. Denn schließlich bedeutet das Wort Emotion vom Wortstamm her Bewegung und eben nicht Stillstand. Vielleicht fördern fließende, lebendige Emotionen auch Lebendig-Sein?

Nehmen Sie diese Ausführungen einfach als weitere Anregung. Das alles ist weniger als eine medizinische These, sondern vielmehr als ein philosophischer Gedanke zu verstehen.

Der Coaching-Rahmen

Die in diesem Buch vorgestellte Coaching-Methode bieten wir unseren Klienten in einem Zeitrahmen von fünf bis zehn Coaching-Stunden an – natürlich für jeweils ein einzelnes gewähltes Ziel. Die meisten unserer Coaching-Kunden kommen auch mit einem gezielten, einzelnen Thema: Sie wollen in einer bestimmten Verhandlung erfolgreich sein, ein Leistungsziel erreichen oder mit irgendwelchen Mitmenschen besser und professionell zurechtkommen. Hat aber ein Coachee mehrere Themen, wählen wir gemeinsam das aus, das ihm am wichtigsten ist. Für ein weiteres Thema werden dann wieder zwei bis fünf Coaching-Sitzungen neu vereinbart.

Kommen die Coachees von außerhalb, vereinbaren wir auch halbe oder ganze Arbeitstage. Auch wenn ein Treffen pro Woche ideal wäre, muss man sich beim Spitzenleistungs-Coaching realistischerweise auch nach dem Kalender der Coaching-Kunden richten. Was nützt das Aufarbeiten von Performance-Stress-Imprintings, wenn durch ein rigides Coaching-Zeitkonzept wieder neuer Stress entsteht?

Als äußerer Rahmen empfiehlt sich immer ein räumlicher Wechsel vom täglichen Arbeitsplatz. Viele unserer Kunden kommen gern zu uns nach Hamburg. Ist dies nicht möglich, besuchen wir auch die Kunden, bestehen jedoch darauf, dass das eigentliche Coaching immer an einem neutralen Ort stattfindet. Für ein In-vivo-Coaching ist natürlich die Arbeitsplatznähe von Vorteil, aber man muss immer wieder in einen angenehmen Raum außerhalb des täglichen Arbeitsfeldes zurückkehren können.

Wir freuen uns, dass es mittlerweile fast 2000 Coaches nicht nur im deutschsprachigen Raum, sondern auch in vielen anderen Ländern gibt.

Unter *www.wingwave.com* finden Sie u.a. auch unseren internationalen Coachfinder.

X. Glossar

Amygdala: Zwei kleine paarige Kerne im limbischen System, die bei einem hohen Erregungsniveau des Nervensystems eine besonders hohe Aktivität zeigen. Dies geschieht sowohl bei sehr unangenehmen Emotionen (Angst, Wut etc.) als auch bei allzu angenehmen (Gier, Heißhunger, Kaufzwang). Man nennt die Amygdala auch das „Alarmglöckchen" des Nervensystems. In der Umgangssprache nennt man diese Gehirnteile „Mandelkerne". Die Mandelkerne kontrollieren alle hereinkommenden Reize hinsichtlich der Kriterien „neutraler Reiz", „gefährlicher Reiz" oder „euphorisierender Reiz" (Kaufzwang, Heißhunger, Verliebtsein).

Anker: Sinnesspezifischer Auslöser für zuvor daran gekoppelte (konditionierte) Zustände, z.B. eine Befindlichkeit oder ein Verhalten. Beispielsweise erinnert ein bestimmtes Musikstück an einen Urlaub. Das reine Hören löst später wieder die Urlaubsgefühle aus – unabhängig von dem jeweiligen Aufenthaltsort. Das Musikstück ist so zum auditiven Anker geworden. Ein Bild (visueller Anker), ein Geruch (olfaktorischer Anker), ein Geschmack (gustatorischer Anker) oder ein Gefühl (kinästhetischer Anker) können ebenso wirken.

Arousal: Bezeichnet den alltäglichen Erregungszustand unseres gesamten Nervensystems. Er wird überwiegend durch das → limbische System organisiert. Umgangssprachlich redet man auch vom „Antrieb" des Menschen. Den Zustand des Arousal kann man mit dem Trafo einer elektrischen Spielzeugeisenbahn vergleichen: Er setzt die Gleise unter Strom. Ist er ausgestellt, bleiben die Züge stehen, überdreht man die Geschwindigkeit, fallen die Züge in der Kurve aus dem Gleis. Ist das Arousal zu hoch, können auch kleinste Ereignisse uns aus der Bahn werfen.

Auditiv, auditiver „Kanal": Einer der fünf Sinne bzw. → Sinneskanäle, den wir bei der Wahrnehmung (innerlich oder äußerlich) von Stimmen, Geräuschen oder Klängen verwenden: Hören.

Auditive Stimulation: Die abwechselnde Rechts-Links-Stimulation mit Tönen über die Ohren – meist mithilfe von Kopfhörern. Sie fördert das Koordinationsvermögen der beiden Gehirnhälften.

Aussagenbaum: Systematische Liste mit Reizaussagen zum Auffinden von bedeutsamen Lebensereignissen, die immer noch im → Stressgedächtnis nachwirken und durch zufällige Erlebnisse im Hier und Jetzt ungünstig geankert und aktiviert werden. Die laute Stimme des Kollegen erinnert an den strengen Vater und ängstigt, obwohl der Kollege nett ist. Eine Präsentation erinnert an das Klassenzimmer und geht unnötigerweise mit einem unguten Gefühl einher, obwohl man sich optimal vorbereitet hat.

Automatische Gedanken: Ein ständig innerlich produziertes Selbstgespräch, das uns durch den Alltag leitet und mit dem wir auch unsere Erlebnisse bewerten und kommentieren. Diese inneren Sätze laufen überwiegend unbewusst gesteuert ab und werden zu selten bezüglich ihrer emotionalen Wirkung und Motivationskraft überprüft. Automatische Gedanken können gleichermaßen demotivieren und beflügeln – je nachdem, wie sie vom Inhalt und vom Tonfall her formuliert werden.

Bahnungsmomente: Kurze, aber für unser individuelles Glück und unsere Erfolge wichtige Momente, wie Prüfungen, Wettkämpfe, Reden, Vorstellungsgespräche etc. Manchmal entscheiden nur Minuten oder Sekunden über den glücklichen Ausgang eines Bahnungsmoments. Deshalb sollte der Mensch in diesem kurzen Zeitfenster in seiner bestmöglichen Verfassung sein.

Bauchgehirn: Das komplexe Nervengeflecht um den Darm, das für instinktives Wahrnehmen und Verhalten verantwortlich gemacht wird.

Belief: Hierbei handelt es sich um automatische Vorannahmen von Menschen bezüglich ihrer eigenen Person, der „Welt da draußen", über andere Menschen und auch über das Schicksal und „höhere Mächte". Diese Glaubenssätze können auch die Realität gestalten – ohne dass es der einzelnen Person bewusst ist. Hier wirkt die → sich selbst erfüllende Prophezeiung. Glaubt eine Frau den Satz: „Frauen verstehen nichts von Technik", wird sie sich der Technik gar nicht erst widmen und versäumt so die erforderlichen Lerneffekte für den Umgang mit technischen Dingen. Ergebnis: Aufgrund mangelnder Erfahrungen geht der limitierende und hemmende Satz „in Erfüllung". So gibt es hemmende und natürlich auch erlaubende Beliefs, wie z.B.: „Ich kann erfolgreich sein."

Belief-Spiegel: Die innere Sammlung von → Beliefs eines Menschen über sich selbst, andere Menschen und das Funktionieren der Welt wirken formend auf das äußerliche wahrnehmbare Verhalten eines Menschen. Sie sind der innere Spiegel des äußeren Auftritts. Beispiel: Jemand möchte Autogenes Training lernen, findet aber trotz aller Bemühungen keine Ruhe. Vielleicht hat er den Belief „Wer rastet, der rostet" verinnerlicht, der ihm das Entspannen und Ausruhen verbietet.

Bilaterale Stimulation: Abwechselnde Rechts-Links-Reize, z.B. mithilfe von Augenbewegungen, Geräuschen oder Berührungen.

Bilaterale Gehirnstimulation: Die Rechts-Links-Stimulation der beiden Hirnhälften zur Förderung eines optimalen Koordinationsvermögens verschiedener Gehirnareale.

Biografie-Stress: Eine Erfahrung, Schlüsselsituation oder Traumatisierung aus der persönlichen Lebensgeschichte eines Menschen, die in der Gegenwart immer noch Stress auslöst, obwohl sie der Vergangenheit angehört. Siehe auch → resistentes Stress-Imprinting.

Bodyscan: Das bewusste Hineinspüren in den Körper, um das → „Körperecho" einer subjektiv unangenehmen Emotionen zu orten: angespannter Kiefer, eine Enge im Hals, ein flauer Magen, weiche Knie usw. Gleiches gilt für positive Emotionen: Die Freude sitzt im Herzen, die wohlige Ruhe im Bauch, die Entschlossenheit in den Schultern usw.

Butterfly-Methode: Eine abwechselnde Rechts-Links-Stimulation, bei der man sich selbst rhythmisch auf die Schultern klopft. Diese Berührungs- und Geräuschstimulation kann Stresszustände regulieren, beispielsweise ein ängstliches Gefühl im Fahrstuhl lindern.

Coachee: Der Klient oder Kunde, der an einem Coaching teilnimmt.

Dosierungstesten: Das Herausfinden der individuell richtigen Dosierung von Genussmitteln (z.B.: „Ich darf täglich zwei Stückchen Schokolade essen.") Bei wingwave werden allerdings weder Medikamente noch die medizinische Verträglichkeit von Substanzen getestet. Der Test eignet sich in keinem Fall für medizinische Untersuchungen oder gar Verordnungen.

Disputieren: Meint ein „wohlwollend provozierendes Streitgespräch", um einschränkende → Beliefs zu entdecken und sie in ihrer Aussage bewusst auf den Prüfstand zu stellen. Beispiel: „Der Klügere gibt nach", sagt der Coachee. „Ja, und aus diesem Grund wird die Welt auch immer von den Dummen regiert", kontert der Coach. Der Coachee hält inne und überprüft für sich bewusst noch einmal die Belief-Aussage.

Dyskalkulie: Probleme im Umgang mit Zahlen; Rechenschwäche, die nicht durch reines Lernen zu beheben ist, sondern mit professioneller Lerntherapie behandelt werden muss. Vergleichbar mit der Rechtschreibschwäche Legasthenie, die sich auf Schwierigkeiten mit Buchstaben und Wörtern bezieht.

Einweben: Der Coachee konzentriert sich auf ein gutes Gefühl, einen stärkenden Satz oder auf eine „erhellende" Bemerkung des Coaches. Gleichzeitig winkt der Coach zur Verankerung dieser positiven Fokussierung ganz langsam vor den Augen des Coachee hin und her. Da bei intensiven Augenbewegungen besonders viele Gehirnzellen aktiviert werden, hilft das „Einweben" beim Verinnerlichen und der Stabilisierung des jetzigen positiven Zustands des Coachee. Siehe auch → Kognition.

Einwinken: Langsames und kurzes Stimulieren durch langsame Augenbewegungen zur Festigung von erreichten Ergebnissen.

EMDR: Abkürzung für „**E**ye **M**ovement **D**esensitization and **R**eprocessing". Klinische Psychotrauma-Therapie, die von der Psychologin Francine Shapiro begründet wurde. Auch beim EMDR führt der Therapeut den Blick des Patienten mit Handbewegungen. Francine Shapiro entwickelte die Methode, kurz nachdem sie bei John Grinder, dem Mitbegründer des → NLP (Neurolinguistisches Programmieren) als Assistentin gearbeitet hatte. Sie erlebte mit, dass man Ende der 1980er-Jahre im NLP intensiv die therapeutische und entstressende Wirkung von gezielt herbeigeführten Augenbewegungen erforschte. Ihre enge lerngeschichtliche Verbindung zum NLP lässt Francine Shapiro selbst in den Angaben zu ihrem Werdegang allerdings unerwähnt. EMDR wurde für den klinischen Bereich sehr gut erforscht und gilt hier als wirksame und nachhaltige Therapiemethode.

Emotions-Spiegel: Menschen empfinden nicht nur ihre eigenen Emotionen, sondern schwingen auch im emotionalen Erleben ihrer Mitmenschen mit, was sich als bereichernd auf eine positive Wellenlänge und soziale Nähe auswirkt. Einige Menschen reagieren jedoch auch äußerst empfindlich als „Antenne" für den Stress des Gegenübers und lassen sich entsprechend „anstecken", „herunterziehen" oder trauen sich nicht, einen anderen Menschen zu konfrontieren oder ihm etwas zuzumuten. Siehe auch → Spiegelneurone.

Eye-Movement-Integrator: Eine NLP-Intervention zum Verinnerlichen von nützlichen Coaching-Ergebnissen mithilfe von Rechts-Links-Bewegungen der Augen, die über alle Blickhöhen verlaufen. Erstmals beschrieben von Steve und Connirae Andreas und von Robert Dilts, Ende der 1980er-Jahre.

Flow „(engl. fließen, rinnen, strömen): Bedeutet das Gefühl des völligen Aufgehens in einer Tätigkeit, auf Deutsch in etwa *Schaffens-* oder *Tätigkeitsrausch, Funktionslust:* unüberspannt, wenn der Wille zentriert ist; Konzentration, ohne erzwingen zu wollen. Mihaly Csikszentmihalyi (siehe Literaturverzeichnis) hatte die Flow-Theorie 1975 entwickelt. Heute wird sie auch für rein geistige Aktivitäten in Anspruch genommen. Flow kann entstehen bei der Steuerung eines komplexen, schnell ablaufenden Geschehens, im Bereich zwischen Überforderung (Angst) und Unterforderung (Langeweile). Der Flow-Zugang und das Flow-Erleben sind individuell. Dennoch gibt es allgemeine Beobachtungen und Prinzipien, die immer gelten." (Wikipedia)

FMRT: Funktionelle Magnet-Resonanz-Tomografie, siehe → MRT und → Gehirnscan.

Gehirngerechtes Denken: Denkweisen, welche die Funktionsmöglichkeiten unseres Gehirns berücksichtigen.

Gehirngerechte Formulierung: Eine Zielformulierung, die sinnesspezifische Aspekte ohne Negationen oder Vergleiche enthält und damit den Eigenschaften unseres Gehirns gerecht wird, das in Bruchteilen von Sekunden auf Wörter reagiert. Beispielsweise sagt man: „Halte die Balance!" statt „Fall *nicht* hin!" oder: „Hier ist es sicher" statt: „Es besteht *keine* Gefahr."

Gehirnscan: Farbliche Bildwiedergaben vom aktiven Gehirn, siehe auch → MRT.

Generalisierungs-Effekt: Unser Gehirn versucht bei der Bewältigung von vielfältigen Wahrnehmungs- und Erinnerungsaufgaben zu vereinfachen. Beispielsweise haben wir in unserem Leben schon unzählige Tomaten gesehen. Das Gehirn legt nun nicht für jede einzelne Tomate ein Extrabild im Erinnerungsspeicher ab, sondern fasst alle schon betrachteten Tomaten zu einem repräsentativen „Tomaten-Bild" für unser Erinnerungs- und Orientierungsvermögen zusammen. So können auch ungünstige Stress-Lerneffekte generalisieren: Eine Angst im Fahrstuhl generalisiert zu einem Unwohlsein in allen möglichen geschlossenen Räumen. Ebenso können auch positive Erlebnisse generalisieren und günstige Kettenreaktionen nach sich ziehen: Sicherheit und Gelassenheit bei einer wichtigen Rede generalisieren zu positivem Selbstbewusstsein in Gesprächen mit allen möglichen Personen. Die positive Generalisierung wird im Coaching gezielt genutzt.

Genuss- oder „Ressource-Winken": Die Stimulation von angenehmen oder kraftspendenden Emotionen durch handgeleitete langsame Augenbewegungen.

Glaubwürdigkeitsskala: Skala von 1 bis 7, auf der der Coachee die Glaubwürdigkeit von ichbezogenen Annahmen und Kognitionen vor dem Coaching und dann nach dem Coaching subjektiv einschätzen kann: Wie glaubwürdig oder wahr ist diese Aussage für mich jetzt? Beispiel: „Ich kann erfolgreich sein" lag vorher bei Skalawert 2, nach dem Coaching bei Skalawert 6. Diese Einschätzungsmöglichkeit ist nützlich, weil der Coachee den eigenen Coachingeffekt bewerten und der Coach den Standort im Coachingprozess einschätzen kann.

Hippocampus: Ein Bereich im → limbischen System des Gehirns, der unser → Kurzzeitgedächtnis, allgemeines Erinnerungsvermögen und Orientierung ermöglicht. Bei sehr guten Leistungen im ausgewogenen psychophysiologischen Zustand zeigt dieser Bereich besondere Aktivitäten.

Hypnose: Eine Technik, bei der die Aufmerksamkeit des Klienten von außen nach innen gelenkt wird. Dabei entsteht ein Trancezustand, der beim Lernen gute Hilfe leistet: Es kommt zu körperlicher Entspannung und gleichzeitig zu einer Aktivierung der Gehirntätigkeit für lebhafte Vorstellungserlebnisse. So kann ein Klient innerlich gelassen und ruhig einen Zahnarztbesuch erleben. Ist er dann später real beim Zahnarzt, erinnert das Gehirn den positiven Zustand aus der Hypnose und aktiviert dieses sichere Gefühl während der Behandlung.

Imaginative Familienaufstellung: Das Nachstellen von Familienszenen aus Vergangenheit, Gegenwart oder Zukunft in der Fantasie, um eigene und fremde Motive und Einstellungen zu erfahren. Der Vorteil der imaginativen Aufstellung liegt in der schnellen und ohne großen Personenaufwand durchführbaren Arbeitsmöglichkeit. Auch können Darstellungsmöglichkeiten gewählt werden, die sonst schwierig sind: Man kann wichtige Personen oder Themen schweben lassen, Personen viel größer oder kleiner darstellen als sie wirklich sind oder waren etc. Auch andere systemische Strukturen, in denen Menschen oder verschiedene Anteile eine Rolle spielen, können imaginativ aufgestellt werden: Personen in Firmen und Organisationen, persönliche Themen mit verschiedenen Aspekten usw.

In sensu: In der Fantasie; das gedankliche Erleben oder Durchspielen von Reizen oder Szenarien (Gegenwart, Zukunft oder Vergangenheit). Im Coachingprozess wird häufig das angestrebte Erfolgserlebnis im „Happy-End-Modus" durcherlebt, beim Sportcoaching begibt sich der Coachee im Geiste – also in sensu – in seine Bewegungsabläufe hinein, um sie durch Mentaltraining zu optimieren.

Intoxikation: Vergiftung durch organschädliche Stoffe.

In vivo: Im realen Leben; das reale Erleben von Reizen (z.B. Genussmittel auf dem Tisch, die Konfrontation mit dem eigenen Spiegelbild, Publikumsreaktionen von realen Menschen), das Austesten von Situationen im Rollenspiel, Coaching im echten Kontext, wie z.B. auf dem Golfplatz, auf der echten Bühne mit dem Mikrofon in der Hand etc.

Isolierte Blockade: Ein im Coaching verwendeter Begriff, der bedeutet, dass ein Coachee im Gegensatz zu einem als durchgängig krank zu bezeichnenden Patienten grundsätzlich leistungsfähig, ausbalanciert und gut motiviert ist – bis auf die „eine Sache". Dies kann sein: Flugangst, mangelnde Konfliktstabilität, Auftrittsunsicherheit vor großen Gruppen, leichte Provozierbarkeit usw. Hier tritt eine emotionale Unsicherheit auf, die der Coachee trotz sonstiger guter Selbstmanagement-Fähigkeiten nicht selbstwirksam kontrollieren kann.

Kalibrierung: Eichung; das Testinstrument (hier Muskeltest) auf die individuelle Person und Situation des Coachee einstellen, um die Testergebnisse eindeutig verstehen und einsetzen zu können. Das Kalibrieren geht jeder Testung in der Coachingsitzung voraus. Beim → Myostatik-Test oder → O-Ringtest wird vor jeder wingwave-Intervention überprüft, ob er wirklich funktioniert.

Klinische Hypnose: Einsatz von hypnotherapeutischen Verfahren in der Heilbehandlung (in Abgrenzung zur Bühnen- oder Showhypnose).

Klopftechnik: Das Klopfen von energetisch wirksamen Akupunkturpunkten zur Stimulation psychischer Effekte. Hier gibt es mehrere energetisch wirksame Verfahren, wie die Emotional Freedom Technique (EFT).

Kinesiologie, kinesiologisch: Ein Verfahren, das auf der Annahme basiert, dass sich körperlich-seelische Störungen als Schwäche bestimmter Muskelgruppen manifestieren und entsprechend mit Muskeltests festgestellt werden können.

Körperecho: siehe → Bodyscan.

Kognition, positive: Ein günstiger, nützlicher oder freundlicher Glaubenssatz über die eigene Person, z.B. „Ich bin fähig, das zu bewältigen" oder „Ich bin liebenswert", etc.

Kognition, negative: Ein ungünstiger, behindernder oder unfreundlicher Glaubenssatz über die eigene Person, z.B. „Ich bin eine hilflose Person", „Ich bin ein Versager", etc.

Kognitives Einweben: siehe → Einweben.

Kurzzeitgedächtnis: Hier werden Informationen und Lerninhalte (Verhalten und Befinden) kurzfristig gespeichert. Der wichtigste Bereich unseres Kurzzeitgedächtnisses scheint sich im → limbischen System des Gehirns – und zwar im sogenannten → Hippocampus – zu befinden.

Langzeitgedächtnis: Hier werden Informationen und Lerninhalte (Verhalten und Befinden) lebenslang gespeichert – auch in Verbindung mit einem angemessenen Zeitgefühl. Mithilfe dieser Funktion wissen wir genau, ob ein erinnertes Bild schon viele Jahre oder nur wenige Tage alt ist. Die wichtigsten Speicher des Langzeitgedächtnisses scheinen sich im Großhirn zu befinden. Eine besondere Rolle spielt hier der präfontale Cortex.

Lern-Coach (z.B. auch NLPäd): Titel, der die spezielle Qualifikation des Coaches für den Umgang mit Lernprozessen – vor allem im schulischen Kontext – angibt.

Limbisch, limbische Reaktion: Emotional überschießende Reaktionen. Diese werden überwiegen vom → limbischen System, dem „Gefühlszentrum des Gehirns" aus gesteuert und können oft nicht vernünftig, also rational begründet werden: große Autos oder teure Kleider kaufen, ohne das Geld dafür zu haben; Angst vor völlig harmlosen Spinnen haben; Schokolade essen, obwohl man das nie wieder machen wollte etc.

Limbisches System: Der mittlere Teil des menschlichen Gehirns, der eine wichtige Rolle für unser emotionales Erleben und in der Funktion der Eingangskontrolle alle Informationen auf „Gefahr", „Sicherheit" oder „Tolle Sache" hin überprüft.

Loop: Manchmal dreht sich das → Processing inhaltlich und emotional immer wieder im Kreis; der Coachee kommt trotz aller „Winkerei" immer wieder beim gleichen Punkt an. An dieser Stelle setzt der Coach den → Myostatik-Test ein, um zu überprüfen, ob die Fokussierung der Wahrnehmung noch zielführend ist. Oder er nutzt die Technik des → kognitiven Einwebens.

Magic Words: Ein Verfahren, das von Cora Besser-Siegmund 1994 auf der Basis von → NLP entwickelt wurde, um psychische Blockaden in Minutenschnelle zu überwinden. Dabei werden Stresswörter entschärft, indem sie beispielsweise bunt geschrieben oder von einer Mickey-Maus-Stimme gesprochen werden. So reagiert man gelassen auf die Wörter und somit auch auf das Phänomen, das sie im Nervensystem repräsentieren.

Mandelkern: Umgangssprachlicher Ausdruck für → Amygdala.

Meta-Ebene: Beschreibt die Wahrnehmungsposition, mit der wir innerlich „über den Dingen" stehen und auch unangenehme, aufregende oder stressende Erlebnisse innerlich gelassen nehmen und von einer „höheren Warte aus" bewerten können. Als Beispiel erwähnen wir gern den Schluckauf: Körperlich ist das Erlebnis recht heftig und unangenehm, aber von der Meta-Ebene her nehmen wir das Krampfereignis gelassen hin. (Eine Ausnahme bilden natürlich die seltenen Fälle, bei denen Menschen unter Dauer-Schluckauf leiden.)

Modalitäten: siehe → Sinnes-Modalitäten.

MRT: Magnet-Resonanz-Tomografie, ein bildgebendes Verfahren zur Darstellung von Gehirnaktivitäten – umgangssprachlich werden die Bilder auch „→ Gehirnscans" genannt. Auch: → fMRT (funktionelle MRT).

Muskeltonus: Die Muskelanspannung: entweder angenehm, angespannt oder zu schlaff.

Myostatik-Test: Muskeltest, bei dem der Proband Daumen und Zeigefinger zu einem Ring zusammenschließt und diesen mit maximaler Kraft zusammenhält, wobei der Tester versucht, diesen Ring zu öffnen. Nun kann über unmittelbare Muskelreaktionen abgelesen werden, ob ein Reiz (Gedanke, Wort, Verhalten, Substanz) für das → Nervensystem einen Stress macht oder nicht: Bei Stress geht der Ring auf. Kann der Proband den Reiz „verkraften", kann er beim Testen den Ring zusammenhalten. In Abgrenzung zur → Kinesiologie und zum Test nach → Omura liefert der Myostatik-Test keine klinischen Befunde oder Daten – wie etwa eine Diagnose oder eine Medikamentenverträglichkeit. Hier geht es ausschließlich um die Verfassung von mentalen und emotionalen Resonanzen im Rahmen der alltäglichen Lebensbewältigung.

Negation: Die sprachliche Verneinung, wie z.B.: „Pass auf, dass du nicht stolperst!" Da das Gehirn prompt auf jedes Wort reagiert, registriert es das „Stolpern" trotz des Wortes „nicht". Nützlicher ist die Formulierung: „Halte die Balance!" oder „Setze die Füße sicher auf!"

Nervus vagus: siehe → Vagus-Nerv.

Neurolinguistisches Programmieren: NLP, eine Gebrauchsanweisung für das menschliche Gehirn; eine Methode mit umfangreicher Verfahrenssammlung zur Veränderung des Befindens und Verhaltens. „Neuro" steht für die über 100 Milliarden Gehirnzellen, die mit unzähligen Verknüpfungen unser Verhalten und Erleben organisieren; „linguistisch" steht für die sprachliche Abbildung und Erreichbarkeit der neuronalen Strukturen durch Wörter; „Programmieren" steht für die feste Struktur unserer Verhaltensweisen und Befindlichkeiten in Form von Strategien oder Programmen, die mehr oder weniger aktuell und/oder nützlich sein und auch verändert werden können. NLP wird in allen Bereichen menschlicher Kommunikation (mit sich selber und anderen), wie z.B. in der Psychotherapie, im Coaching, in der Pädagogik und in Verkauf und Führung eingesetzt.

Nervensystem: Die gesamte Anordnung aller Nervenzellen und Nervenzentren im gesamten Körper. Eines dieser Zentren ist das zentrale Nervensystem, also das menschliche Gehirn.

Neurobiologie: Lehre über die Funktionsweisen des gesamten → Nervensystems.

Neuronale Autobahn: Eine durch häufiges Denken und Handeln besonders stabil ausgebaute Verbindung zwischen den Gehirnzellen, was zur weiteren bequemen Benutzung einlädt und die „liebe Gewohnheit" unterstützt. Das ist sinnvoll bei nützlichen Fähigkeiten und störend bei Handlungs- und Denkmustern, die im Hier und Heute nicht mehr sinnvoll sind.

Neurophysiologie: Der medizinische Blickwinkel auf den körperlichen und seelischen Zustand des Menschen, wie er durch das → Nervensystem physiologisch ausgeprägt und gespiegelt wird: mit Stoffwechsel, → Muskeltonus, Körpertemperatur, Gefäßreaktion usw.

NLP: siehe → Neurolinguistisches Programmieren.

Omura-Ringtest: Siehe auch → O-Ringtest und → Myostatik-Test. Der Akupunkturarzt Yoshiaki Omura setzt den Myostatik-Test auch für medizinische Zwecke ein, beispielsweise zur Medikamentendosierung oder Krankheitsdiagnostik. In diesem Zusammenhang nennt man besagten Test auch Omura-Test. Im wingwave-Coaching wird der Test allerdings nie für medizinische Diagnosen und Verordnungen eingesetzt.

O-Ringtest: Ein anderer Begriff für den → Myostatik-Test, da bei diesem Test mit Daumen und Zeigefinger der Buchstabe „O" nachgebildet wird. Erklärung unter Myostatik-Test.

Parasympathikotone Körperaktivierung: Lockere Muskulatur, Gefäße gleichmäßig durchlässig, gute Zellversorgung, eher niedriger Blutdruck, günstiger Erholungs- und Regenerationszustand.

Performance-Stress-Imprinting (PSI): Im Leistungskontext entstandene Spuren im → Stressgedächtnis, die resistent weiterwirken – ohne dass die üblichen Verarbeitungsstrategien wie Schlafen, Ablenken, zeitlicher Abstand, Sport, Reden oder vernünftiges Denken darüber hinweghelfen. Der Begriff „Imprinting" ist in Abgrenzung zum Terminus „Trauma" zu verstehen: Es handelt sich um keine Verletzung in klinischen Sinne, nur um einen unangenehm drückenden, „nervenden" Abdruck im subjektiven Erleben, im sogenannten Stressgedächtnis. Siehe auch → resistentes Stress-Imprinting.

Posttraumatische Verbitterungsstörung: Ein junger Fachbegriff, der eine chronische Stressreaktion auf soziale Verletzungen – vor allem durch bedeutsame oder nahestehende Menschen wie Lehrer, Partner, Vorgesetzte, Kollegen etc. – beschreibt. Siehe auch → Sozialschmerz und → social pain.

Processing: Der Verlauf eines wingwave-Coachings von emotionalem Stress hin zu einem ressourcevollen stabilen Gesamtzustand des Coachee. Hiermit ist weniger der Gesprächsteil des Coachings als vielmehr der „reine" Interventionsteil zur Überwindung der stressenden Emotion und zum Aufbau tragender Emotionen gemeint.

Prokrastinations-Syndrom: Ein sperriges Wort für die „Aufschieberitis"; ungünstiges und systematisches Vermeidungsverhalten, wenn es z.B. darum geht, für Prüfungen zu lernen, Rechnungen zu bezahlen, wichtige Anrufe zu erledigen etc.

Prophezeiung, sich selbst erfüllende: Alltägliche Voraussagen (prophetische), die in Erfüllung gehen, weil man unbewusst sein Fühlen und Verhalten danach richtet (self-fullfilling prophecies). Beispielsweise wird gesagt: „Das geht bestimmt schief" und dann passiert die Panne tatsächlich. Die „Erfüllung" stellte sich allerdings nur deshalb ein, weil der Mensch wegen des negativen Satzes verunsichert war und deshalb Fehler machte. Sagt man: „Du wirst mal berühmt!", fühlt sich der Angesprochene vielleicht so beflügelt, dass dies sich positiv auf seine Ausstrahlung auswirkt, was wiederum andere auf ihn aufmerksam macht.

Psychoedukation: Dieser Begriff stammt aus der klassischen Verhaltenstherapie und meint die Einbeziehung eines Menschen in die theoretischen Modelle und Überlegungen, die eine Theorie hinter dem sogenannten Störungsbild und den Sinn psychologisch fundierter Interventionen erklären (Edukation wie das englische Wort „education", was u.a. auch „Bildung" bedeutet).

REM-Phasen: **R**apid **E**ye **M**ovement, Traumphasen des Schlafs, während derer sich die Augen des Schläfers schnell hin- und herbewegen.

Resistentes Stress-Imprinting: Alle Formen von neurobiologischen Spuren im → Stressgedächtnis, die sich nicht von allein im Laufe der Zeit beruhigen. Stress-Imprintings erinnern sowohl an emotionalen als auch an somatischen Stress, wie z.B. Schmerz. Das Ereignis ist schon lange abgeklungen, aber das Stressgedächtnis tut so, als habe besagtes Stresserlebnis gerade erst stattgefunden.

Ressourcen: Kraftquellen des Menschen, z.B. Hobbys, Fähigkeiten oder Erinnerungen, die kraftvolle, positive Zustände auslösen können.

Ressource-Anker: siehe → Anker.

Set: Bezeichnung für einen Durchgang → bilateraler Stimulation, z.B. die Anzahl der Augenbewegungen, die nötig sind, um eine emotional-physiologische Veränderung beim Coachee zu erreichen. In der klassischen → EMDR-Therapie beträgt ein Set 20-25 Hin- und Herbewegungen. Bei der wingwave-Methode gilt ein Set als abgeschlossen, wenn sich eine positive Veränderung im Prozess ergibt. Dann nimmt man diese wahr, fokussiert den verbesserten Zustand und setzt zum nächsten Set an.

Setting: Die Rahmensituation im Coaching: Sitzordnung, Räumlichkeiten, Zeitvereinbarungen usw.

Sicherer Ort: Bevor der Coachee in seinen Prozess begleitet wird, erfragt der Coach eine Referenzerfahrung mit Sicherheits- und Stabilitätswirkung. „Wann und wo haben Sie eine Situation erlebt, in der Sie sich absolut sicher und erwachsen gefühlt haben?" Dieser Zustand wird dann geankert (siehe → Anker) und dient im weiteren Coachingprozess als Möglichkeit, den Coachee jederzeit wieder in stabile und tragfähige Zustände versetzen zu können, sofern dies erforderlich erscheint.

Sinnes-Modalitäten: Unsere fünf neurobiologischen Wahrnehmungskanäle – die fünf Sinne: Sehen, Hören, Fühlen, Riechen und Schmecken.

Skala des subjektiven Erlebens: Eine bipolare Skala von -10 bis +10, auf der ein Coachee seinen subjektiven Zustand einschätzen kann. Diese subjektive Selbsteinschätzung hilft dem Coach, die wechselnden Zustände des Klienten in seinem Prozess einschätzen zu können und auch der Coachee selbst kann eine gute Vorher-Nachher-Einschätzung durchführen. Coach und Coachee können sich während des Veränderungsprozesses jederzeit orientieren.

Social Pain: Zwischenmenschliche Probleme und körperlicher Schmerz aktivieren im Gehirn ein und dieselben neuronalen Strukturen. Ablehnung, Trennung, Beleidigung durch Mitmenschen tun demnach „richtig weh".

Soma-Stress: Körperliche Stressoren, wie Hunger, Durst, Hitze, Kälte, Erschöpfung.

Sozialschmerz: siehe → social pain.

SMART-Kriterien: Spezifisch, **m**essbar, **a**ttraktiv, **r**ealistisch, **t**erminierbar: Motivations- und Bahnungsfaktoren bei der gehirngerechten Zieldefinition.

Spiegelgefühle: Die Gefühle anderer, die wir über unsere → Spiegelneuronen selbst spüren. Wenn ein Mensch beobachtet, wie ein Mitmensch z.B. von einer Spritze gestochen wird, zuckt er ebenfalls zusammen, obwohl er selbst nicht gepiekst wird. Auch beim Zuschauer sind Aktivitäten im Schmerzzentrum des Gehirns nachweislich messbar. „Mitfühlen" bedeutet in diesem Kontext: Mitfühlen im konkret neurologischen Sinne. Inzwischen unterscheidet man zwischen Mitfühlen und Mitleiden. Beim Mitgefühl bleiben wir ressourcevoll und handlungsfähig, beim Mitleid zieht uns das Leid des anderen mit hinunter und verursacht blockierenden Stress.

Spiegelneurone: Spezielle Neurone bzw. Zellen im Gehirn, die emotionale und körperliche Zustände anderer Menschen spiegeln können, z.B. Empathie (siehe auch → Spiegelgefühle).

Stopp-Zeichen: Coach und Coachee verabreden ein „Stopp-Zeichen" (z.B. Handzeichen oder Kommando), mit dem der Coachee jederzeit den Prozess unterbrechen kann (z.B. interessante Idee, es nicht aushalten können, auf die Toilette müssen).

Streamline-Effekt: Häufig ziehen zentrale positive Lernschritte eine Kettenreaktion von weiteren Lernschritten nach sich, sodass man von einem Strömungseffekt spricht (siehe auch → Generalisierung).

Stressgedächtnis: Die Ansammlung von → resistenten Stress-Imprintings im Leben eines Menschen.

Stress-Imprinting: siehe → Performance-Stress-Imprinting (PSI).

Stress-Trigger: Ein sinnlich wahrnehmbares Wahrnehmungsdetail (Sehen, Hören, Fühlen, Riechen oder Schmecken), das eine emotionale oder somatische Stressreaktion auslösen kann. So kann z.B. der Handy-Klingelton, den der Coachee während einer besonders belastenden Lebens-/Projektphase wiederholt gehört hat, den dazugehörigen Stresszustand auch später noch auslösen bzw. „triggern" (siehe auch → Anker).

Subjektives Unbehagen: Ein unangenehmer oder stressender Allgemeinzustand, der auch auf der → Skala des subjektiven Erlebens mit einem Wert zwischen -10 und 0 eingeschätzt werden kann.

Subjektive Wellness: Ein positives Gesamtgefühl, das auf der → Skala des subjektiven Erlebens zwischen 0 und +10 eingeschätzt werden kann.

Submodalitäten: Die Wahrnehmungsqualitäten innerhalb eines Sinneskanals bei der nach innen gerichteten Wahrnehmung. Beim visuellen Kanal z.B.: hell/dunkel, farbig/schwarz-weiß, zwei- oder dreidimensional, kontrastreich/verschwommen. Dabei meinen diese Einstellungsunterschiede nur die Art der inneren Abbildung eines vergangenen oder zukünftigen Erlebnisses. Sagt ein Mensch, er könne sich nur noch „verschwommen" erinnern, heißt dies keinesfalls, dass er beim realen Erlebnis wegen eines Sehfehlers nicht scharf genug gucken konnte. Das Gehirn hat die Submodalitäten des erinnerten Bildes im Laufe der Zeit immer weiter umgestellt, sodass durch die verschwommene Darstellung ein zeitliches Distanzgefühl entstanden ist. Es hat demnach die wortwörtliche Einstellungsänderung bezüglich des ursprünglich kontrastreich abgespeicherten Bildes vollzogen.

Sympathikotone Körperaktivierung: Der Körper ist in hoher Reaktionsbereitschaft: Stresshormone sind im Umlauf, hohe Muskelspannung, Gefäßverengung. Dies kann sowohl bei subjektiv negativen Zuständen (Angst) als auch bei positiven Zuständen, wie euphorischer Begeisterung der Fall sein. Diese Aktivierung erlaubt kaum körperliche Erholungsmöglichkeiten wie Schlaf, Heilung, gute und gleichmäßige Durchblutung etc.

Systeme: Gemeint sind in der Psychologie die sozialen Systeme wie Familie, betriebliche Strukturen oder das innere Persönlichkeitssystem mit den verschiedenen Anteilen der Persönlichkeit eines Menschen.

Systemische Vernetzung: Die Art und Weise, wie wir als Teil eines → Systems (z.B. Mitglied in der Familie) miteinander verbunden sind. Diese spezifische Vernetzung muss für einen erfolgreichen Coaching-Prozess immer wieder berücksichtigt werden. Beispielsweise muss ein geschäftlicher Erfolg auch vom Lebenspartner verkraftet werden. Der leidet vielleicht gerade unter einem Misserfolg und so hat man unbewusst eine Scheu davor, ihn mit einem rauschenden Erfolg deprimiert zu stimmen.

Taktile Stimulation: Rechts-Links-Stimulation mit Berührungsreizen (z.B. → Butterfly-Technik, → Tapping an Knien, Füßen und Händen).

Tappen oder Tapping: siehe → taktile Stimulation.

Taps: Berührungsreize bei der → taktilen Berührungs-Stimulation.

Thymusdrüse: Drüse unter dem Brustbein, die eine wichtige Rolle bei der Versorgung des → Nervensystems mit allgemein entstressenden Botenstoffen spielt. Die Stimulation der Thymusdrüse mittels → Klopfen erreicht spontan einen messbaren Zuwachs an Kraft (Muskelkraft, mentale Power und Stärkung des Immunsystems). Man hat festgestellt, dass gesunde Menschen ausgeprägtere Thymusdrüsen aufweisen als chronisch Kranke, bei denen diese Drüse oft vollständig abgebaut wird.

Tomaten-Effekt: → Generalisierungs-Effekt.

Trigger: Auslöser (siehe → Anker).

Tunnel-Metapher: Eine Metapher, die dem Coachee verstehbar machen soll, dass es im Laufe des Prozesses (siehe → Processing) manchmal klüger ist, durchzufahren als mitten im Tunnel die Notbremse zu ziehen (siehe auch → Stopp-Signal). So kann der Schwung der emotionalen Integration und Regulation genutzt werden, um zügig den Stress hinter sich zu lassen und wieder ins „Licht" bzw. in die emotionale Sicherheit zu kommen.

Übertragung: Psychologisches Phänomen, bei dem emotionale Reaktionen, die lerngeschichtlich mit Personen der Vergangenheit entstanden sind, in der Gegenwart auf andere Menschen übertragen werden, die gar nichts mit der Ursprungsgeschichte zu tun haben.

Vagus-Nerv: Der zehnte Hirnnerv und der größte Nerv des Parasympathikus (Ruhenerv). Er steuert die meisten inneren Organe und lässt sich über das Drücken im Bereich des Bauchnabels leicht unter Stress setzen, was im Rahmen des → Kalibrierens von Bedeutung ist: Der → Muskeltest zeigt dann Stress an.

Verbitterungsstörung: siehe → posttraumatische Verbitterungsstörung und auch → Sozialschmerz und → social pain.

Visualisieren: Sich etwas bildlich in Gedanken vorstellen.

Visuell: Die bildhafte Wahrnehmung, das bildhafte Denken.

Visueller Kanal: Der Sinneskanal, auf dem wir bildhaft denken und wahrnehmen.

Wache REM-Phasen: Das Nachstellen der → REM-Phasen (Traumschlaf) im Wachzustand, z.B. mit durch „Winken" geführten Augenbewegungen.

Wellness-Skala: Auf einer visuellen Skala der Zahlenbereich von 0 bis + 10, auf welcher der Coachee das Ausmaß eines angenehmen, positiven oder ressourcevollen subjektiven Erlebens einschätzen kann.

wingwave-CD: Tonträger mit auditiven Stimulationen in Verbindung mit entspannender Musik und Naturgeräuschen. Der Takt geht abwechselnd links und rechts auf die Ohren, was die Koordination zwischen den Gehirnhälften fördert. Diese CD stellt eine „auditive Hausapotheke" dar. Sie kann im Bereich alltäglicher Stressregulation bzw. im Selbstcoaching wertvolle Hilfe bringen.

wingwave-Spiegel: Systemische Intervention, bei der nicht nur die Emotion des Coachee „bewunken" wird, sondern auch die Stressthemen, welche die Mitmenschen des Coachee bewegen und die er auf Basis der → Spiegelneurone nachempfindet. Siehe auch → Emotionsspiegel und → Spiegelneurone.

Zielformulierung: Ziele können leichter erreicht werden, wenn sie → gehirngerecht formuliert sind (sinnesspezifisch konkret, ohne Vergleiche und Negationen).

Zuckertest: Beim Einrichten des Muskeltests (siehe → Kalibrieren) wird ein weißer Würfelzucker eingesetzt, um eine Stressreaktion im Muskeltest zu provozieren.

Zukunfts-Sinn: Begriff aus der Gehirnforschung für die Vorliebe des Gehirns, aus Ereignissen Muster und Regeln abzuleiten, die für die geistig-mentale Entwicklung von Prognosen hinsichtlich des Eintreffens zukünftiger Ereignisse genutzt werden.

Anhang

Forschungsergebnisse zum Myostatik-Test

Von Dr. Maria Lack

Der Myostatik-Test ist eine kinesiologische Testvariante, die sich vom sogenannten „O-Ringtest" nach Dr. Omura ableitet und von H. Konzelmann so modifiziert wurde, dass die Testergebnisse messtechnisch mit geringem apparativen Aufwand objektivierbar sind.

Er ist eine Kombination aus Reaktionszeit- und Kompensationskrafttest, wobei hauptsächlich Reaktionszeitänderungen für die gesetzmäßig ablaufenden Veränderungen der Testergebnisse verantwortlich sind. Wichtig ist das Maß relativer Veränderungen von einer Testsituation zur anderen. Besonders viel Wert wird dabei auf eine reproduzierbare standardisierte Anordnung gelegt, bei der auf die zu einem Ring geformten rechten Hand der zu testenden Person eine definierte Belastung ausgeübt wird.

Beim Test können mit einiger Übung folgende Ergebnisse beobachtet werden:
1. Der Patient kann die Fingerkuppen bei Belastungen von ca. 130 N (ca. 13 kp) reproduzierbar zusammenhalten: Testergebnis „stark". Im Wesentlichen zeigt das Testergebnis, dass die getestete Person ihre muskuläre Gegenleistung (Kompensationskraft) einer schnellen äußeren Veränderung des mechanischen Druckes einwandfrei anpassen konnte.
2. Der Patient kann die Fingerkuppen bei gleicher Belastung reproduzierbar nicht zusammenhalten: Testergebnis „schwach".

Testet der Patient „schwach", liegt eine Reaktionsverminderung vor.

Die Fähigkeit des Probanden, seine Muskelspannung gegenüber einem schnellen äußeren Zugimpuls zu stabilisieren, hängt entscheidend von der Qualität des inneren Informationstransfers seiner Reaktionsgeschwindigkeit ab. Dieser unterliegt wesentlich dem Einfluss bioenergetischer Befindlichkeiten: Krankheiten, Erschöpfung, Müdigkeit, Nahrungskarenz, Flüssigkeitsmangel, Alkohol, Tranquilizer z.B. können eine Verschlechterung der Reaktionsqualitäten bewirken. Kinesiologische Einflussfaktoren (S. Heyartz 1996) müssen berücksichtigt werden:

- Schmuck/Metall
- Brillen
- Schallwellen, magnetische Felder
- Beleuchtung/Neonlicht
- Durst
- Temperatur von Getränken
- Belüftung des Versuchsraumes
- Stühle aus Kunststoff, Metallstühle, Stühle, wo das Metall die Körpermitte kreuzt
- Sitzhaltung (z.B. locker sitzen, körpersymmetrisch sitzen, geradeaus schauen, Füße parallel, Schultern in gleicher Höhe, Beine nicht überkreuzen, zwischen Füßen und Knien kleinen Abstand lassen, den rechten Arm im rechten Winkel zum Körper halten und den Arm am Körper anliegen lassen)
- Blickrichtung
- Handhaltung
- Narben von Operationen
- Implantate
- Plomben-Art/Material
- Metall (auch im Körper)
- Textilien (besonders synthetische Fasern sind problematisch)
- Schuhe (vor allem hohe Schuhe oder Schuhe mit Metallschnallen)
- Metallschnallen und -knöpfe

Vorteile des Myostatik-Tests in der Praxis

Er ist mit einiger Übung einfach zu erlernen. Es fließen keine Messströme, Hautfeuchtigkeit spielt keine Rolle, Messpunkte werden nicht traumatisiert, seine Reproduzierbarkeit verringert Fehlinterpretationen und ermöglicht ein rasches Austesten. Der Myostatik-Test ist in der Praxis ausgezeichnet anwendbar, kann sowohl zur Diagnostik als auch zur Überprüfung einer Therapie verwendet werden, benötigt im Allgemeinen keinen apparativen Aufwand und ist auch für den Patienten eindrucksvoll, wenn er die positive oder negative Wirkung z.B. eines Medikamentes sofort direkt an sich selbst erfährt. Letzteres fördert die Compliance.

Heyartz, Susanne: Kinesiologie.
Überprüfung kinesiologischer Grundaspekte[*]

Die Arbeit besteht aus 290 Seiten. Im Mittelpunkt steht die Überprüfung kinesiologischer Grundaspekte. Es wurde der Myostatik-Test ausgewählt. Das Hauptanliegen der Arbeit ist:
- Rekonstruktion des O-Ring Tests
- Objektivierung des O-Ring Tests
- Überprüfung der postulierten Wirkung einiger von Besser-Siegmund und Diamond angeführter Reize
- Überprüfung, inwieweit die Ergebnisse durch die Erwartungen der Versuchspersonen bedingt sind (Suggestionen oder eigene Erwartungen)

Zur Objektivierung wurde von H. Konzelmann eine Sonderanfertigung des Myostatik-Controllers aus der K-Med-Entwicklung verwendet. Es wurden 121 Personen getestet. Sie wurden in drei Gruppen aufgeteilt:
- Gruppe W erhielt richtige Aufklärung über die postulierte Wirkweise,
- Gruppe L die falsche,
- Gruppe N keine Erklärung.

Geprüft wurden äußere Einflüsse, eine Batterieuhr und akustische Reize *(wie z.B. Wörter, Anm. der Herausgeber)*. Als zusammenfassendes Ergebnis lässt sich festhalten: Weder die Instruktionen noch die individuellen Erwartungen beeinflussen das Haltevermögen unter den Einflussfaktoren. Die Unterschiede im Haltevermögen sind ausschließlich auf die verschiedenen Testreize zurückzuführen. Der Körper kann also unabhängig von mentalen Überzeugungen und Beeinflussbarkeiten die Qualität der Reize erkennen.

Weitere Literatur bei der Verfasserin:
Dr. Maria Lack
Penzingerstraße 63
A-1140 Wien

© Wissensarchiv; Last update: August 1998.

---

[*] Freie wissenschaftliche Arbeit zu Erlangung des Grades einer Diplom-Psychologin an der Fakultät für Psychologie der Ludwig-Maximilians-Universität München, 1. 7. 1996.

Weitere Informationen über wingwave-Coaching

wingwave-Coaches in Ihrer Nähe

Unter **www.wingwave.com** finden Sie Adressen von ausgebildeten wingwave-Coaches in Ihrer Nähe für verschiedene Themen: Auftrittscoaching, Stressmanagement, Karriere-Coaching, Sportcoaching, Überwindung von Zahnbehandlungs-Angst usw.

Geben Sie bei den Coach-Adressen im Suchfeld einfach die entsprechenden Begriffe ein. So finden Sie den Coach oder Therapeuten mit dem gewünschten Schwerpunkt in Ihrer Nähe.

Die Zielgruppe von wingwave-Coaching

Sie haben im Buch schon gelesen, dass es sich bei wingwave um ein Coaching handelt, dass die Methode keine Psychotherapie ist und eine solche auch nicht ersetzen kann. wingwave ist ein Kurzzeit-Coaching-Konzept für alle Menschen in anspruchsvollen Berufen und Leistungssituationen, wie z.B. Führungskräfte, Manager, Künstler und Sportler. Auch Schüler, Studenten, Auszubildende und Prüfungskandidaten profitieren von der Methode.

wingwave-Homepage

Außer den Adressen gibt es hier weitere umfangreiche Informationen zum Thema wingwave:

www.wingwave.com

wingwave-Bücher von Cora Besser-Siegmund und Harry Siegmund

wingwave-Praxisbuch:

„Erfolge bewegen – Emotions- und Leistungscoaching mit der wingwave-Methode", Junfermann, Paderborn 2003.

Mit vielen Einsatzbeispielen von wingwave-Coaching in den Bereichen Sportcoaching, der Medizin und dem Leistungscoaching.

wingwave-Vertiefungsthemen:

„Imaginative Familienaufstellungen mit der wingwave Methode – die innere Familie heilen", Junfermann, Paderborn 2004.

„Nie wieder Heißhunger", Trias Verlag, Stuttgart 2004.

„Sicheres Auftreten mit wingwave-Coaching" (mit Marie-Luise Dierks), Junfermann, Paderborn 2007.

wingwave-Fallgeschichten:

„Erfolge zum Wundern. wingwave in Aktion. 50 und eine Coaching-Geschichte, Junfermann, Paderborn 2009.

wingwave-CDs

Die Trainings-CD in diesem Buch enthält die wingwave-Komposition „Strandspaziergang" aus dem CD-Album „wingwave" von Lars-Luis Linek.

Zurzeit gibt es vier weitere Trainings-CDs:
1. wingwave-Coaching-CD „wingwave" mit drei Musikstücken. Komposition und Musik von Lars-Luis Linek.
2. wingwave-Coaching-CD „Classic Chill" mit drei Musikstücken. Komposition und Musik von Lars-Luis Linek.
3. wingwave-Coaching-CD „Sicheres Auftreten" als Beigabe zum Buch „Sicheres Auftreten mit wingwave-Coaching". Komposition und Musik von Lars-Luis Linek.
4. wingwave-Coaching-CD „wingwave in motion". Komposition und Musik von Marcel Hübenthal.

Alle Kompositionen unterstützen ein Selbstcoaching durch die bilateral-auditive Hemisphären-Stimulation. Das Hören entspannt, hilft Leistungsstress zu reduzieren und unterstützt kreative Prozesse. Einige CD-Übungen haben Sie schon im

Buch kennengelernt. Die wingwave-Melodien sind vor allem in Pausen sehr gut einzusetzen. Die etwas lebhaftere CD „wingwave in motion" wird von vielen Anwendern besonders gern für Aktivitäten wie Joggen genutzt, die anderen Melodien eignen sich auch in Ruhephasen – einfach für die Entspannung. Sie können alle CDs auch zur mentalen Unterstützung in Aktivitäten benutzen: beim Joggen, Aufräumen, beim Ausfüllen der Steuererklärung – um nur einige Beispiele zu nennen. Sie wickeln dann diese Aktivitäten subjektiv leichter und objektiv manchmal auch schneller ab. Schauspieler, Studenten und Schüler hören die CDs beim Auswendiglernen. Der Lernstoff prägt sich schneller ein und wird länger behalten.

Wie so oft ist es natürlich eine Geschmacksfrage, wem welche CD oder welche Melodie besonders gut gefällt.

Die wingwave-Coaching-CDs sind über das Besser-Siegmund-Institut zu beziehen.

wingwave-DVDs:

1. „Die Seelenflüsterer" – Turbo-Coaching gegen Stress und Angst." DVD zur vierteiligen TV-Dokumentation im SWR-Fernsehen von Liz Wieskerstrauch, Junfermann 2009.
2. Auf der „wingwave"-DVD zeigen wir verschiedene mitgeschnittene Falldemonstrationen. Zu beziehen über das Besser-Siegmund-Institut oder über: Bookmark NLP, Uwe Böhm, Aldehold 4, 59514 Welver-Berwicke, Tel: 0170 380 4160, info@bookmark-nlp.de, www.buecheruwe.de.

wingwave-Coaching – die Ausbildung

Für Coaches, Trainer und Therapeuten mit entsprechenden Abschlüssen

Das viertägige Training zum zertifizierten wingwave-Coach ist ein zusätzliches Modul zu einer abgeschlossenen Ausbildung in NLP, Kommunikationspsychologie, Psychotherapie, einer Ausbildung in zahnärztlicher Hypnose und zu vergleichbaren Abschlüssen oder Berufen wie Heilpraktiker oder Lernpädagoge. Ausbildungsinhalt ist die im Buch vorgestellte wingwave-Methode.

wingwave-Trainer

Unter www.wingwave.com finden Sie die Adressen von allen ausgebildeten wingwave-Trainern, welche die Ausbildung zum wingwave-Coach anbieten. Es gibt wingwave-Trainer in folgenden Ländern:
Deutschland, Frankreich, Italien, Kroatien, Norwegen, Österreich, Schweiz, Schweden, Serbien, Spanien, Russland und in den USA.

Informationen über das Besser-Siegmund-Institut

Kontakt zu den Institutsinhabern und Herausgebern :

Cora Besser-Siegmund und Harry Siegmund freuen sich über Ihr weiteres Interesse an der Arbeit ihres Instituts. Hier erhalten Sie nähere Informationen

Besser-Siegmund-Institut
Mönckebergstraße 11, 20095 Hamburg
Tel.: 040-32004936, Fax: 040-32004937
info@besser-siegmund.de
www.besser-siegmund.de

Das Besser-Siegmund-Institut ist zentral in der Hamburger Innenstadt gelegen. Hier finden Coachings und folgende Ausbildungsseminare statt:

NLP-Abschlüsse nach den Kriterien des DVNLP
(Deutscher Verband für Neurolinguistisches Programmieren)
- NLP-Practitioner, NLP-Master und NLP-Coach
- NLP-Practitioner und wingwave-Coach als integrierte einjährige Ausbildung:
  Abschluss „Mental-Coach für systemische Kurzzeit-Konzepte"

Kurzzeit-Coaching-Methoden
- Easy-Weight-Kursleiter
- Magic-Words-Trainer
- wingwave-Coach

Weitere Coach-Abschlüsse
- „Work Health Balance-Coach für systemische Kurzzeit-Konzepte"
- „Business-Coach für systemische Kurzzeit-Konzepte"

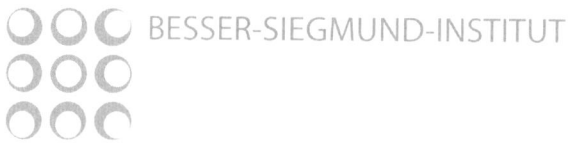 

Seit 2008 trägt das Besser-Siegmund-Institut folgenden Qualitätshinweis

Zertifiziert nach DIN EN ISO 9001 für den Geltungsbereich: Durchführung und Konzeptionierung von Aus- und Fortbildungen

Dieser Hinweis erscheint auch auf allen Ausbildungs-Zertifikaten des Besser-Siegmund-Instituts.

Da ein entsprechendes Zertifikat von einem TÜV-zertifizierten Ausbildungs-Institut ausgestellt wurde, ist auch für die Kunden des Zertifikat-Inhabers gleich ersichtlich, dass die Ausbildung in einem seriösen Business-Rahmen stattgefunden hat. Dies kann dabei helfen, das Image des Inhabers vor seinen Kunden positiv zu unterstreichen.

Alle Ausbildungsbroschüren gibt es im Download-Bereich unter

www.besser-siegmund.de

Der Verein „Bahnungsmomente" – Moments of Switch

In diesem Verein beforschen wir die Wirksamkeit von wingwave-Coaching im Einsatz bei Prüfungsstress, Auftrittsängsten und Sport-Stresserlebnissen wie z.B. Sportverletzungen und ihre psychischen Auswirkungen auf das Leistungsvermögen. Außerdem bietet der Verein Personen wie Schülern, Auszubildenden und Studenten Gratis-Coachings bei wingwave-Coaches an, um Daten für die Nachhaltigkeit der Methode gewinnen zu können. Alle Infos unter

www.bahnungsmomente.org

Die Trainings-CD in diesem Buch:
Wellness-Management mit der wingwave-Musik

Als wohlklingenden Abschluss dieses Buches finden Sie hier noch eine wingwave-CD, die den Titel „Strandspaziergang" von Lars-Luis Linek enthält sowie eine weitere Selbstcoaching-Übung. Zum Verständnis der stresslösenden und wohltuenden Wirkung der CD gehört natürlich die Lektüre dieses Buches.

Die folgende Übung können Sie gut als Feierabend-Ritual oder einfach so zum Wohlfühlen einsetzen. Wichtig ist der Einsatz mit Stereo-Kopfhörern, damit sich eine bilaterale auditive Stimulation entfalten kann.

Wellness-Management mit der wingwave-CD

- ☺ Nehmen Sie bitte wahr, in welchem Bereich Ihres Körpers Sie sich unbehaglich/verspannt /gestresst fühlen.
- ☺ Beschreiben Sie die Körperempfindung mit Worten: „drückend, stechend, kreisend" (z.B. bei Anspannung oder einem unguten Magengefühl).
- ☺ Entwickeln Sie aus diesen Worten ein Bild, eine Metapher:
  - Wie sieht die Empfindung aus?
  - Wie hört sie sich vielleicht an?
  - Formulieren Sie Worte für Ihr Bild: „Es ist, als ob da ein Stein drückt, als wenn ich einen Rucksack trage ..."
  - Oder stellen Sie sich das Unbehagen konkret vor: Röntgenbild, gerötetes Gewebe, angespannter Muskelstrang etc.

♪ Nun setzen Sie die Kopfhörer auf und hören Sie der Musik zu. ♪

- ☺ Denken Sie jetzt die beschreibenden Worte und sehen oder hören Sie das Bild/die Metapher. Denken Sie diese Inhalte im Rhythmus der Musik.
- ☺ Wenn Sie eine kleine Änderung bemerken, formulieren Sie dazu Worte und Sätze wie:
  - „Die Empfindung rutscht nach unten."
  - „Sie kommt wie eine Welle hoch."
  - „Da löst sich etwas auf."
- ☺ Wiederholen Sie diese Sätze oder Worte innerlich wie ein Mantra zur Musik.
- ☺ Lassen Sie auch zu, dass Sie an andere Sachen denken müssen:
  - „Ich denke gerade an meine Arbeit."
  - „Welche Emotion geht damit einher?"
  - „Welch ein Gefühl entsteht im Körper?"
  - „Welche Wörter oder Bilder beschreiben dieses Gefühl?"
  - usw.
  - Dann kehren Sie wieder zur Körperwahrnehmung zurück.

☺ Wenn die ersten angenehmen Emotionen, Gefühle, Assoziationen auftauchen, fahren Sie genauso fort:
  – Erlebtes und Gefühltes in Worte fassen: „Es ist leicht, es fühlt sich frei an ... etc."
  – Bilder und Metaphern finden.
  – Positive Wörter, Bilder und Metaphern im Rhythmus der Musik wahrnehmen und denken.
☺ Sie setzen den Prozess bis zur optimalen Entspannung/bis zum bestmöglichen Ergebnis fort.

Hinweis:

⇢ Das Erleben verläuft in Wellen: Jedes Auf und Ab wird auf die beschriebene Weise erlaubt, gefühlt, mit Worten und Gedanken fokussiert und dann wieder „entlassen".
⇢ Zeichen für die entstressende Wirkung:
  ☺ tiefes Durchatmen
  ☺ deutliches Schlucken
  ☺ Gähnen

Literatur

Bandler, Richard & Grinder, John (1979): Frogs into Princes: Neuro Linguistic Programming, Real People Press; deutsche Übersetzung: *Neue Wege der Kurzzeittherapie,* Junfermann, Paderborn, 14. Auflage 2007.
Bandler, R. & Grinder, J. (1982): *Kommunikation und Veränderung. Die Struktur der Magie II,* Junfermann, Paderborn.
Bauer, Joachim (2005): *Warum ich fühle, was du fühlst? Intuitive Kommunikation und das Geheimnis der Spiegelneurone,* Hoffmann und Campe, Hamburg.
Bauer, Joachim (2006): *Prinzip Menschlichkeit,* Hoffmann und Campe, Hamburg.
Beaulieu, Daniel (2003): *Eye Movement Integration Therapy: The Comprehensive Clinical Guide,* Crown House.
Begley, Sharon (2007): *Neue Gedanken – Neues Gehirn,* Goldmann, München.
Besser-Siegmund, Cora (2001): *Magic Words – der minutenschnelle Abbau von Blockaden,* Junfermann, Paderborn.
Besser-Siegmund, Cora (2002): *Easy Weight – der mentale Weg zum natürlichen Schlanksein,* Junfermann, Paderborn.
Besser-Siegmund, Cora (2004): *Nie wieder Heißhunger,* Trias-Verlag, Stuttgart.
Besser-Siegmund, Cora (2006): *Mentales Selbstcoaching. Die Kraft der eigenen Gedanken positiv nutzen,* Junfermann, Paderborn.
Besser-Siegmund, Cora & Siegmund, Harry (2003): *Coach Yourself – Persönlichkeitskultur für Führungskräfte,* Junfermann, Paderborn.
Besser-Siegmund, Cora & Siegmund, Harry (2004): *Imaginative Familienaufstellung mit der wingwave-Methode,* Junfermann, Paderborn.
Besser-Siegmund, Cora & Siegmund, Harry (Hrsg.) (2003): *„Erfolge bewegen – Coach Limbic,* Junfermann, Paderborn.
Brand, Markus & Ion, Frauke K. (2008): *30 Minuten für mehr Work-Life-Balance durch die 16 Lebensmotive,* Gabal, Offenbach.
Derks, Lukas (2000): *Das Spiel sozialer Beziehungen. NLP und die Struktur zwischenmenschlicher Erfahrung,* Klett-Cotta, Stuttgart.
Diamond, John (1991): *Der Körper lügt nicht,* Verlag für angewandte Kinesiologie, Freiburg.
Dilts, Robert (1994): *Know-how für Träumer,* Junfermann, Paderborn.
Dilts, Robert (1995): *Identität, Glaubenssysteme und Gesundheit,* Junfermann, Paderborn.
Drösser, Christoph (2002): „Wissen in den Kissen" in: *Wissen Lernen spezial, Die Zeit* Nr. 48 vom 21.11.2002, S. 37.
Eckmann, Paul (2004): *Gefühle lesen – Wie Sie Emotionen erkennen und richtig interpretieren,* Spektrum-Verlag, München.
Ellis, Albert & Hoellen, Burkhard (2004): *Die Rational-Emotive Verhaltenstherapie. Reflexionen und Neubestimmungen,* Klett-Cotta, Stuttgart.
Eschenröder, Christof T. (1997): *EMDR – Eine neue Methode zur Verarbeitung traumatischer Erlebnisse,* DGVT-Verlag, Tübingen.

Frankenberger, Anette & Nagler-Springmann, Sibylle (2002): *Power-Paare.* Kösel, München.
Fritsche, Nadia (2007): wingwave – empirische Überprüfung der Methode an Studierenden mit Prüfungsangst und Schauspieler/innen mit Lampenfieber, Diplomarbeit zur Diplomprüfung im Studiengang des Fachbereichs Psychologie der Universität Hamburg.
Golemann, Daniel (2001): *Emotionale Intelligenz,* dtv, München.
Grawe, Klaus (1998): *Psychologische Therapie,* Hogrefe, Göttingen.
Grawe, Klaus (2004): *Neuropsychotherapie,* Hogrefe, Göttingen.
Grimm, Jacob & Grimm, Wilhelm (1957), *Grimms Märchen,* München.
Grossbongardt, Annette & Pötzl, Norbert F. (2009): „Jagd nach dem Schlafhormon", *Der Spiegel – Wissen Schlaf und Traum,* Nr. 4, S. 12-17.
Hamm, M.; Boberg, J. & Mühleib, F. (1993): *Die Schönheitsdiät,* Mosaik Verlag.
Häusel, Hans-Georg (2002): *Think Limbic – Die Macht des Unbewussten verstehen und nutzen für Motivation, Marketing, Management,* Haufe, München.
Hennevin-Dubois, Elisabeth (2003): „Lernen im Schlaf", in *Spektrum der Wissenschaft, Spezial Gedächtnis,* Ausgabe 2/2003.
Heß, Daniel: *Bedeutung der P 300 in der Psychologie,* Grin-Verlag für Akademische Texte.
Heyartz, Susanne (1996): Kinesiologie: Überprüfung kinesiologischer Grundaspekte, Freie wissenschaftliche Arbeit zur Erlangung des Grades einer Diplom-Psychologin an der Fakultät für Psychologie der Ludwig-Maximilian-Universität München.
Hoffmann, Arne (1999): *EMDR in der Therapie psychotraumatischer Belastungssyndrome,* Thieme, Stuttgart.
Hüther, Gerald (1999): *Biologie der Angst – Wie aus Stress Gefühle werden,* Vandenhoeck & Ruprecht, Göttingen, 3. Auflage.
Hüther, Gerald: „Auf die Lernbereitschaft kommt es an", Interview in *Capital* 7/2000.
Klein, Jochen & Träbert, Detlef (2001): *Wenn es mit dem Lernen nicht klappt,* Rowohlt, Reinbek.
Klein, Stefan (2002): *Die Glücksformel. Oder: Wie die guten Gefühle entstehen,* Rowohlt, Reinbek.
Klinghardt, Dietrich (1999): *Lehrbuch der Psychokinesiologie,* Bauer Verlag, Freiburg.
König-Linek, Corina (1995): Aphasie bei Mehrsprachigkeit: Eine Fallstudie. Dissertation zur Erlangung des Grades des Doktors der Philosophie beim Fachbereich Sprachwissenschaften der Universität Hamburg, Hamburg, Januar 1995.
Kroschel, Evelin (1996): *Die Weisheit des Erfolgs,* Koesel.
Lack, Maria (1998): *„Myostatik-Test",* Gamed, 2.
Leutner, Victor (1993): *Schlaf, Schlafstörung, Schlafmittel,* Editiones Roche, Basel.
Manfield, Philip (Hrsg.) (2000): *Innovative EMDR-Ansätze. Die Anwendungsfelder von EMDR,* Junfermann, Paderborn.
Miketta, Gaby (1991): *Netzwerk Mensch,* Thieme, Stuttgart.
Mündemann, Belen Mercedes (2000): *Leichter, schneller, besser lernen. Innovative Lernmethoden,* MVG, Landsberg am Lech.
O'Connor, J. & Seymour, J. (1992): *Neurolinguistisches Programmieren: Gelungene Kommunikation und persönliche Entfaltung,* VAK, Freiburg.
Omura, Y. (Hrsg.) *Acupuncture & Electro-Therapeutics Research,* Vol. 12, 2, S. 139-170, Pergamon Press, New York.
Ornstein, R. & Thompson, R.F. (1993): *Unser Gehirn: das lebendige Labyrinth,* Rowohlt, Reinbek.
Pankesepp, Jack (2003): „Feeling the Pain of Social Loss", in: *Science,* Vol. 302, 10., pp. 237-239.

Patzlaff, Rainer (2000): *Der gefrorene Blick. Physiologische Wirkungen des Fernsehens und die Entwicklung des Kindes,* Freies Geistesleben & Urachhaus & Aethera, Stuttgart.
Schellewald, Vera (2010): *Der Einsatz der wingwave-Methode zur psychischen Rehabilitation nach Sportverletzungen.* Bachelorarbeit, Deutsche Sporthochschule Köln.
Schulte von Drach, Markus C. (2008): *Gefühlte Einsamkeit – Heiße Suppe für die Seele,* Süddeutsche.de.
Servan-Schreiber, David & Schäfer, Ursel (2006): *Die Neue Medizin der Emotionen. Stress, Angst, Depression: Gesund werden ohne Medikamente,* Goldmann, München.
Shapiro, Francine & Silk Forrest, Margot (2001): *EMDR in Aktion,* Junfermann Paderborn.
Shapiro, Francine (1998): *EMDR, Grundlagen und Praxis,* Junfermann, Paderborn.
Shapiro, Francine (1999): *EMDR, Grundlagen und Praxis,* Junfermann, Paderborn.
Spitzer, Manfred (2002): *Lernen. Gehirnforschung und die Schule des Lebens,* Spektrum, Heidelberg, Berlin.
Spitzer, Manfred (2004): „Lernen und Denken – Motivation, Innovationen. Für das Leben lernen – aber wie?". In: *Zeitschrift Tiefbau,* Erich Schmidt Verlag, Berlin, Ausgabe 02 /2004.
Spitzer, Manfred (2008): *„Geist und Gehirn – Hand und Gehirnentwicklung",* DVD, Auditorium Netzwerk, Müllheim.
Sutton, S.; Braren, M.; Zubin, J., & John, E. R. (1965): Evoked Potential Correlates of Stimulus Uncertainty. *Science,* 150 (3700), 1187-1188.
van der Kolk, Bessel A.; McFarlane, Alexander C. & Weisaeth, Lars (2000): *Traumatic Stress. Grundlagen und Behandlungsansätze,* Junfermann, Paderborn.
Wagner, Ramona B. (2003): *EFT– Emotionale Freiheit,* Omega-Verlag, Aachen.
Walz, Susanna (2004): „Zahnbehandlungsangst und -phobie ‚traumhaft' überwinden", in: *CoMed,* Ausgabe 08/2004, S. 91-93.
Zieglgänsberger, W. (1991): „Wie die Nervenzelle den Schmerz erlernt", *MPG-Spiegel* 1/91.

Filme:

Die Seelenflüsterer: Turbo-Coaching gegen Stress und Angst. DVD zur vierteiligen TV-Dokumentation von Liz Wieskerstrauch, Junfermann, Paderborn 2009.
Hüther, Gerald (2008): *Brainwash – die Macht der äußeren Bilder,* DVD, Auditorium-Netzwerk, Müllheim.
Phobia – die nackte Angst, aus der Reihe BBC-Exklusiv, gesendet am 02.08.2000 auf VOX.
Schmerz-Panorama, aus der Serie „Schmerz und Schmerzbehandlung": *Zelle und Schmerz – Entstehung und Verhütung chronischer Schmerzen aus neurobiologischer Sicht,* Gödecke AG, Freiburg.
Wege aus dem Trauma, aus der Reihe „Archimedes". EMDR-Film von Karin Steinhage, gesendet am 27.05.1997 auf arte.

Notizen

Notizen

Notizen

Notizen

Notizen

Auf dem Weg zum Ziel

240 Seiten, kart. • € (D) 24,90 • ISBN 978-3-87387-631-6
REIHE AKTIVE LEBENSGESTALTUNG • Selbstorganisation

CORA BESSER-SIEGMUND

»Mentales Selbst-Coaching«

Die Kraft der eigenen Gedanken positiv nutzen

Die Autorin präsentiert eine Fülle von praktischen Anleitungen für eine zielorientierte Lebensweise. So erfahren die Leser, wie sie Strategien zur Bewältigung von alltäglichen Problemen entwickeln können und wie sie auf diese Weise gleichzeitig lernen können, störende Verhaltensweisen schrittweise zu verändern. Ebenfalls vermittelt wird, wie sich übermäßige Stressbelastungen mit Hilfe von mentalen Methoden reduzieren lassen und wie durch Trancetechniken die Wahrnehmung vertieft und wichtige Lebensziele verinnerlicht werden können. Dieses Buch stellt die besten Techniken zur bewussten Selbstorganisation, wie z.B. Visualisieren, NLP und Selbsthypnose vor.

 **Cora Besser-Siegmund** ist Psychotherapeutin, Lehrtrainerin und Supervisorin. Seit über 20 Jahren erarbeitet sie in ihrem Institut im Herzen Hamburgs maßgeschneiderte Interventionen für ihre Klienten.

Ausführliche Informationen sowie weitere erfolgreiche Titel zum Thema finden Sie auf unserer Website.

www.junfermann.de

Lassen Sie sich nicht stressen!

80 Seiten, kart. • € (D) 9,95 • ISBN 978-3-87387-742-9
REIHE KOMMUNIKATION • Aktive Stressbewältigung

DORIS KIRCH

»Der Stress-Coach«

Soft Skills kompakt Bd. 10

Ob zu Hause in der Familie oder im Büro: Stress kann uns überall heimsuchen!

Doris Kirch gibt in »Der Stress-Coach« Anleitungen und Tipps, wie man trotz Beanspruchungen durch Beruf, Familie und Gesellschaft ein hohes Maß an Lebensqualität bewahren kann.

Der Leser lernt, seinen Stress richtig einzuschätzen, seine persönliche Stressbewältigung zu gestalten und stressbedingten Ängsten den Schrecken zu nehmen. Das Buch ist spannend geschrieben und enthält praxistaugliche Tipps und Hilfestellungen für den Alltag.

Doris Kirch ist Gründerin und Leiterin des Deutschen Fachzentrums für Stressbewältigung (DFME), Vorsitzende der Deutschen Gesellschaft für Meditationskultur e.V. und Zen-Schülerin seit 1985.

Weitere erfolgreiche Titel:

»Mentaltraining in Frage und Antwort«
ISBN 978-3-87387-719-1
»20 Minuten Pause«
ISBN 978-3-87387-670-5
»Die eigenen Kraftquellen entdecken«
ISBN 978-3-87387-701-6

www.junfermann.de

Lampenfieber ade!

208 Seiten, kart. • € (D) 22,90 • ISBN 978-3-87387-683-5
REIHE COACHING & BERATUNG • wingwave

CORA BESSER-SIEGMUND,
MARIE-LUISE DIERKS &
HARRY SIEGMUND

»Sicheres Auftreten mit wingwave-Coaching«

Im Jahr 2006 führten die Medizinische Hochschule Hannover und das Besser-Siegmund-Institut eine Studie zum Thema: »wingwave im Einsatz bei Lampenfieber und Redeangst« durch. Marie-Luise Dierks, die wissenschaftliche Leiterin des Projekts, stellt in diesem Buch die positiven Effekte von wingwave-Coaching für ein sicheres Auftrittserlebnis vor. Cora Besser-Siegmund und Harry Siegmund beschreiben u.a. den Einsatz der wingwave-Intervention für eine stabile Stress-Resistenz und eine positive Leistungsmotivation im berühmten »Rampenlicht«.

Die Diplom-Psychologen **Cora Besser-Siegmund** und **Harry Siegmund** sind als Psychotherapeuten, Lehrtrainer und Supervisoren in ihrem Institut im Herzen Hamburgs tätig.

Prof. Dr. Marie-Luise Dierks, Medizinische Hochschule Hannover, Leitung des Arbeitsschwerpunktes Patienten und Konsumenten.

Weitere erfolgreiche Titel vom Junfermann Verlag:

»Mentales Selbst-Coaching«
ISBN 978-3-87387-631-6
»Erfolge bewegen –
Coach Limbic«
ISBN 978-3-87387-553-1
»wingwave-Coaching«
ISBN 978-3-87387-758-0

www.junfermann.de